Manfred Clemenz

Psychoanalytische Sozialpsychologie

Dieses Buch entfaltet und reflektiert die Bedeutung und den erkenntnistheoretischen Hintergrund des szientistischen Paradigmas und des Sinnparadigmas in den Sozialwissenschaften. Die Kontroverse zwischen diesen beiden Paradigmen hat lange Zeit auch die Diskussion innerhalb der Sozialpsychologie bestimmt und die Spaltung zwischen einer quantitativ-experimentellen und einer qualitativ-hermeneutischen Sozialpsychologie bewirkt.

Obwohl die Vertreter beider Paradigmen methodisch-methodologisch einen unterschiedlichen Blick auf ihren Gegenstand besitzen und so in gewisser Weise in zwei verschiedenen „wissenschaftlichen Welten" (Kuhn) leben, ist der Dialog zwischen den beiden Positionen wissenschaftlich unabdingbar.

Die Explikation und Anwendung des Sinnparadigmas erfolgt vor allem am Beispiel der Freudschen Theorie, der szientistischen Kritik an der Psychoanalyse (Grünbaum) sowie der Entwicklungslinien strukturalistischen und poststrukturalistischen Denkens (Lévi-Strauss, Lacan, Derrida, Laplanche). Im Mittelpunkt steht dabei jeweils die Kategorie des Unbewußten.

Reihe »Forschung psychosozial«

Manfred Clemenz

Psychoanalytische Sozialpsychologie

Grundlagen und Probleme

Psychosozial-Verlag

Die Deutsche Bibliothek - CIP-Einheitsaufnahme

Clemenz, Manfred:
Psychoanalytische Sozialpsychologie : Grundlagen und Probleme /
Manfred Clemenz. - Gießen : Psychosozial-Verl., 1998
(Reihe „Forschung psychosozial")
ISBN 3-932133-19-6

Friedrichstr. 35, 35392 Gießen
Tel.: 0641/77819, Fax: 0641/77742

Umschlagabbildung: Lucio Fontana, Concetto spaziale, Attese (1965)
Umschlaggestaltung nach einem Reihenentwurf des
Ateliers Warminski, Büdingen
Druck: KM-Druck, Groß-Umstadt
ISBN 3-932133-19-6

Inhalt

Vorbemerkung 1

1 Einleitung 6

2 Sinn und Zeitlichkeit als gegenstandskonstituierende Kategorien: Das „Sinn-Paradigma“ der Sozialpsychologie 9

3 Grundannahmen und theoretischer Bezugsrahmen 17

3.1 G.H. Mead: Das Individuum ist keine Substanz, sondern ein Prozeß; der Doppelcharakter von Individuum und Gesellschaft 17

3.2 Symbolischer Interaktionismus in der Nachfolge Meads: „Normatives“ und „interpretatives“ Paradigma 24

3.3 T. Parsons: Von der „voluntaristischen“ zur „strukturell-funktionalen“ Handlungstheorie; das Problem der Systemintegration 27

3.4 „Traditionelle“ und „kritische“ Rollentheorie 30

3.5 Zwischenergebnis: Konstitutionslogische Kategorien und theoretische Grundannahmen; der paradigmatische Charakter der Sozialpsychologie 33

3.6 Die konstitutiven Regelstrukturen des Sozialen - Annäherungen an den Strukturalismus 35

3.6.1 Giddens' „Theorie der Strukturierung“ 36

3.6.2 Lévi-Strauss' strukturale Anthropologie 43

3.6.3 Derridas Konzept der „différance“ 51

3.7 Psychoanalyse: „Kausalität des Schicksals“; zum Begriff psychischer Determination; Semiologie als Metatheorie der Psychoanalyse 55

3.8 Exkurs: Grünbaums „Widerlegung“ der hermeneutischen Auffassung der Psychoanalyse 66

4 Reflexionen über die Methodologie der Sozialwissenschaften (I): Das Beispiel der Psychoanalyse 71

4.1 Psychoanalyse als Beispiel des „Sinn-Paradigmas“ der Sozialpsychologie: Die Suche nach dem Unbewußten 71

4.2 Zur Differenz zwischen szientistischem und Sinn-Paradigma: Die Kon-Textualität ihrer jeweiligen Wahrheit; erkenntnistheoretische Voraussetzungen der beiden Paradigmen 80

4.3 Die Ätiologie der Neurose aus szientistischer Sicht: Grünbaums Kritik an der Psychoanalyse 95

4.4 Zur Problematik retrodiktiver Kausalanalysen; Kritik des experimentalistischen Kausalbegriffs 100

4.5 Die klinische Überprüfung der Psychoanalyse durch Evaluationsstudien und die Weiterentwicklung der psychoanalytischen Ätiologie 105

5 Reflexion über die Methodologie der Sozialwissenschaften (II): Das Beispiel des „Positivismusstreits“ - Annäherung an das Problem „Theorie, Methode und Wahrheit“ 110

5.1 Adornos Verständnis „kritischer“ soziologischer Theorie 110

5.2 Poppers „kritischer Rationalismus“ 117

5.3 Habermas: Konsenstheorie der Wahrheit und das regulative Prinzips vernünftiger Rede 124

5.4 Resumée: Wissenschaft und Wahrheit 126

6 Das Unbewußte und die Konstituierung des „Neuen“; Begründung und Beispiele methodischen Vorgehens 133

6.1 Der konstitutive Zusammenhang von Theorie, Methode und Daten am Beispiel der Psychoanalyse; das Unbewußte als transzendentale Kategorie (Freud, Adorno, Laplanche) 133

6.2 Die Konstituierung des „Neuen“ 150

6.3 Psychoanalyse als praktisches Verfahren; Bezug zur klinisch-psychoanalytischen Sozialpsychologie; der psychoanalytische „Anwendungsdiskurs“ 156

6.4 „Verwaltete Biographien“: Ein Fallbeispiel klinisch-sozialpsychologischer Arbeit ... 159

Literatur ... 173

Biographische Notiz ... 179

Vorbemerkung

Freud hat mehrfach auf die drei großen „Kränkungen“ der Menschheit im Zuge der Entwicklung der Wissenschaften hingewiesen. Die erste war die Ersetzung des geozentrischen durch das heliozentrische System. Die zweite war die Darwinsche Theorie der Abstammung des Menschen. Die dritte schließlich erfolgte durch die psychoanalytische Theorie selbst, die nachwies, daß der Mensch nicht „Herr im Haus“ seines eigenen Bewußtseins ist, daß die Gleichsetzung von Bewußtsein und psychischen Prozessen wissenschaftlich nicht haltbar war. Die Annahme eines Bereichs unbewußter psychischer Prozesse ist, wie Searle, einer der prominentesten Vertreter der „Philosophie des Geistes“ betont, mittlerweile fast zu einer Selbstverständlichkeit geworden (Searle 1993). Auch Lévi-Strauss, der berühmteste Vertreter einer „strukturalen Anthropologie“, geht geradezu selbstverständlich von einer unbewußten Tätigkeit des Geistes aus.

Eine vierte Kränkung, an der ebenfalls Freud wesentlichen Anteil hatte, war für ihn als solche keiner besonderen Erwähnung wert, obwohl er deren Grundlagen z.B. in seinen „Vorlesungen zur Einführung in die Psychoanalyse“ (Freud 1917) auf mehr als vierhundert Seiten entfaltet. Es handelt sich um Freuds vernichtende Kritik an dem naturwissenschaftlichen Modell oder Paradigma, das seit Beginn der Neuzeit *das* wissenschaftliche Erfolgsmodell war und als solches schließlich auch das wissenschaftliche Nachdenken über die menschliche Psyche dominierte. Philosophischer Vordenker dieses Modells war Descartes, dessen „mathesis universalis“ durch die Kategorien von „Maß“ und „Ordnung“, d.h. durch exaktes Messen und taxonomische Ordnung geprägt war. Das vorherrschende einheitswissenschaftliche Verständnis, daß man Dinge und Menschen wissenschaftlich gleich behandeln könne, wurde nachhaltig erschüttert. Zweifel breitete sich schließlich auch innerhalb des szientistischen Paradigmas aus (vgl. Kuhn 1976, Popper 1982^{7}).

Freud bezieht sich in seinen „Vorlesungen“ systematisch auf die Ergebnisse der akademischen Psychologie seiner Zeit und das ihr wesentlich zugrundeliegende szientistische Denkparadigma, er zeigt dessen Unzulänglichkeiten und entwickelt in der Auseinandersetzung mit dieser Denktradition sein eigenes Denken, das ich mit dem Begriff Sinn-Paradigma charakterisieren möchte. Sinn-Paradigma bedeutet, in stichwortartiger Verkürzung, daß Phänomene im Bereich der Fehlleistungen, der Träume und der Psychopathologie nicht mit Hilfe physiologischer oder hereditärer Kategorien, sondern mit Hilfe der Kategorien von bewußtem, vorbewußtem und unbewußtem Sinn „erklärt" werden.[1] Ein drastisches Beispiel dieser Art war, daß die Psychiatrie zu Freuds Zeiten Psychosen und Neurosen lediglich beschreiben, klassifizieren und gegebenenfalls erbbiologisch „erklären" - und damit nicht heilen - konnte. Mit der Etablierung des Sinn-Paradigmas bewegte sich Freud - um mit Kuhn (1976) zu sprechen - in einer „anderen" wissenschaftlichen Welt. In der Welt dieses Paradigmas ging es um den unbewußten *Sinn* der psychotischen und neurotischen Symptome - und damit zugleich auch um die technischen Möglichkeiten der Auflösung dieser Symptome.

Die Kontroverse zwischen szientistischem und Sinn-Paradigma und die schrittweise Explikation des Sinn-Paradigmas ist gewissermaßen der rote Faden des vorliegenden Versuchs über theoretische, methodologische und methodische Grundprobleme einer psychoanalytischen Sozialpsychologie. Da Freud jedoch - entgegen seiner eigenen Annahme - keine Sozialpsychologie begründet hat, muß insbes. der theoretische Rahmen weiter und komplexer entfaltet werden als in Freuds Werk. Zu diesem Zweck - d.h. der genuin sozialpsychologischen Fragestellung der wechselseitigen Konstitution von Subjekt und Gesellschaft - werden gegenstandskonstitutive Kategorien und theoretische Grundannahmen entwickelt und begründet. Es geht damit letztlich auch darum, Perspektiven einer nichtreduktionistischen und kritischen Theorie des Sozialen zu entfalten. Eine gesellschaftstheoretisch und zugleich psychoanalytisch reflektierte Sozialpsychologie hat m.E. die derzeit besten Chancen, den Ansprüchen einer derartigen Theorie gerecht zu werden.

Wechselseitige Konstitution von Subjekt und Gesellschaft bedeutet nicht, daß der Primat der gesellschaftlichen Faktoren gegenüber dem Subjekt übersehen wird (die Dynamik gesellschaftlicher Institutionen läßt sich nicht aus der Psyche der beteiligten Subjekte erklären, und zwar aus dem einfachen Grund, daß soziale Systeme keine psychischen Systeme sind, d.h. andere Konstitutions- und Reproduktionsbedingungen aufweisen als psychische Systeme), ebensowenig, daß ein einheitliches Kategorieschema für beide Bereiche angestrebt wird. Derartige Versuche sind seit dem Freudo-Marxismus der 20er und 30er Jahre, spätestens seit Talcott Parsons als gescheitert anzusehen. Dennoch: „Der Gegensatz zwischen den beiden Bereichen darf nicht durch ein Schema wissenschaftlicher Verallgemeinerungen eskamotiert werden, aber er ist auch nicht zu verabsolutieren" (Adorno 1972, S. 50). Der in den folgenden Überlegungen vertretene systematische Anspruch ist bescheidener. Er versucht einerseits, dem Primat des Gesellschaftlichen dadurch zu entsprechen, daß der begriffliche Rahmen aus der Perspektive einer sozialwissenschaftlichen Theorie entwickelt wird und daß überall dort, wo Subjektivität zur Diskussion steht, subjektive Strukturen, insbes. die Dynamik des Unbewußten, systematisch im Hinblick auf ihre Konstitutionsbedin-

[1] Auf die traditionelle Kontroverse „Verstehen" vs. „Erklären" werde ich später noch eingehen.

gungen analysiert werden. Auf diese Weise entsteht kein nachträgliches Vermittlungsproblem, vielmehr wird Subjektivität a priori als sozial konstituierte gedacht. Dem entspricht ein Verständnis des Unbewußten, bei dem nicht nur die Dynamik der Affekte, sondern auch die „Zugzwänge“ des Sozialen (Sinn, Sprache, soziale Regeln) berücksichtigt werden, ja sich geradezu als konstitutiv erweisen. Die hier vorgelegte Arbeit versucht somit auch, die Ansätze einer „analytischen Sozialpsychologie“ (Fromm 1936, 1971, 1980) bzw. einer „materialistischen Sozialpsychologie“ (Lorenzer 1970, 1972, 1985) weiterzuführen und die entsprechenden theoretischen und methodologischen Grundlagen zu explizieren.

Methodisch folgt das Vorgehen dem Verfahren immanenter Kritik. Der Verfasser maßt sich also nicht an, Grundkategorien und theoretische Grundannahmen der Sozialpsychologie gewissermaßen im Alleingang zu entwickeln. Ich beziehe mich vielmehr auf die Denktradition der Psychologie, Soziologie und Sozialpsychologie, deren Axiome und Theorien ich überprüfe. Es kann dabei kein Zweifel darüber bestehen, daß die Auswahl der herangezogenen Theorien, die Auswahl der als heuristisch sinnvoll erachteten theoretischen Grundannahmen und die spezifische Kombination dieser Grundannahmen selektiv und subjektiv ist. Unabweisbar scheint mir dagegen die Überzeugung, daß Sozialpsychologie auf das Sinn-Paradigma nicht nur nicht verzichten kann, sondern daß die gegenstandskonstitutiven Probleme und die Probleme der Forschungslogik nur innerhalb des Sinn-Paradigmas adäquat dargestellt und reflektiert werden können. Meine Überlegungen werden auch zeigen, daß auch das szientistische Paradigma innerhalb eines noch zu präzisierenden Forschungskonzepts wichtig und adäquat ist. Sozialpsychologische Forschungsergebnisse, so meine Schlußfolgerung, müssen jeweils im Kontext ihres spezifischen Forschungskonzepts rezipiert und bewertet werden.

Diese Schlußfolgerung ist im übrigen auch ein Ergebnis der Überprüfung der aktuellen sozialpsychologischen Diskussion. Zwar sind szientistisches und Sinn-Paradigma zwei in wesentlichen Punkten unterschiedliche und teilweise inkompatible Paradigmen, aber an die Stelle des Monopolanspruchs des einen oder anderen Paradigmas ist eher ein „anything goes“, eine Verunsicherung über die richtige theoretische, methodologische und methodische Vorgehensweise getreten (ich werde diesen Punkt in der Einleitung näher ausführen). Allerdings bin ich nicht der Ansicht, daß dieses „anything goes“ ein befriedigender Zustand für eine wissenschaftliche Disziplin ist. M.E. müssen Theorie, Methodologie und Methode gegenstandsadäquat sein, ein Desiderat, das unter bestimmten Bedingungen auch im Kontext des szientistischen Paradigmas erfüllt werden kann. Der Formalismus des „Falsifikationismus“ muß dabei in jedem Fall ergänzt werden durch die Reflexion der „Logizität des Substrats“ (Adorno 1972), d.h. es müssen die Konstitutionsbedingungen und Eigenschaften des zu untersuchenden Gegenstands berücksichtigt werden.

Der Prüfstein einer psychoanalytischen Sozialpsychologie ist natürlich die psychoanalytische Theorie. Ich habe versucht, diese Aufgabe so zu lösen, daß ich zunächst die konstitutive Sinndimension der Psychoanalyse skizziere, szientistische Einwände gegen die Psychoanalyse entkräfte, Freuds Explikation des Sinn-Paradigmas darstelle und mich schließlich der Metatheorie der Psychoanalyse zuwende, soweit sie sich mit der zentralen Kategorie des Unbewußten beschäftigt. Ich versuche, Freuds Schwanken zwischen einem „transzendenten“ und einem „transzendentalen“ Begriff des Unbewußten darzustellen, um anschließend - unter Bezugnahme auf Adorno und Laplanche - ein Verständnis des Unbewußten zu kritisieren, das ich polemisch als „Kartoffelsack“-Theorie des Unbewußten bezeichnen möchte. Ich verstehe darunter eine Theorie, die das Unbewußte so konzipiert, als würden bestimmte Inhalte gewissermaßen in einen Sack verpackt, wo sie im Dunkeln und dem Zugriff des Bewußtseins entzogen, ein Eigenleben entfalten. Meine eigene Version der Metatheorie des Unbewußten ist eher strukturaler Natur: Affektivität, Sprache und Sozialität bedingen „Zugzwänge“, sinnhafte Determinationsverhältnisse, die per se deskriptiv unbewußt sind und darüber hinaus auch verdrängt werden können. Mir scheint diese Version auch eher mit Freuds Postulat in Einklang zu stehen, daß das Psychische „an und für sich“ unbewußt ist.

Inhaltlich ist die Darstellungsweise der folgenden Überlegungen weniger linear als vielmehr spiralförmig angeordnet. D.h., obwohl die thematischen Blöcke der gegenstandskonstitutiven, theoretischen, methodologischen und methodischen Überlegungen voneinander unterschieden sind, gehen diese Schwerpunkte immer wieder ineinander über. Darüber hinaus werden die einzelnen Argumente nicht abgehandelt und dann ad acta gelegt - vielmehr tauchen dieselben Gedanken und Überlegungen auf jeweils komplexerem Niveau immer wieder von neuem auf. In diesem Sinne könnte die Untersuchung als eine dialektische bezeichnet werden.

Der vorliegende Text war ursprünglich als Vorlesung konzipiert - als ein Überblick über einige Theorien und Methoden der Sozialpsychologie. Daß daraus eine Auseinandersetzung mit den Grundlagen der Sozialpsychologie als Wissenschaft (und als solche unterschieden von Psychologie und Soziologie) wurde, zugleich aber auch mit den Grundlagen einer Wissenschaft des Sozialen in einem allgemeinen Sinne, ist der zunehmend intensiven Auseinandersetzung mit dem Gegenstand geschuldet bzw. zu verdanken. Soweit die Lesbarkeit des Textes darunter gelitten hat, liegt dies nicht nur an der Darstellungsfähigkeit des Verfassers, sondern auch an der Sache selbst. Danken möchte ich in diesem Zusammenhang meinen Mitarbeitern Lothar Bayer, Karin Schlücker und Wolfgang Preusch für ihre engagierte und unverzichtbare Unterstützung bei der Diskussion und Fertigstellung des Manuskripts.

Zur Vermeidung von Mißverständnissen noch eine Schlußbemerkung: Wenn so unterschiedliche Autoren wie Horkheimer/Adorno und Baudrillard wörtlich oder sinngemäß von einer zunehmenden „Selbstzerstörung" des Sozialen sprechen, so ist dies eine Aussage auf der Gegenstandsebene. Eine kritische Sozialpsychologie muß sich u.a. mit diesem Theorem und der Sache, auf die es sich bezieht, auseinandersetzen. Die im folgenden vorgetragenen Überlegungen beziehen sich dagegen primär auf gegenstandskonstitutive Kategorien und Begriffe und die ihnen zugehörigen Theorien. Als die fundamentalsten dieser Kategorien haben sich dabei Sinn und Zeitlichkeit (die sich wechselseitig bedingen) erwiesen: die einfachste Interaktion ebenso wie die epochalen Veränderungen konstituieren sich in der Dimension von Sinn und Zeitlichkeit. Reflexion der begrifflichen Grundlagen einer Theorie des Sozialen ist somit kein Gegenprogramm zur Gegenstandsanalyse. Sie ist vielmehr die Basis, von der aus Zerfallsformen des Sozialen, wie sie etwa in der „Dialektik der Aufklärung" analysiert werden, verstanden werden können.

Frankfurt am Main, Januar 1998

1 Einleitung

„Was in der Sozialpsychologie betrieben wird, ist durch Theorien definierbar, die derzeit als sozialpsychologische Theorien bezeichnet werden" (Irle 1975, S. 16).

„The more fruitful debates on methodology are always inspired by certain practical problems which face the research worker; and nearly all debates on method which are not so inspired are characterized by that atmosphere of futile subtlety which has brought methodology into disrepute" (Popper, 1966[2], S. 59).

Sofern es angesichts der Heterogenität der Meinungen darüber, was Sozialpsychologie „überhaupt" sei, welchen Gegenstandsbereich sie habe, welchen Theorien und Methoden sie folge, einen Konsens gibt, dann den, daß es weder einen eigenständigen materialen Gegenstandsbereich (Gruppen, Institutionen, Kultur, Sprache etc. können alle Gegenstand verschiedener wissenschaftlicher Disziplinen sein) noch einen bestimmten Theorie- oder Methodenprimat der Sozialpsychologie gibt. Irle unterstreicht den Aspekt der Willkürlichkeit bei der Definition von Sozialpsychologie, indem er fortfährt: „Bis hierher wird nicht mehr beansprucht, als daß Sozialpsychologie ein mehr oder weniger willkürliches Konglomerat von Theorien und deren empirischen Prüfungen und Erklärungen menschlichen Verhaltens jeglicher Art sei. Sie ist weder Mikro-Soziologie noch eine Extension der Individualpsychologie auf soziale Aggregate" (ebd.).

Irle, selbst ein Vertreter experimenteller Sozialpsychologie, votiert scharf gegen jegliche „essentialistische" bzw. methodologische Abgrenzung von Wissenschaftsrevieren: „Ontologische Orientierungen zur Abgrenzung von Wissenschaften, die Bestimmungen des Wesens eines Wissenschaftsgegenstandes, jegliche essentialistischen Standpunkte geraten ins Wanken. Manchmal reagieren Vertreter einer Wissenschaft auf solche Bedrohungen ihres Reviers mit dem *Rückzug auf Methoden*, die sie als die ureigensten, gegenstandsadäquaten Verfahrensweisen für sich beanspruchen" (a.a.O., S. 14, hvg. M.C.). Derartige methodologische Grenzziehungen, so Irle, können „verheerende Folgen für den Fortschritt der Wissenschaften haben" (a.a.O., S. 15).

Ähnlich argumentiert Graumann. Themen und Gegenstände können nicht aufgrund einer „ontischen Disparität“ verschiedenen Wissenschaftsdisziplinen zugeordnet werden, also auch nicht der Sozialpsychologie, denn „ein und derselbe Sachverhalt kann Thema der verschiedensten Forschungsrichtungen sein“ (Graumann 1969, S. 59). Dasselbe gilt für die Methoden: „Auch allein aus der Verschiedenheit der Methodik ist eine Erklärung der Differenzen nicht herleitbar; denn so wichtige Verfahren wie Beobachtung, Experiment, Feldstudie und systematische Inhaltsanalyse werden in einer Reihe von Wissenschaften eingesetzt“ (ebd.). Ebenso lehnt er auch innerhalb der Sozialpsychologie den Primat einer Methode, z.B. des „experimentellen Verfahrens“, ab (a.a.O., S. 60). Methodeneklektizismus, die Spannbreite zwischen „operationalistischer ‘tough-mindedness’“ und „hermeneutischer ‘tender-mindedness’“ beschreibt (bzw. karikiert) den derzeitigen methodologischen Zustand des Fachs Sozialpsychologie. Doch dieser Eklektizismus, so Graumann, trifft gleichermaßen auf das Fach Psychologie zu. „Man kann vielmehr den Eklektizismus nur als verbesserungswürdigen Zustand hinnehmen und die Kritiker darauf aufmerksam machen, daß die Psychologie im ganzen im Spannungsfeld zwischen den Ansprüchen der exakten Naturwissenschaften und denen der Kulturwissenschaften in keiner wesentlich anderen Lage ist“ (a.a.O., S. 59).[2]

Willkürliche bzw. konventionelle Selektion der als „sozialpsychologisch“ akzeptierten Theorien, Methoden-Eklektizismus und Unmöglichkeit einer „essentialistischen“ Abgrenzung des Gegenstandsbereichs: dies ist das heilsam ernüchternde Ergebnis einer ersten Bestandsaufnahme anhand zweier renommierter Lehrbücher der Sozialpsychologie. Um nicht mißverstanden zu werden: in der Soziologie sieht es keineswegs besser aus. So hat etwa Giddens den derzeitigen Zustand der Soziologie als den einer „hoffnungslosen Verwirrung“ (1992, S. 29) beschrieben. Aus anderer Perspektive könnte man diesen Zustand allerdings auch als Nährboden für Kreativität betrachten.

Will man es nicht bei diesem ersten Versuch bewenden lassen, so besteht angesichts dieses Scheiterns noch eine zweite Möglichkeit: der Versuch einer theoriegeschichtlichen Bestimmung, d.h. der Beschreibung dessen, was faktisch als Sozialpsychologie betrieben wird bzw. wurde. Um es etwas anspruchsvoller zu sagen: die Tradition der sozialpsychologischen Diskussion erhält damit gleichsam transzendentale Bedeutung. Im Bezug auf sie können sozialpsychologische Theorien bzw. Erkenntnisinteressen formuliert werden. Auf dem Wege immanenter

---

[2] In meinen Überlegungen zum „Positivismusstreit“ werde ich zeigen, daß gerade Popper für den Bereich der Soziologie den Methodeneklektizismus zum Programm erhoben hat. Ich bin der Ansicht, daß die Sozialpsychologie von diesem Konzept profitieren kann. Darüber hinaus bin ich der Ansicht (und werde dies im Laufe dieser Arbeit immer wieder zeigen), daß der Kampf um einen Methodenprimat (z.B. quantitativer vs. qualitativer) überholt ist: Es geht vielmehr darum, gegenstandsangemessene Methoden zu finden bzw. zu erfinden.

Kritik ließe sich dann möglicherweise bestimmen, was in einem systematischen Sinne Gegenstand der Sozialpsychologie ist. Ich möchte diesen Versuch anhand der Bereiche „Interdisziplinarität und Gegenstandskonstitution“, „Grundannahme und theoretischer Bezugsrahmen“ und „Methoden“ unternehmen.

Ich möchte dem Leser/der Leserin, den/die ich um Geduld bei der Lektüre einiger wissenschafts- und erkenntnistheoretischer Exkurse bitte, an dieser Stelle kurz andeuten, was ihn/sie erwartet. Ich werde zunächst diejenigen gegenstandskonstitutiven Kategorien diskutieren, die aus meiner Sicht denknotwendig sind, um den Gegenstand einer Wissenschaft zu definieren, die es mit Sinnphänomenen zu tun hat. Daß es die Sozialpsychologie, ebenso wie die Psychologie, die Soziologie und andere Wissenschaften des Sozialen, mit Sinn zu tun hat, wird vermutlich auch von den eifrigsten Verfechtern naturwissenschaftlich orientierter Methoden in der Sozialwissenschaft nicht bestritten.

Anschließend werde ich am Beispiel einiger sozialpsychologischer, psychologischer und soziologischer Theorien diejenigen theoretischen Grundannahmen diskutieren, die die Minimalvoraussetzung für eine nichtreduktionistische Theorie des Sozialen sind, und dies für die spezifische Fragestellung der Sozialpsychologie präzisieren. In diesem Zusammenhang wird der Frage der Systemintegration, die herkömmlicherweise eher als eine soziologische Fragestellung angesehen wird, besondere Beachtung geschenkt und ein Bezug zu dem komplementären Begriff der Struktur hergestellt.

Zum Schluß werden Fragen der Methodologie und der Methoden am Beispiel der Psychoanalyse und des sog. „Positivismusstreits“ in der Soziologie diskutiert. Dabei wird die Psychoanalyse als die zentrale Wissenschaft einer psychoanalytisch orientierten Sozialpsychologie vorgestellt und deren „Metapsychologie“ kritisch reflektiert. Den Abschluß bildet ein Fallbeispiel aus eigener Forschungspraxis, das zugleich das Spezialgebiet „klinische Sozialpsychologie“ innerhalb der umfassenderen Disziplin Sozialpsychologie veranschaulichen soll.

2 Sinn und Zeitlichkeit als gegenstandskonstituierende Kategorien: Das „Sinn-Paradigma" der Sozialpsychologie

Zwar wird in keinem der hier - bisher und im folgenden - zitierten „Standardwerken" der Sozialpsychologie (die hier implizit zugrundegelegte Kategorie „Reputation" könnte natürlich selbst wieder sozialpsychologisch untersucht werden) behauptet, daß diese per se interdisziplinär sei, wohl aber wird der starke interdisziplinäre Bezug der Sozialpsychologie hervorgehoben.

Für Secord/Backmann (1974) sind die wichtigen Referenzwissenschaften der Sozialpsychologie: Psychologie, Soziologie und Kulturanthropologie. „Individuelles Verhalten" liefere dabei den „focal point", um diese drei Wissenschaftssysteme miteinander in Bezug zu setzen (a.a.O., S. 3).

Diese problematische Formulierung macht m.E. deutlicher, was Irle meint, wenn er feststellt, daß man Sozialpsychologie nicht als Extension der „Individualpsychologie" auf soziale Aggregate betreiben könne. Der Ausgang vom Individuum als „focal point" würde dann bedeuten, daß wir das Individuum in den Termini höher aggregierter Strukturen, also z.B. Institutionen oder Gesellschaften, beschreiben oder genauer: gemäß den in diesen Strukturen gültigen Regeln (z.B. als „Rollenverhalten"). Eine derartige Vorgehensweise (die nur noch zu übertreffen wäre durch eine Beschreibung der *Gesellschaft* in subjektiven Termini) würde den „focal point" der Sozialpsychologie radikal verfehlen. Wenn es einen derartigen „focal point" gibt, dann den, daß die gesellschaftliche Konstitution des Individuums samt seiner zunächst teilweise in der Individualpsychologie behandelten Fähigkeiten wie Wahrnehmung, Kognition, Affektivität, soziales Handeln etc. in den Blick genommen wird. Umgekehrt würde damit gleichzeitig der konstitutive Beitrag des Individuums zur Gesellschaft untersucht.[3]

Die Analyse muß somit a priori konstitutionsbezogen sein, d.h. das Ensemble der Vermittlungs- und Konstitutionsprozesse zwischen Individuum und Gesellschaft betreffen. Damit ist zugleich ein Theorieprogramm formuliert. Sozialpsychologie

[3] Ich möchte an dieser Stelle nicht näher auf die Problematik des von Secord/Backmann vertretenen „methodologischen Individualismus" eingehen, sondern nur darauf hinweisen, daß eine derartige Position m.E. von einer falschen Fragestellung bzw. Alternative ausgeht. In der Soziologie wie in der Sozialpsychologie kann es stets nur um das Wechselverhältnis von „individuellem Verhalten" und sozialer Struktur gehen.

hat es aus dieser Perspektive nicht mit der Beschreibung von Oberflächenstrukturen zu tun (also z.B.: wie verhält sich oder handelt das Individuum innerhalb einer bestimmten Regelstruktur), sondern mit der Rekonstruktion generativer Strukturen, also mit der Frage: wie konstituiert sich ein Individuum innerhalb einer bestimmten Gesellschaftsstruktur.

Damit wird „individuelles Verhalten" als „focal point" der sozialpsychologischen Analyse problematisch bzw. gerät in den Verdacht einer konkretistischen Verkürzung. Zutreffender erscheint vielmehr, daß Individuum (oder „individuelles Verhalten") und mikro- bzw. makrosoziale Struktur in ihrem wechselseitigen Konstitutionsverhältnis und zugleich in ihrer Differenz gesehen und analysiert werden müssen. So gesehen ist die Vorstellung eines sozialpsychologischen „focal point" in der Tat eine reduktionistische Sichtweise, etwa im Sinne eines soziologisch-anthropologischen „Baukasten-Systems", mit dem die „A-Sozialität" der klassischen Psychologie (Graumann) peu à peu abgebaut werden könne.

Stellt man das wechselseitige Konstitutionsverhältnis von individueller und sozialer Struktur in den Mittelpunkt, wird ein ganz anderes Kategorienspektrum als das der klassischen Psychologie deutlich. Als gegenstandskonstitutiv sollen, zunächst einmal hypothetisch (die folgenden Überlegungen sollen der Explikation meiner Annahme dienen), die Kategorien „Sinn" und „Zeitlichkeit" angesehen werden. Diese Kategorien ersetzen selbstverständlich nicht traditionelle Kategorien wie „Kognition", „Affektivität", „Kommunikation" oder „soziales Handeln", ebensowenig wie das von der Psychoanalyse ins Spiel gebrachte „Triebsubstrat menschlichen Handelns", sondern bilden gleichsam das metatheoretische, genauer gesagt: das gegenstandskonstitutive Fundament von Sozialpsychologie.[4] Ohne sie läßt sich nicht denken, was Sozialpsychologie ist. Andererseits wird deutlich, daß angesichts der genannten gegenstandskonstitutiven Fragestellung der Sozialpsychologie theorie- und methodenbedingte Segmentierungen und Verkürzungen sich in ihrem Reduktionismus legitimieren müssen und nicht umgekehrt, wie häufig der Fall ist, die konstitutive Fragestellung gegenüber dem methodisch kontrollierten Reduktionismus. Methodisch kontrollierte Gültigkeit ist wichtig, kann aber nicht Selbstzweck sein.

Der Einwand, Kategorien wie Sinn und Zeitlichkeit seien selbst unspezifisch für die Sozialpsychologie, ist richtig, widerlegt aber nicht die hier vorgetragene Überlegung. Es soll vielmehr gezeigt werden, daß diese Kategorien jeglicher theoretischer Vermittlung von individueller und sozialer Struktur vorausgehen, insoweit also Grundlage einer Theorie des Sozialen sind. Dieser Sachverhalt läßt

[4] Überlegungen in dieser Richtung stellt auch Graumann (a.a.O., S. 71) an, ohne sie freilich systematisch weiterzuführen, wenn er davon spricht, daß das traditionelle Paradigma der Psychologie angesichts des „Sinnes" einer Situation bzw. der „Geschichte und Werthaltung" eines Individuums unangemessen ist.

sich auch so ausdrücken: eine Theorie des Sozialen bedarf eines erkenntnistheoretischen und philosophischen Fundaments. Es wird sich somit auch zeigen, daß die auf dieser Basis entwickelten Grundannahmen und Begriffe für Sozialpsychologie, Psychologie und Soziologie gleichermaßen gelten, daß auch eine nicht-reduktionistische Psychologie oder Soziologie sich an diesen Grundannahmen und Begriffen messen lassen muß.

Ich möchte an dieser Stelle eine erste Annäherung an die Kategorien Sinn und Zeitlichkeit versuchen und mich zu diesem Zweck auf Luhmanns Theorie autopoietischer Systeme beziehen. Entscheidend ist für Luhmann die „Entontologisierung" von Sinn: es gibt nichts dem Sinn Vorgängiges, kein „Substrat" von Sinn. „Träger" von Sinn sind vielmehr „Differenzen", genauer: Differenzen von Verweisungszusammenhängen. „Es gibt zwar hochkomplexe evolutive Voraussetzungen der Sinnbildung, aber es gibt keinen privilegierten Träger, kein ontisches Substrat von Sinn ... Nur an der Verweisung auf Anderes kann Bewußtsein sich selbst realisieren, und dasselbe gilt mit andersartigen Bezügen auch für Kommunikation. ‘Träger’ ist mithin, wenn man diesen Ausdruck beibehalten will, eine *Differenz* in den Sinnverweisungen, und diese Differenz hat ihrerseits ihren Grund darin, daß alle Aktualisierung von Verweisungen *selektiv* sein muß" (1987, S. 142).

Im Kontext einer „phänomenologischen Beschreibung" verweist Luhmann weiter darauf, daß sich Sinn nicht nur auf „Wirkliches", sondern zugleich auf „Mögliches" und auf „Negatives" (Unwirkliches, Unmögliches) bezieht (a.a.O., S. 93). Auf diese Weise kann „Sinn" selektiv aktualisieren und de-aktualisieren, d.h. virtualisieren und wiederum re-aktualisieren. „Sinn ist somit die Einheit von Aktualisierung und Virtualisierung, Re-Aktualisierung und Re-Virtualisierung als ein sich selbst propellierender (durch Systeme konditionierbarer) Prozeß" (a.a.O., S. 100). An dieser Stelle kommt Zeit ins Spiel. Sinnhaftes Kommunizieren und Handeln, das Aktualisieren von Möglichkeiten erfordert Zeit, anders formuliert: Zeit taucht als Phänomen und als Problem dadurch auf, daß etwas anderes als das unmittelbar Gegebene möglich ist. Sinn und Zeit sind somit gleichursprünglich. „Jede realitätsbezogene Systemtheorie muß davon ausgehen, daß nicht alles so bleibt, wie es ist. Es gibt Änderungen, es gibt in Systemen Spezialsensibilisierungen für Änderungen, und es gibt daher für einige Systeme Zeit im Sinne eines Aggregatbegriffs für alle Änderungen. Wir lassen offen, was Zeit ‘ist’, weil man bezweifeln kann, ob irgendein Begriff von Zeit, der über das bloße Faktum des Sichänderns hinausgreift, ohne Systemreferenz festgelegt werden kann" (a.a.O., S. 70). Ich werde später noch ausführlicher auf das Problem von Zeit und Zeitlichkeit eingehen.

Die von Luhmann im Kontext von Sinn und Zeit konzipierten Begriffe Möglichkeit, Selektivität etc., die wiederum mit dem für Luhmann zentralen Begriff der

Kontingenz (bzw. der „doppelten Kontingenz") in Zusammenhang stehen, erscheinen auf den ersten Blick plausibel, müssen aber in ihrer Tragweite im Rahmen eines systemtheoretischen Theorieprogramms realisiert werden. So muß z.B. die Frage gestellt werden, ob im Kontext statischer Differenzen überhaupt von „Sinn" gesprochen werden kann. So ließe sich im Hinblick auf die in tierische Reflexschemata eingebauten „Differenzen" zumindest aus einer menschlichen Beobachterperspektive von Sinn sprechen, es wäre jedoch nicht dasselbe Verständnis von Sinn, wie er für den Aufbau, die Struktur und das Prozedieren menschlicher sozialer und psychischer Systeme konstitutiv ist. In diesem Verständnis des Begriffs „Sinn", den ich übernehmen möchte, sind „Freiheitsspielräume" im Sinne von Möglichkeit und Selektion begriffslogisch unabdingbar. „Freiheit" hat im Rahmen dieses Theorieverständnisses keinen metaphysischen Hintergrund, sondern meint den Sachverhalt (der dann selbst wiederum als „anthropologisch" konstant verstanden werden muß), daß Kommunikation, Handeln, Lernen, die Entwicklung sozialer und psychischer Systeme ohne Selektivität und den damit verbundenen Möglichkeitsraum nicht denkbar wären.

Bei den „Freiheitsspielräumen" im Sinne von Selektivität handelt es sich mithin um ein objektives oder Strukturphänomen und nicht um einen humanistisch oder transzendental (im Sinne Kants) begründeten Begriff von Freiheit, um eine objektive Selektivität, wie sie etwa im Aufeinandertreffen unterschiedlicher Determinationen (z.B. angesichts eines zu lösenden Problems) oder in den unbewußten kompromißhaften Neuschöpfungen der Neurose, des Traums oder der Fehlleistungen auftauchen. Begriffslogisch ist Selektivität somit eher im Umkreis der Kategorie des „Neuen" und nicht im Rahmen eines metaphysischen Freiheitsbegriffes zu verorten.

Damit stellt sich uns eine Ausgangsfrage vergleichbar der in Heideggers „Sein und Zeit". So schreibt Heidegger in der „Einführung" zu seinem Werk: „Die konkrete Ausarbeitung der Frage nach dem Sinn von 'Sein' ist die Absicht der folgenden Abhandlung. Die Interpretation der *Zeit* als des möglichen Horizontes eines jeden Seinsverständnisses überhaupt ist ihr vorläufiges Ziel" (1993, 17. Aufl., S. 1). Allerdings zeigt Heideggers Formulierung, daß jedes Seinsverständnis, jedes „Befragen" des Seienden nach seinem Sein (auch das Fragen selbst) sich notwendig innerhalb des Horizonts von *Sinn und Zeit* bewegen muß. Dementsprechend wäre darauf hinzuweisen, daß Heidegger immer wieder die Frage nach dem „Sinn" von Sein und nicht einfach nach dem „Sein" stellt.

Ich werde versuchen, diesen Horizont im Hinblick auf unsere vorliegende, nicht in erster Linie philosophische Fragestellung zu erläutern. D.h. ich werde die fachwissenschaftlich scheinbar irrelevante, für die Fundierung dieser Wissenschaft jedoch wesentliche Frage nach der „Seinsverfassung" („Existentialität", a.a.O., S.13) des hier in Frage stehenden wissenschaftlichen Gegenstandes stellen. Zu dieser Seinsverfassung des Gegenstandes als eines „Da-seienden" würde Heidegger zufolge gehören, daß er sich selbst befragt bzw. versteht, d.h. daß wir uns selbst befragen, uns selbstreflexiv verhalten, daß Subjekt und Objekt der Frage (die Anderen, die Gesellschaft etc.) damit dieselbe Seinsverfassung besitzen, eine Subjekt-Objekt-Trennung somit nicht möglich ist. Das Sein des Seienden, das wir selbst sind, unser „Dasein" also, ist somit, daß wir uns - auf verschiedenen Reflexionsstufen: alltäglich, wissenschaftlich, philosophisch etc. - selbst verstehen können. „Dasein versteht sich in irgendeiner Weise und Ausdrücklichkeit in seinem Sein" (a.a.O., S. 12). Allgemeiner und gewissermaßen methodologisch formuliert: „Die Seinsfrage ist dann aber nichts anderes als die Radikalisierung einer zum Dasein selbst gehörigen wesenhaften Seinstendenz, des vorontologischen *Seinsverständnisses*" (a.a.O., S.15; hrvg. M.C.). In dem vorliegenden, uns interessierenden Falle geht es also konkret darum, daß wir uns in unserem Sein in der Gesellschaft „verstehen". Radikalisierung eines vorontologischen Seinsverständnisses - das ist eine aufregende Parallele zu einem modernen sozialwissenschaftlichen Verständnis von Erkenntnis und Methode, das in der Wissenschaft eine „Radikalisierung" eines vorwissenschaftlichen, alltagstheoretischen Verstehens sieht.

Diese Überlegung ließe sich anhand anderer Seinsbestimmungen fortsetzen (sie sollen an dieser Stelle lediglich angedeutet werden). So ist nach Heidegger unser Dasein a priori ein „Erschlossenes" (a.a.O., S. 133) - es ist uns in den Modi der (affektiven) „Gestimmtheit" und des „Verstehens" zugänglich. Diese Modi sind, ontologisch gesehen, der Hintergrund dessen, was ich später als „Ausdrucksgestalten" menschlicher Existenz explizieren werde.

Während uns „Zeit" als Modus dieser Seins(v)erfassung wahrscheinlich unmittelbar einleuchtet, ist der Modus des Sinns schwieriger und kontroverser. An diesen Punkten möchte ich die bisherige Parallelführung der gegenstandskonstitutiven Kategorien „Sinn" und „Zeitlichkeit" mit Heideggers Fundamentalontologie modifizieren. Während Heidegger den Sinn desjenigen Seienden, das er „Dasein" nennt (nämlich das menschliche Dasein), in der Zeit bzw. der „Zeitlichkeit" sieht, erscheint mir diese Reduktion auf „Zeit" problematisch. Nimmt man z.B. Sprache als Beispiel einer Sinnstruktur, so zeigen sich Sinn und Zeitlichkeit m.E. als komplementäre, aber nicht aufeinander reduzierbare Strukturen. Allenfalls ließe sich Zeitlichkeit, wie wir später sehen werden, als die *fundamentalere* Kategorie betrachten, gewissermaßen als Tiefenstruktur von Sinn. Ebensowenig ist damit geleugnet, daß Sinn zeitlich verstanden werden muß („Zeit als Horizont des Seinsverständnisses"; a.a.O., S. 17). Dies wird sich später, auch methodologisch und methodisch als wesentlich erweisen. Wenn „Temporalität" oder „Geschichtlichkeit" eine wesentliche Dimension von Sinn ist, dann können wir theoretisch und methodisch mit unserem „Dasein" nicht so verfahren, wie mit der Natur, die in diesem spezifischen Sinne keine Geschichte hat. Sie hat keine Geschichte in dem Sinne, daß das Vergangene „vorgängig" ist, d.h. mit seinem Sinn Gegenwart und Zukunft bestimmt, d.h. als Entwurf vorauseilt. Sie besitzt auch keine Nachträglichkeit in Sinne eines retroaktiven Einwirkens auf die Vergangenheit. Natur besitzt keinen immanenten, Vorgängigkeit und Nachträglichkeit konstituierenden Sinn. Dasein ist demgegenüber zeitlich, geschichtlich.

Ähnlich wie Heidegger im Hinblick auf das „Sein" („Der Begriff des Seins ist vielmehr der dunkelste"; a.a.O., S. 3) werden auch wir feststellen, daß der Begriff des Sinns nicht selbstverständlich, sondern „dunkel" ist. Soviel möchte ich jedoch schon an dieser Stelle festhalten bzw. unter Verweis auf Luhmann und Derrida betonen: Sinn ist der Horizont, innerhalb dessen wir alles Seiende verstehen, er ist das unabschließbare Verweissystem unseres Denkens, in dem wir Zäsuren und Grenzen immer nur willkürlich setzen, und mit „Sinn" schließen wir Letztbegründungen, ein „Wesen" jenseits von Sinn systematisch aus. Ontologische oder metaphysische Fragestellungen (z.B. die Kantsche Frage nach dem „Ding an sich") verstehen wir somit als Fragen innerhalb einer menschlichen Sinndimension, nicht als Fragen nach einem „Hintersinn". Die Sinndimension artikuliert somit eine spezifische *antimetaphysische* Form der Fragestellung. Schließlich - und das sollte der Hinweis auf Luhmann und Derrida zeigen - operiert Sinn mit Hilfe der fundamentalen Modi von Differenz und Verweis.

Auch das fundamentale Erkenntnisinteresse unserer Untersuchung können wir im Anschluß an Heidegger formulieren: „Die eigentliche 'Bewegung' der Wissenschaft spielt sich ab in der mehr oder weniger radikalen und ihr selbst nicht durchsichtigen Revision ihrer Grundbegriffe" (a.a.O., S. 9). Der Anspruch einer szientistisch orientierten Sozialpsychologie (dasselbe gilt für verwandte Disziplinen wie Soziologie und Psychologie) auf einen theoretischen und methodischen Primat ist, wie wir zeigen werden, nicht zuletzt durch die Psychoanalyse, aber auch durch das Bedürfnis nach „dichten Beschreibungen" sozialer und kultureller Felder ins Wanken geraten. Indem die Untersuchung mit den gegenstandskonstitutiven Begriffen Sinn und Zeitlichkeit und, damit verbunden, mit der ontologisch-methodologischen Kategorie des Verstehens beginnt, versucht sie, einen Beitrag zu der anstehenden Reflexion und Revision der Grundbegriffe im Feld sozialwissenschaftlicher Forschung zu leisten. Sozialwisssenschaftliche Forschung in diesem Sinne ist, um die Heideggersche Formulierung noch einmal zu wiederholen, „Radikalisierung" eines vorwissenschaftlichen Seins*verständnisses.* Daß diese „Radikalisierung" a priori in Form standardisierter und quantifizierender Verfahren stattfinden sollte, ist angesichts der Ausgangsfrage, nämlich eines „Verstehens" des Daseins in seiner Sinnhaftigkeit und Zeitlichkeit wenig plausibel. Vielmehr handelt es sich bei diesen Verfahren um ein reduktionistisches, jeweils im Einzelfall zu legitimierendes Vorgehen, nicht um die *Via regia.*

Ich möchte in diesem Zusammenhang schließlich noch auf das zumindest in diesem Punkt parallele Theorieprogramm von Derrida hinweisen, auf das ich später noch näher eingehen werde. Die theoriearchitektonisch zentrale Unterscheidung Derridas von „différence“ und „différance“ reflektiert den hier angesprochenen Zusammenhang eines antimetaphysischen Konstitutionsverhältnisses von „Sinn“. Zunächst einmal ist auch für Derrida die Differenz der ausschließlich differente „Träger“ von Sinn. Da aber Subjekte ständig mit dem Problem von Handlungsalternativen konfrontiert sind (basal: als Überlebensstrategien), sind Umwege erforderlich, die Derrida zugleich als „Aufschübe“ versteht. Umwege und Aufschübe aber erfordern - *Zeit*. Für diesen Komplex verwendet Derrida, im Gegensatz zu einem statischen Verständnis von „différence“, den dynamischen Begriff „différance“. Ich möchte an dieser Stelle - und vorläufig abschließend - festhalten, daß Luhmann und Derrida theoretisch gut fundierte Argumente für ein *dynamisches Konzept von Struktur* vorgelegt haben, Argumente, auf die ich später im Zusammenhang der Diskussion des „Strukturalismus“ im engeren Sinne zurückkommen werde.

Es soll in diesem Zusammenhang nur soviel vorausgeschickt werden, daß der Strukturalismus im engeren Sinn (der sich zentral auf die linguistische Theorie von de Saussure bezieht), ebenso wie der „Poststrukturalismus“ (als dessen Vertreter z.B. Derrida angesehen werden kann) sich auf die hier skizzierten Argumente stützt. Sinn und Zeitlichkeit, damit aber auch das, was für uns „Wirklichkeit“ ist, entsteht durch Differentialität, die dann mit Hilfe von Sprachzeichen („Signifikanten“) fixiert werden kann. Es wird sich für unsere Argumentation als wichtig erweisen, daß auch nichtsprachliche Gebilde signifikative Bedeutung besitzen können (kultische Objekte, Riten, Geld - aber auch vorsprachliche Interaktionsstrukturen). Der Vorrang des Signifikanten vor dem Signifikat, als dem Bezeichneten, wird so deutlich. So schreibt etwa Lévi-Strauss: „Die Symbole sind realer als das, was sie symbolisieren, der Signifikant geht dem Signifikat voraus und bestimmt es“ (1989, S. 26). Es sei noch am Rande erwähnt, daß ein weiterer wichtiger Vertreter des Poststrukturalismus, Lacan, selbst wesentlich von Lévi-Strauss beeinflußt war: „Wenn ich den Sinn charakterisieren wollte, in den ich durch die Rede von Claude Lévi-Strauss gehalten und getragen worden bin, so würde ich sagen, daß er in dem Akzent besteht, den er ... auf das gelegt hat, was ich die Funktion des Signifikanten nennen werde, in dem Sinne den dieser Terminus in der Linguistik hat, insofern dieser Signifikant, ich würde nicht nur sagen, sich durch seine Gesetze unterscheidet, sondern einen Vorrang hat gegenüber dem Signifikat, dem er die Gesetze auferlegt“ (Lacan, zit. v. Roudinesco, 1996, S. 321).

Aus dieser Sicht erscheint auch die Kontroverse einer „psychologischen“ vs. einer „soziologischen“ (oder „anthropologischen“) Sozialpsychologie ebenso methodologisch unhaltbar wie theoretisch antiquiert. Geht man in dem beschriebenen Sinne nämlich von gegenstandskonstituierenden Kategorien aus, so kann es nur eine Sozialpsychologie geben, wobei es keine Rolle spielt, ob diese nun von Psychologen, Soziologen oder Kulturanthropologen betrieben wird. Allenfalls können, je nach methodischer oder theoretischer Ausbildung, unterschiedliche gegenstandsbezogene Schwerpunkte auftreten. „Interdisziplinarität" ist somit keine gegenstandskonstituierende Kategorie der Sozialpsychologie. Ihr theoretisches Zentrum ist vielmehr die Vermittlung subjektiver und gesellschaftlicher Strukturen.

Überdies ist diese Kontroverse (d.h. die Orientierung der Sozialpsychologie an einer bestimmten Einzeldisziplin) theoriegeschichtlich längst überholt. Secord und Backmann (1974) betonen bereits in den ersten Sätzen ihrer Einleitung: „Written by a psychologist and a sociologist, the order of authorship does not *signify any difference in the relative contributions of the two authors nor of the two disciplines*. Some parts of the book stress psychological research and thought; others stress sociological studies and ideas. These varying emphases reflect the empirical literature of the field" (S. XV, hvg. M.C.). Für Heigl-Evers/Streek (in der Einleitung der beiden Bände „Sozialpsychologie" im Rahmen der „Psychologie des 20. Jahrhunderts", 1984, S. 1) ist die „doppelte psychologische wie soziologische Orientierung der Sozialpsychologie" geradezu selbstverständlich. Ähnlich, wenn auch etwas abgeschwächt, argumentiert Graumann (1969, S. 49). Diese insgesamt unfruchtbare und hemmende Kontroverse, die wie in anderen Disziplinen häufig mit dem Argument größerer „Exaktheit" bzw. dem Vorwurf der „Unwissenschaftlichkeit" ausgefochten wird, sollte deshalb beendet werden und könnte allenfalls, wie Irle vorschlägt, selbst noch einmal Gegenstand sozialpsychologischer Analyse werden. Ich möchte im Methodenteil dieser Überlegungen zeigen (exemplarisch am Beispiel der Psychoanalyse), daß es auch in methodischer Hinsicht nicht zwei Sozialpsychologien gibt, sondern ein Vermittlungsproblem zwischen kausalanalytischen und sinnrekonstruktiven Vorgehensweisen.

3 Grundannahmen und theoretischer Bezugsrahmen

Vor dem Hintergrund dieser zunächst einmal hypothetisch eingeführten - und d.h. noch zu explizierenden - gegenstandskonstitutiven Kategorien sollen im folgenden eine Reihe von Grundannahmen entwickelt werden, entsprechend der oben aufgeführten Maxime, diese nicht „deduktionistisch“ abzuleiten, sondern sie aus der Analyse und immanenten Kritik der relevanten sozialpsychologischen Literatur zu gewinnen. Es wird sich dabei auch zeigen, daß Sozialpsychologie und Soziologie nicht prinzipiell, sondern nur von ihrer Schwerpunktsetzung her zu trennen sind, mehr noch: daß Sozialpsychologie geradezu das Paradigma einer nichtreduktionistischen Wissenschaft des Sozialen ist.

Grundannahmen müssen in sich logisch schlüssig und heuristisch wertvoll sein, insofern können sie gleichsam als „Axiome“ angesehen werden. Ebenso wie Axiome (z.B. in der Mathematik) sind sie weder verifizierbar noch falsifizierbar: sie können lediglich daran gemessen werden, inwieweit sie die „Totalität“ des Gegenstandsbereichs angemessen erschließen. Angesichts der bisher ausgesprochen heterogenen Ergebnisse der Diskussion einer Axiomatik des Sozialen möchte ich im folgenden auch nur von Grundannahmen sprechen (vgl. Clemenz 1970). Andererseits ist eine derartige „axiomatische“ Reflexion unabdingbar, weil (1) Grundannahmen den Aufbau, die Lücken, Widersprüche und Reduktionismen von Theorien des Sozialen deutlich machen und (2) wegweisend für die Entwicklung derartiger Theorien sind.

3.1 G.H. Mead: Das Individuum ist keine Substanz, sondern ein Prozeß; der Doppelcharakter von Individuum und Gesellschaft

Die erwähnten konstitutionslogischen Überlegungen wurden in paradigmatischer Weise im Werke von G.H. Mead realisiert. Der Weg von der präsozialen und präsymbolischen Kooperation führt, Mead zufolge, zunächst von der durch reziprokes Sinnverstehen begründeten signifikanten Geste zum sprachlichen Symbol (dieser Prozeß kann bei Mead sowohl phylo- wie ontogenetisch verstanden werden). „Sinn“ oder „Geist“ ist für Mead somit kein subjektiver Prozeß, keine subjektive Zutat, sondern die objektive Bedeutung der präsymbolischen oder symbolischen Kooperation, unabhängig von ihrer intentionalen Repräsentation. Reziprokes Sinnverstehen bezieht sich (ontogenetisch) zunächst auf einzelne Symbole,[5] später auf Rollen und Rollenaggregate bzw. das Ensemble gesellschaftlicher Rollen und Regeln (Verinnerlichung des „generalized other"). Zeitlichkeit kommt sowohl in der phylo- und ontogenetischen Entwicklung des reziproken Sinnverstehens als auch in der einzelnen Handlung selbst zum Ausdruck: Die Bedeutung einer Geste bzw. eines Symbols, so Mead, liegt in deren Resultat, d.h. Bedeutung konstituiert sich immer als Prozeß, gleichermaßen zeitverschoben.

Die enorme Bedeutung dieses Gedankens kann an dieser Stelle erst angedeutet werden: Bedeutungen liegen diesem Gedanken zufolge nicht fix und fertig bereit, gewissermaßen „präsent" oder „substanzhaft". Bedeutungen konstituieren sich vielmehr notwendig über die metonymischen Verkettungen der Symbole, d.h. der Sprache, und zwar ebenfalls notwendig zeitabhängig. Wendet man das Argument der sprachlichen Differentialität und Sequenzialität weiterhin auf den Ausgang der sprachlichen Kette an, befindet man sich bereits im gedanklichen Terrain des neueren Strukturalismus.

Subjektivität besteht bei Mead aus dem komplexen Wechselspiel von „Me", „I" und „Self". „Me" und „I" sind die zentralen Strukturmomente von Subjektivität: „Me" als verinnerlichte Welt, „I" als dynamischer und spontaner Ausdruck von Subjektivität. Das „Selbst" (in der deutschen Übersetzung von „Mind, Self and Society" etwas mißverständlich mit „Identität" übersetzt) ist einerseits dadurch charakterisiert, daß in ihm Soziales und spontane individuelle Reaktion miteinander verschränkt sind, andererseits - konstitutionslogisch - dadurch, daß es (ebenso wie „Geist" oder „Sinn") kein „Substrat", sondern ein gesellschaftlich vermittelter Prozeß ist. Ebenso wie das Denken beruht das Selbst darauf, daß die Reaktion des Anderen (und die Reaktion des Subjekts auf diese Reaktion) in die Erfahrung des Subjekts hereingenommen und so im Subjekt „durchgespielt" wird. Denken beruht somit für Mead, ebenso wie für Freud, auf „Probehandeln". Meads Bestimmung des Selbst darf somit als ein Kernsatz moderner Sozialpsychologie gelten: „Die Identität (d.h. das „Selbst"; M.C.) ist nicht so sehr eine Substanz als ein Prozeß, in dem die Übermittlung von Gesten in einen Organismus verlegt wurde. Dieser Prozeß existiert nicht für sich allein, er ist nur eine Phase der ganzen gesellschaftlichen Organisation, deren Teil der Einzelne ist. Die Organisation der gesellschaftlichen Handlung wurde in den Organismus hineinverlegt und wird damit zum Gut des Einzelnen" (Mead 1973, S. 222).

Die besondere Rolle des Selbst wurde von Blumer insbes. mit der Funktion der „self-interaction" beschrieben (Blumer 1973, S. 282ff.), eine Funktion, die ich im folgenden als „Selbstreflexivität" bezeichnen möchte. Damit erhält nicht nur

[5] Die damit allerdings schon die Voraussetzungen einer „Sprache" erfüllen. Es gibt nur Sprache (die nicht unbedingt verbal sein muß, sondern auch eine Sprache symbolischer Gesten sein kann) oder Nicht-Sprache, nicht aber „ein bißchen Sprache".

Subjektivität, sondern auch die sozialpsychologische Grundeinheit des „social act" eine weitere Bedeutung: die der Transzendenz des jeweils faktisch Vorgegebenen: „Human action acquires a radically different character as a result of being formed through a process of self-interaction. Action is built up in coping with the world instead of merely being released from a pre-existing psychological structure by factors playing on that structure" (a.a.O., S. 284). „Auseinandersetzung mit der Welt" heißt in diesem Zusammenhang nicht nur, bestehende Strukturen zu akzeptieren, sondern insbes. in Krisensituationen sich kreativ mit ihnen auseinanderzusetzen. Wir stoßen hier zum ersten Mal auf die Kategorie des „Neuen", mit der wir uns noch ausführlich beschäftigen werden.

Vor dem Hintergrund unserer bisherigen Überlegungen können wir allerdings auch erkennen, daß Kategorien wie „self-interaction" oder „Selbstreflexivität" nicht unproblematisch sind. Berücksichtigt man nämlich die oben formulierten Überlegungen Meads zur symbolischen Prozessualität von Sinn, so wird deutlich, daß „self-interaction" immer nur in Beziehung zu dieser symbolischen Ordnung als einer objektiven Ordnung des Geistes existieren kann. „Self-interaction" ist keine irreduzible Qualität des Psychischen. Auch zur Kategorie des „I" ist eine Ergänzung erforderlich. Will man das „I" nicht bewußtseinsphilosophisch oder psychologisch erklären (was jeweils noch zusätzliche Begründungen erforderlich machte), so muß man das „Ich" als den empirischen Ausdruck von „Negativität" verstehen, als die inhaltlich leere Fähigkeit des Geistes zur Negation.

Wir finden somit bei Mead einerseits eine objektiv vorgegebene Rollen- bzw. Sinnstruktur (einschließlich ihres subjektiven Niederschlags im „Me"), andererseits die Fähigkeit des Subjekts im Rahmen einer symbolischen Ordnung, diese Struktur jeweils situationsspezifisch zu gestalten bzw. „auszuhandeln", ja sie im Zweifelsfall zu transzendieren. „Wir können die Dinge verändern; wir können darauf bestehen, die Normen der Gemeinschaft zu verbessern. Wir sind durch die Gemeinschaft nicht einfach gebunden" (Mead 1973, S. 211). Sachlogisch zwingend bedeutet dies einerseits, daß „Gesellschaft" nicht nur nicht als starre Struktur, sondern auch als evolutionäre Struktur zu deuten ist. Soziale Strukturen beinhalten nicht nur einen quasi-kausalen „Auslösemechanismus („release") gegenüber dem Subjekt, sondern werden vom Subjekt auch interpretiert und damit potentiell veränderbar.

Der Ertrag dieser kurzen Skizze des Meadschen Denkens wird damit deutlich. In seinem Denken werden nicht nur die für eine nichtreduktionistische Sozialpsychologie konstitutionslogischen Kategorien Sinn und Zeitlichkeit expliziert, sondern zugleich eine Reihe von „Grundannahmen" entwickelt. Ich möchte in aller Kürze darauf eingehen:

1. Subjektivität wird von Mead nicht substantialistisch, sondern prozessual bestimmt. Auch die Kategorien des „Me" und „I" sind in diesem Sinne keine Substanzen, sondern in ihrer Dialektik notwendige Voraussetzungen für die Generierung eines interaktiven Prozesses bzw. für die Verinnerlichung einer bereits bestehenden sprachlich-symbolischen Struktur. Prozessuale Bestimmung von Subjektivität bedeutet, daß Subjektivität im Kontext von Interaktion konstituiert wird. Genauer: sie wird durch eine sukzessive Übernahme und Verinnerlichung von Perspektiven bzw. Interpretationen der jeweiligen Interaktionspartner, letztlich der Sprach- und Regelstruktur der Gesellschaft („generalized other") konstituiert.

Auf eine weitere Überlegung möchte ich an dieser Stelle vorläufig nur hinweisen, sie wird uns später im Kontext einer metatheoretischen Reflexion der Psychoanalyse noch einmal begegnen. Es handelt sich um das Problem, daß die „Prozessualität" des Subjekts nicht mit der Sprache und sprachgebundenen Regelstrukturen beginnt, sondern offenkundig auch in vorsprachlichen Strukturen verankert ist. Habermas (1981) hat auf dieses Problem innerhalb der Theoriearchitektonik Meads hingewiesen. In seiner ausführlichen Mead-Rezeption (in der er Mead quasi als einen der Gründungsväter einer kommunikationstheoretisch fundierten Sozialwissenschaft präsentiert) zeigt er, daß eine derartige Perspektiv- bzw. Interpretationsübernahme phylo- und ontogenetisch nicht von vornherein auf sprachlich vermittelter Ebene stattfinden kann, sondern eine Reihe von anspruchsvollen Voraussetzungen erfordert, wobei an dieser Stelle offen bleiben kann, ob sich diese Voraussetzungen selbst sukzessiv entwickeln oder logisch zusammengehören, d.h. simultan auftreten. Zu diesen Voraussetzungen (Habermas bezeichnet sie als „Einstellungsübernahmen") gehören in jedem Falle: (a) Zwei Interaktionspartner interpretieren einen Realitätsausschnitt in ähnlicher Weise, so daß sie, wenn sie ihn dem anderen mit einer Geste anzeigen, damit eine übereinstimmende (oder ähnliche) Interpretation verbinden oder entsprechend darauf reagieren. Nebenbei bemerkt: die keineswegs selbstverständliche Fähigkeit zur Verwendung oder zum Verständnis der deiktischen Geste wird hier bereits vorausgesetzt. (b) Beide Interaktionspartner verfügen über die Fähigkeit, übereinstimmende Interpretationen bzw. damit verbundene Reaktionen auch zu antizipieren. (c) Beide Interaktionspartner verfügen über die Fähigkeit, „eine Geste in kommunikativer Absicht zu verwenden" und eine damit reziproke Beziehung einzugehen (Habermas 1981, S. 28, sowie S. 37ff.). Erst damit sind die Voraussetzungen gegeben, die es den Interaktionsteilnehmern ermöglichen, nicht nur auf der Ebene „objektiv übereinstimmender Interpretationen" zu agieren, „sondern derselben Geste eine identische Bedeutung zuzuschreiben" (a.a.O., S. 28). Erst damit befinden sich die Interaktionsteilnehmer potentiell auf der Ebene sprachlicher Interaktion.

2. Mead geht einerseits von einer objektiv vorgegebenen Sprach- und Regelstruktur aus, die sich im Subjekt niederschlägt bzw. verinnerlicht wird („Me"). Insoweit verkörpert das „Me" den Aspekt der sozialen Determiniertheit des Subjekts. Andererseits geht Mead von der Fähigkeit des Subjekts aus, diese Determiniertheit zu negieren, d.h. innovativ und kreativ zu sein. Dynamisch und strukturell ist der Ort dieser Indeterminiertheit des Subjekts das „I". Es ist also wichtig festzuhalten, daß für Mead das „I" für mehr steht als für die bloße Fähigkeit des Subjekts, gewissermaßen verschiedene Register seiner sozialen Determiniertheit zu aktivieren, insofern sich selektiv zu verhalten oder gar als bloßer Zufallsgenerator zu fungieren. Dies wirft allerdings begründungs- und konstitutionslogisch einige Fragen auf, auf die ich anschließend eingehen möchte.

3. Dieser Subjektseite entspricht logisch notwendig eine komplementäre gesellschaftliche Seite. Gesellschaft muß also zwangsläufig einen ähnlichen Doppelcharakter aufweisen, d.h. einerseits determiniert, andererseits evolutionär sein. Auf diesen Doppelcharakter verweist übrigens Mead auch im Zusammenhang des Symbolbegriffs. Einerseits ist das Symbol konstitutiver Bestandteil der Kreativität des Subjekts, andererseits ein „Reiz, dessen Reaktion im vorhinein feststeht" (1973, S. 224).

Konstitutive Prozessualität des Subjekts, Doppelcharakter des Subjekts (determiniert - indeterminiert) und Doppelcharakter der Gesellschaft (determiniert - indeterminiert) sind somit m.E. aussichtsreiche Kandidaten für theoretische Grundannahmen im Rahmen einer nichtreduktionistischen und kritischen Sozialpsychologie. Wir werden später sehen, daß Giddens (1992) seinen großangelegten Entwurf einer Theorie der (sozialen) Strukturierung im wesentlichen auf diesem Grundgedanken des Doppelcharakters („Dualität der Struktur") aufgebaut hat.

Ich möchte abschließend auf die Frage zurückkommen, die ich bisher ausgeklammert hatte: ob nämlich die Meadsche Dialektik von „Me" und „I" eine hinreichende Erklärung für die Möglichkeit des Neuen, für Innovation und Kreativität ist. M.E. hat Mead formal zutreffend darauf hingewiesen, daß z.B. die Sprache sich nicht selbst spricht bzw. weiterentwickelt und daß dafür ein dynamischer Subjektpol erforderlich ist - aber eben nur in formaler Hinsicht. Eine konstitutionslogisch hinreichende Erklärung muß m.E. anders aussehen. Ich möchte vorläufig auf drei Erklärungsvarianten hinweisen, zwei sprachtheoretische und eine handlungstheoretische.

1. Der erste sprachtheoretische Erklärungsversuch ist wesentlich am Strukturalismus, genauer: am Poststrukturalismus, orientiert. Sprache geht nicht in ihrem referentiellen Bezug auf. Auch der referentielle Begriff (z.B. „der Baum") ist kraft seiner theoretischen Dimension mehr als Referentialität: „der Baum" existiert nicht in der Natur, sondern nur im menschlichen Reflexionsvermögen. Im

Zweifelsfalle ist, wie in der poetischen Sprache, dingliche Referentialität überhaupt nicht vorhanden. Ebenso sind die Begriffe nicht gleichsam an die Sachen festgenagelt. Vielmehr eröffnet die Sprache vermöge ihrer Differentialität (noch die einfachste symbolische Geste ist differentiell: sie unterscheidet die Welt in Freund oder Feind, Eßbares oder nicht Eßbares etc.) die Möglichkeit und Notwendigkeit einer im Prinzip unabschließbaren In-Bezug-Setzung. Unabschließbarkeit der metonymischen und metaphorischen Verschiebungen oder, anders formuliert, die unabschließbare Reflexivität der Sprache ist wahrscheinlich das wichtigste Kriterium von Sprache. Differentialität und Verschiebbarkeit werden m.E. nicht, wie etwa Lévi-Strauss meint, durch einen Signifikanten für das Unbekannte, das „Mana", der gewissermaßen den „symbolischen Nullwert" der Sprache bildet (Lévi-Strauss 1989, S. 39), hergestellt.[6] Vielmehr ist die Differenz, die Leerstelle zwischen den Zeichen, konstitutiv für die Zeichen und damit die Sprache. Noch einmal anders formuliert: derartige konstitutive Differenz ermöglicht überhaupt erst das Unbekannte. Diese konstitutive Differenz ist, wie z.B. Derrida ausführt, nichts Anwesendes, sie ist weder Kraft noch Sinn, sondern eben: Differenz, d.h. ein Strukturmerkmal von Sprache. Die Unabschließbarkeit der Sprache ermöglicht, jedenfalls nach dieser poststrukturalistischen Lesart, Bewegung, Neues. Zugleich ist diese Lesart, mit ihrer Kritik an der Kategorie des „Anwesenden", Kritik an herkömmlicher Philosophie, Metaphysikkritik.

Hier wird im übrigen eine Reflexionsebene sichtbar, die selbst wiederum als fundierend oder konstitutiv für die genannten gegenstandskonstitutiven Kategorien Sinn und Zeitlichkeit angesehen werden kann. Die Symbolizität von Sprache und sozialen Regeln wären demnach charakterisiert durch die Unabschließbarkeit, damit auch die reflexive Unauslotbarkeit ihrer Beziehungen. Zeitlichkeit anderer-

---

[6] In einer wenig beachteten Passage der „Dialektik der Aufklärung" (1955) haben sich Horkheimer und Adorno ebenfalls mit diesem Problem beschäftigt. Einerseits verwenden sie „Mana" im selben Sinne wie Lévi-Strauss, nämlich als Signifikanten für das Fremde, Unbekannte. Andererseits verwenden sie es als Signifikanten für das „Heilige", das in verschiedenster Weise gegenständlich erscheint. In dieser Bedeutung steht „Mana" somit an der Grenze zwischen allgemeinbegrifflichem Denken (es faßt seine „Emanationen" begrifflich zusammen) und Magie: das „Heilige" erscheint gegenständlich in „spezifischer Stellvertretung". In diesem Sinne ist es nicht-referentiell: es bezeichnet nicht seine Erscheinungsformen, sondern kommt in ihnen zum Ausdruck. Durch das „Mana" jedoch wird Sprache erst zur Sprache: „Durch die Gottheit wird die Sprache aus der Tautologie zur Sprache" (a.a.O., S. 26). Dies hat weitreichende Konsequenzen für die Theoriearchitektonik der „Dialektik der Aufklärung". Einerseits steht „Mana" bereits im Bannkreis einer rationalistischen Aufklärung („Begriff" und „Sache" treten auseinander). Andererseits konstituiert „Mana" (als „Heiliges", „Gottheit") Sprache erst im emphatischen, „nicht-tautologischen" Sinne, Sprache also, die nicht im referentiellen Bezug aufgeht. Das sprachlogische Dilemma der „Dialektik der Aufklärung" besteht also darin, daß mit dem Beginn der Sprache „Begriff" und „Sache" sowohl in einem formal-operationalistischen Sinne als auch in einem empathischen, das jeweils Faktische transzendierenden Sinne „auseinandertreten".

seits wäre charakterisiert durch die Endlichkeit (man könnte auch sagen: biographische und historische Relativität) der jeweiligen Bewegung durch die Unendlichkeit der symbolischen Ordnung.

2. Eine zweite sprachtheoretische Erklärung ist an der Sprechakttheorie (bzw. deren Weiterentwicklung in Habermas' „Universalpragmatik") orientiert. Aufgrund des Doppelcharakters des Sprechakts (illokutionär-propositional) sind in die Sprache Wahrheits- bzw. Geltungsbedingungen eingelagert. Habermas (1976) hat versucht, diese „universellen Geltungsbedingungen" folgendermaßen zu systematisieren: (a) Bedingungen der Verständlichkeit (die in unserem Kontext weniger bedeutungsvoll sind); (b) Wahrheit (der propositionalen Aussage); (c) normative Richtigkeit und (d) Aufrichtigkeit. Die Sprache ermöglicht uns qua Sprache die „rationale Überprüfung" dieser Grundbedingungen. Werden sie in Frage gestellt oder - mit rationalen Gründen - zurückgewiesen, müssen sie diskutiert werden oder gegebenenfalls durch andere Aussagen ersetzt werden. Ich bin mir nicht sicher, ob Habermas tatsächlich diese Konsequenz zieht: unter der Bedingung, daß die neuen oder veränderten Aussagen nicht einfach deduktiv von anderen Aussagen abgeleitet werden, könnte diese Struktur des Sprechakts die konstitutive Voraussetzung für Neues sein.

3. Die handlungstheoretische Erklärung geht davon aus, daß bestehende Handlungssequenzen an der Realität scheitern, d.h. nicht den erhofften Erfolg haben. Die damit ausgelöste „Krise" der eingespielten Handlungssequenzen erfordert, daß neue Handlungsstrukturen „erfunden" werden. Dieses „Erfinden" wird freilich nicht beliebig - ins Blaue hinein - stattfinden, es muß sich vielmehr der immanenten Reflexivität der Sprache, sozialer Regeln und kognitiver Strukturen bedienen. Unter der Voraussetzung, daß die neuen Handlungsstrukturen nicht nur Ableitungen aus bestehenden, alternativen Strukturen sind, wäre dies eine Erklärungsmöglichkeit für Neues.

Im übrigen möchte ich darauf hinweisen, daß Derrida versucht hat, die Variante eins mit Variante drei zu kombinieren. Sehr pointiert formuliert: er versucht, den Differenzbegriff bereits in vorsprachlichen Handlungsstrukturen zu begründen. Immer dann, wenn eingeschliffene Handlungsstrukturen problematisch oder gefährlich werden, muß das Individuum Handlungsalternativen einschlagen. Wie bereits erwähnt, sind die damit differentiell gesetzten Handlungsspuren bzw. die „Differenzen" zwischen ihnen die Basis von Sinn. Auf den so begründeten Begriff der „différance" (als Differenz und gleichzeitig Umweg) werde ich später noch eingehen. Ebenso werde ich später, im Kontext einer metatheoretischen Begründung der Psychoanalyse, noch einmal auf das Problem des „Neuen" eingehen und versuchen, die hier vorgeschlagenen Erklärungsgrundsätze zu vertiefen. Die Frage nach der Emergenz des Neuen wird sich als eine zentrale Frage einer kritischen Theorie des Sozialen erweisen.

3.2 Symbolischer Interaktionismus in der Nachfolge Meads; „normatives" und „interpretatives" Paradigma

Die im Anschluß an Mead sich entwickelnde Tradition des symbolischen Interaktionismus (insbes. Blumer, Wilson, Cicourel) hat den dialektischen Ansatz von Mead verkürzt, indem sie das Schwergewicht in erster Linie auf Selbstreflexivität und evolutionäre soziale Strukturen gelegt hat, den bei Mead gleichermaßen wichtigen Aspekt des „Me" bzw. vorgegebener Sinn- und Rollenstrukturen dagegen marginalisiert, damit in gewissem Sinne „Gesellschaft" zum Mythos erklärt hat. Die daraus resultierende tendenzielle Ignorierung institutioneller und gesellschaftlicher Machtstrukturen ist weithin diskutiert worden und muß hier nicht im einzelnen erörtert werden. M.a.W.: Die Grundannahme subjektiver und sozialer Determiniertheit (und damit auch der Gegenstandsbereich „kausaler" Zusammenhänge) bleibt weitgehend unberücksichtigt. Dieser Vorwurf ist allerdings nicht ganz zu Unrecht auch gegenüber Mead erhoben worden - im Sinne eines allzu harmonistischen Verständnisses von Selbst und Gesellschaft (was Falk zu der ironischen Anmerkung führt: „Der beschauliche Campus der Jahrhundertwende als Modell der Persönlichkeit ist das Geheimnis der interaktionistischen Selbsttheorie"; Falk 1984, S. 64). Unter den in der Tradition des symbolischen Interaktionismus stehenden Autoren hat allerdings Goffman am nachdrücklichsten auf den Machtaspekt sozialer Interaktion hingewiesen (z.B. in seiner Theorie „totaler Institutionen"; Goffman 1973). Auch er hat, vergleichbar Mead, auf die Komplexität von Subjektivität hingewiesen, indem er Identität auf drei Ebenen konzipiert: „soziale Identität", „persönliche Identität" (im Sinne von „Identitätsaufhängern" und einer unverwechselbaren Kombination von Merkmalen der Person) und „Biographie". Selbst im Ringen um „Stigma-Management" ist das Subjekt noch sozialen Normen unterworfen, wie es das Stigma zu bewältigen habe. Allerdings ist es im Sinne der hier vorgetragenen Überlegungen ein Oberflächenphänomen, wenn er davon spricht, daß „Identitätsnormen sowohl Abweichungen wie Konformität erzeugen" (a.a.O., S. 159). Die übliche soziologische Klassifizierung Devianz vs. Konformität läßt nämlich die tieferliegende Problemstellung Kreativität vs. Determiniertheit des Subjekts unberücksichtigt. Zumindest Devianz kann sowohl durch Kreativität wie durch Determiniertheit geprägt sein.

Anzumerken wäre hier noch, daß der Vorwurf, die symbolisch-interaktionistische Handlungstheorie bleibe auf die Perspektive der einzelnen Akteure beschränkt, offenkundig nicht zutreffend ist. So hat insbes. Wilson, aber auch Goffmann immer wieder darauf hingewiesen, daß die Rekonstruktion latenter „Muster" unabdingbar ist für den Forschungsprozeß (Wilson 1973, S. 66ff.). Die Radikalisierung der „Perspektive der Akteure" (wie sie tendenziell in der Ethnomethodologie gefordert wird) und die damit verbundene Ausklammerung der Dimension der Latenz oder des latenten Sinns würde nämlich zu dem paradoxen Ergebnis führen, daß die Dimension des Sinns verloren ginge. Sinn produziert nämlich zwangsläufig den Effekt der Latenz. Sinn ist, wie es Luhmann (1987, S. 609) einmal formuliert, der Zeit „abgerungen“. Ohne Gedächtnis (und damit auch: ohne Antizipation) gäbe es keinen Sinn, sondern nur Reflexe. Diese Irreversibilität der Zeit produziert aber zwangsläufig auch Latenz, d.h. die Aufschichtung von Bedeutungen, die wir stets nur in asymptotischer Annäherung verstehen können. Es wäre interessant, darüber zu spekulieren, was geschähe, wenn Gesellschaft, wir selbst und schließlich die Sprache vollständig transparent wären, wenn es keine Latenz, keine Verdrängung, kein Unbewußtes gäbe. Eine mögliche Antwort darauf wäre, daß wir, angesichts unserer mangelhaften Instinktausstattung, entweder nicht überlebensfähig wären oder auf das Niveau tierischer Sozietäten zurückfallen würden.

Dennoch hat auch der symbolische Interaktionismus in der Nachfolge Meads Bereicherungen der Sozialpsychologie gebracht, allerdings eher auf methodologischer Ebene als im Bereich von Grundannahmen. Ich möchte dies kurz an Wilsons bekannter Differenzierung von „normativem“ und „interpretativem“ Paradigma ausführen, eine ausführliche methodologische Diskussion jedoch späteren Kapiteln vorbehalten.

Zunächst einmal möchte ich darauf hinweisen, daß die Verwendung des Paradigmenbegriffs für diese Differenzierung irreführend ist, vorsichtig ausgedrückt: Wilsons Verwendung des Begriffs „Paradigma“ entspricht nicht der umfassenderen Bedeutung dieses Begriffs, wie ihn z.B. auch Kuhn (1976) verwendet. Auf der Ebene theoretischer Explikationen bewegen sich beide Paradigmen nämlich im Bereich des „Sinn-Paradigmas“. Wesentliches Merkmal des normativen Paradigmas nach Wilson ist ein „kognitiver Konsens“ der Akteure in dem Sinne, daß die Handelnden „ein System kulturell etablierter Symbole und Bedeutungen gemeinsam haben. Zwar sind in diesem System disparate, voneinander abweichende Definitionen von Situation und Handlungen nicht ausgeschlossen, doch diese werden entweder als konfligierende subkulturelle Traditionen oder als idiosynkratische Abweichungen vom kulturell etablierten kognitiven Konsens behandelt“ (Wilson 1973, S. 57).

Geht man weiter davon aus (wir werden später bei Parsons die systematische Anwendung dieser Annahme sehen), daß diese „Symbole und Bedeutungen“ fest verinnerlicht sind, so ergibt sich, unter Zuhilfenahme weniger zusätzlicher Variablen, ein stabiles, interaktives und institutionelles Handlungssystem. Bezeichnet man die Handlungssituation als „S“, die kognitiven und motivationalen „Dispositionen“ der Akteure als „d“ und die mehr oder weniger sanktionierten „Erwartungen“ als „e“, so ergibt sich eine einfache Formel für die jeweiligen Handlungen („A“), nämlich: $A = f(S, d, e)$. Wir können in dieser Formel auch erkennen, daß „S“ stabil oder konstant bleiben muß - eine notorisches Problem dieser Art von Forschungsdesign, das uns später als Problem „externer" oder „ökologischer" Validität wiederbegegnen wird.

Demgegenüber sieht das interpretative Paradigma Handeln bzw. Interaktion als einen „interpretativen Prozeß", bei dem sich „im Ablauf der Interaktion Bedeutungen ausbilden und wandeln" (a.a.O., S. 60). Unter Zuhilfenahme des Garfinkelschen Begriffs der „dokumentarischen Interpretation" expliziert Wilson die theoretischen und methodologischen Implikationen dieser Sichtweise. Durch den Prozeß der ständigen Reinterpretation und Redefinition des Interaktionsprozesses durch die Beteiligten bildet sich ein „Muster" heraus, wobei die einzelnen „Erscheinungen" (oder besser: Handlungssequenzen) als Ausdruck oder „Dokument" dieses Musters angesehen werden. Die wechselseitige Determination von „Dokument" und „Muster" wird von Wilson, ebenfalls in Übereinstimmung mit Garfinkel, als „Indexikalität" bezeichnet. Zusammenfassend formuliert Wilson die interpretative Sichtweise der Interaktion: „Jede einzelne Handlung im Ablauf der Interaktion ist dann ein 'indexikalisches Besonderes', das von den Beteiligten angesehen wird unter dem Gesichtspunkt des 'Ortes', den eine Handlung im Kontext des Vorausgegangenen einnimmt, und unter dem Gesichtspunkt dessen, was als künftige Entwicklung der Interaktion erwartet wird" (a.a.O., S. 61).

Interessant - auch für die spätere Methodendiskussion - ist die methodologische Schlußfolgerung, die Wilson aus diesen Überlegungen zieht. Methodologisch, so Wilson, muß sich der Forscher auf dieselbe Perspektive einstellen, die auch die Objekte seiner Forschung einnehmen, nämlich die der „dokumentarischen Interpretation". Während der Forscher, der mit dem normativen Paradigma arbeitet, auf deduktivem Wege Hypothesen ableitet und diese testet, indem er bestimmte Daten als Bestätigung oder Falsifikation der Hypothese betrachtet (ein Vorgehen, das Wilson als „literal description" bezeichnet), muß der interpretative Forscher durch die „Daten hindurch die ihnen zugrunde liegenden Muster identifizieren" (a.a.O., S. 62). Im Falle der „interpretativen Beschreibung" geht es mithin darum, was die einzelnen Daten im Kontext der Interaktion überhaupt bedeuten. Die „zentrale These" Wilsons ist somit, daß eine Handlung im oben beschriebenen Sinne nur auf dem Wege der dokumentarischen Interpretation beschrieben und verstanden werden kann.

Entscheidend ist in diesem Zusammenhang, daß Wilson methodologisch und nicht bezogen auf bestimmte Inhalte argumentiert. Methodologisch gesehen bedeutet Wilsons These, daß die handelnden Akteure aus der Perspektive „dokumentarischer Interpretation" handeln und daß sich der Forscher methodisch auf diese Perspektive einstellen muß. Keinesfalls ist damit eine inhaltliche Festlegung des Forschers auf die Perspektive der Akteure impliziert (dies gilt allenfalls für Teile der Ethnomethodologie). Der Forscher rekonstruiert vielmehr ein „Muster", das den Bewußtseinshorizont der Akteure prinzipiell transzendiert. Es handelt sich damit auch nicht um die „übliche sinnverstehende Nachvollzugshermeneutik“, die Oevermann mehr oder weniger pauschalisierend der Soziologie unterstellt (sie habe aus diesem „Relativismus ... bis heute noch nicht wirksam herausgefunden“; Oevermann 1993, S. 112).

Es deutet sich bereits hier eine methodologische Konsequenz an, die später noch genauer untersucht werden soll. Das methodische Vorgehen gemäß dem normativen Paradigma (Reduktion in Form von Hypothesen, Testen dieser Hypothesen z.B. durch standardisierte Befragung oder Experiment) ist unter zwei Bedingungen gerechtfertigt: (1) es werden keine Handlungsverläufe untersucht, sondern es wird ein zeit- und kontextunabhängiges Konstrukt getestet (im Sinne eines Kontexts, der über die jeweilige Situation hinausgeht); und (2) es wird davon ausgegangen, daß die Handlungselemente (Disposition, Erwartung, Situation) auch tatsächlich unabhängig von Kontext und Zeitfaktor sind. Das Sinn-Paradigma erfordert dabei, daß der Forscher sich der vorgenommenen doppelten Reduktion bewußt bleibt. Anderenfalls würde er implizit das Sinn-Paradigma verlassen und Menschen im naturwissenschaftlichen Sinne wie Dinge behandeln. Ist diese doppelte Reduktion nicht möglich bzw. angemessen, dann muß ein interpretatives Vorgehen gewählt werden.

Theoretisch bedeutsam ist in diesem Zusammenhang schließlich, daß die Methode der dokumentarischen Interpretation methodisch an die Position von Mead anschließt, wonach das Individuum keine (statische oder sich „entfaltende“) Substanz, sondern ein Prozeß ist. Es kann deshalb auch nur im Kontext einer prozessualen Logik interpretiert und verstanden werden.

3.3 T. Parsons: Von der „voluntaristischen“ zur „strukturell-funktionalen“ Handlungstheorie; das Problem der Systemintegration

Aus der Sicht der Arbeiten von T. Parsons werden einige Aspekte dieser Überlegungen noch einmal deutlicher. In seinem Frühwerk „The Structure of Social Action“ (1937) kritisiert Parsons die sog. „positivistischen Handlungstheorien“, insbes. die „utilitaristische“ und die „radikal-rationalistische“ Handlungstheorie. Für die utilitaristische Handlungstheorie sei die „Zweck-Mittel-Relation“ entscheidend, „Ziele“ des Handelns seien im „statistischen Sinne zufällig“. Eine derartige Theorie eigne sich nicht als soziologische Theorie, da sie weder Stabilität und Kohärenz sozialer Systeme noch das Phänomen emergenter Eigenschaften des Sozialen erklären könne. Die Beliebigkeit der Ziele sei in der „radikal-rationalistischen Handlungstheorie“ überwunden worden: „universelle wissenschaftliche Kenntnisse“ sollen diesem Handlungstyp zufolge die Ziele des Handelns bestimmen. In diesem Fall sei die für eine Handlungstheorie unabdingbare

„Autonomie der Ziele“ sowie der „subjective point of view“, die Interpretation des Handelns, wie sie aus der Perspektive des Handelnden erscheint, aufgegeben. Handeln lasse sich demzufolge adäquater von den objektiven Bedingungen des Handelns her interpretieren (a.a.O., S. 46ff.).

Ich möchte diese Terminologie kurz erläutern. Unter „Positivismus“ versteht Parsons, entsprechend der Version von Comte, daß Handeln und gesellschaftliche Institutionen auf wissenschaftlichen Kenntnissen aufgebaut werden können (bzw. sollten). Dementsprechend ist das zentrale Problem der von Parsons vorgestellten „positivistischen“ Handlungstheorien das Problem der Rationalisierung. In der „utilitaristischen“ Handlungstheorie wird demzufolge die Zweck-Mittel-Relation rationalisiert (bei einem unterstellten „atomistischen“ oder „zufälligen“ Auftreten von Zielen in der Gesellschaft). In der „radikal-rationalistischen“ Handlungstheorie werden dagegen die Ziele rationalisiert. Die erste Version würde das Problem gesellschaftlicher Integration nicht lösen können, die zweite Version wäre keine Handlungstheorie mehr, da sie dem Kriterium „autonomer“ Ziele widerspräche, die Ziele gewissermaßen wissenschaftlich vorgegeben wären. Die Problematik dieser beiden Versionen (so wie Parsons sie definiert) wird deutlich, wenn man sieht, wem Parsons sie zuordnet, nämlich z.B. Locke (utilitaristische Handlungstheorie) und dem utopischen Sozialismus (radikal-rationalistische Handlungstheorie). Parsons konzediert nämlich, daß Locke in seine Theorie einen „metaphysical prop“ eingebaut habe: eine natürliche Interessenidentität der Menschen (zumindest in gewissen Punkten). In dieser Tradition stehen Parsons zufolge auch die utopischen Sozialisten (von denen er, eher beiläufig, Godwin erwähnt).

Zieht man diesen Aspekt in Betracht, so erscheint Parsons' Lösungsvorschlag, das Problem gesellschaftlicher Integration normativ zu lösen, von vornherein einseitig. Parsons' Hinweis auf eine angeblich „metaphysische“ Interessenidentität zeigt m.E. gerade, daß Gesellschaften nicht nur normativ, sondern auch über Interessen integriert sind (bzw. umgekehrt: in der Integration bedroht sein können).

Aus der Sicht seiner „voluntaristischen Handlungstheorie“ versucht Parsons die hier aufgeworfenen Probleme durch drei Kategorien sozialen Handelns zu lösen: (1) ein System autonomer gesellschaftlicher Ziele (Normen); (2) die subjektive Orientierung der Handelnden an diesen Normen; (3) als sozialintegratives Konzept eine „moral obligation“ der Handelnden gegenüber diesen Normen. Im Prinzip tendiert Parsons hier zu einer Theorie Meadschen Zuschnitts. Zugleich verweist er jedoch auf ein Problem, das im Rahmen der späteren symbolisch-interaktionistischen Handlungstheorie mehr oder weniger ausgeklammert ist: das Problem der Integration sozialer Systeme. Hierbei handelt es sich um kein theoretisch beliebig lösbares oder gar kontingentes soziales Problem. Wenn z.B. im Rahmen der Meadschen Theorie sowohl auf der Subjektseite als auf der gesellschaftlichen Seite einerseits von einer objektiv vorgegebenen Symbol- bzw. Rollenstruktur, andererseits von Selbstreflexivität bzw. evolutionären gesellschaftlichen Strukturen ausgegangen wird, dann stellt sich zwangsläufig die Frage, wie man das Verhältnis dieser beiden Aspekte theoretisch faßt. M.a.W.: Wie läßt sich Veränderung denken, ohne daß Anomie oder Chaos die zwangsläufige Folge sind? Im Rahmen der anschließend zu diskutierenden Rollentheorie wird sich die eminente Tragweite dieser Fragestellung noch einmal zeigen.

Parsons hat in einer späteren Arbeit, „The Social System" (1951), eine extreme Lösungsvariante dieses Problems vorgeschlagen, die gleichsam den Gegenpol zu der gegenüber dem Problem der Systemintegration indifferenten Theorie des späteren symbolischen Interaktionismus darstellt. Parsons nimmt einen „Umbau" seines theoretischen Systems vor (das im Rahmen seiner Theoriearchitektonik vorantreibende Moment dabei war vermutlich die soziologisch und sozialpsychologisch wenig „tragfähige" Lösung des Problems mit Hilfe des Begriffspaares „gesellschaftliche Normen" - „moral obligation"), wobei folgende Aspekte nunmehr im Vordergrund stehen: (1) An die Stelle der „sozialen Handlung" als Basiseinheit tritt „Status-Rolle"; (2) Parsons führt den Begriff der „Normverinnerlichung" ein; (3) „Gratifikation" bzw. „Deprivation" werden mit Normkonformität bzw. Normabweichung gleichgesetzt. Parsons zieht aus diesen Überlegungen die Konsequenz, daß das gesellschaftliche Normsystem jetzt nicht mehr die Rolle „kultureller Objekte" spielt, an die sich die Akteure „anpassen" (indem sie sie z.B. interpretieren), sondern zu einem Teil des Persönlichkeitssystems der Akteure wird.

Zur theoretischen Absicherung dieser Konstruktion benutzt er dabei eine lerntheoretisch revidierte Fassung der Psychoanalyse. Dies ist insofern theoretisch von Bedeutung, als die meisten komplexen Theorieentwürfe der letzten Jahrzehnte nicht ohne eine sozialpsychologische Fundierung auskommen. M.a.W.: die zentrale Kategorie der „subjective perspective", der subjektiven „Orientierung" des Handelnden an den Normen wird faktisch zugunsten mehr oder weniger rigide verinnerlichter Normen aufgegeben. Das theoretische Scharnier dieses Theorieumbaus ist Parsons' psychoanalytischer Revisionismus. Nicht nur werden die einzelnen Instanzen des Freudschen Strukturmodells mehr oder weniger nahtlos sozialintegrativ interpretiert, auch zwischen den einzelnen Instanzen werden Konfliktmöglichkeiten systematisch bereinigt. Da weiterhin Parsons keine systematische Erklärung für abweichendes Verhalten liefert, es vielmehr nur noch eine marginale Größe darstellt, kann Parsons ein geschlossenes „soziales System" entwerfen, in dem die Reflexivität der Subjekte sowie der evolutionäre Aspekt sozialer Strukturen keine Rolle mehr spielen.

Mit diesem Exkurs über einen Typ von Theoriebildung, der in der Zwischenzeit in seinem mechanistischen Charakter und seinen ideologischen Implikationen ausführlich diskutiert worden ist (gleichwohl immer noch einflußreich ist), sollte auf zweierlei hingewiesen werden:

1. Parsons' Variante des Verhältnisses von „social" und „personal system" macht deutlich, daß die subjektive Perspektive des Handelnden, Reflexivität und sozial evolutionäre Strukturen zwar konstitutive Bestandteile einer nicht-reduktionistischen soziologischen und sozialpsychologischen Theorie sind, daß sie aber per se das Problem der Systemintegration nicht lösen können bzw. es ausklammern. Die folgende Darstellung der Rollentheorie, aber auch der psychoanalytischen Theorie wird zeigen, daß der Aspekt des - subjektiven und objektiven - Zwangs, der in jeder Theorie der Systemintegration (etwa in der Form der Normverinnerlichung) steckt, notwendiger Bestandteil gerade auch einer kritischen Theorie des Sozialen ist.

2. Der sozialintegrative Ansatz des „Social System" macht ein Theoriekonzept deutlich, das zahlreichen soziologischen und sozialpsychologischen Untersuchungen zugrundeliegt. Der dabei implizierte Verzicht auf reflexiv-dynamische Aspekte ist nicht per se falsch, er muß jedoch in seiner gegenständlichen Reichweite bzw. in seiner reduktionistischen Perspektive erkannt und reflektiert werden (d.h. er muß „kontextuell" bestimmt werden). Dieses Problem kann auch nicht mit dem Verweis auf angeblich exaktere, weil „objektivere" methodische Verfahren aus der Welt geschafft werden, da keine Methode per se Wissenschaftlichkeit garantiert, sondern allein die Triangulierung von Theorie, Methode und Gegenstandsbereich. Ich möchte als Zwischenergebnis an dieser Stelle festhalten, daß Parsons, indem er die Grundannahme der *normativen* Systemintegration entwickelt, die Dialektik der hier herausgearbeiteten Grundannahmen zugunsten einer einseitig deterministischen Perspektive aufhebt. Mit dem dialektischen Gegenpol zur Determiniertheit von Subjekt und Gesellschaft, d.h. dem Pol ihrer Emergenz, verschwindet zugleich die Prozessualität des Subjekts. Übrig bleibt ein statisch-deterministisches Gesellschaftskonzept. Damit bleibt auch das von Parsons zurecht aufgeworfene Problem der Systemintegration ungelöst.

3.4 „Traditionelle" und „kritische" Rollentheorie

Die bereits erwähnte Rollentheorie bietet, jedenfalls in ihrer kritischen Fassung, die Möglichkeit, das Problem der Systemintegration in einer auch für die Sozialpsychologie relevanten Weise theoretisch zu fassen. „Kritisch" bedeutet in diesem Zusammenhang, daß monokausale Erklärungsversuche, z.B. Parsons' Theorem der sozialintegrativen Normverinnerlichung, zugunsten komplexerer Ansätze vermieden werden. „Kritisch" bedeutet damit zugleich, daß aus dieser Perspektive die Möglichkeit der Veränderung, des Neuen gedacht werden kann. So bemerkt etwa Dreitzel zu älteren Varianten der Rollentheorie lapidar: „Die Auffassung der strukturell funktionalen Theorie (insbes. bei T. Parsons), nach der die Motivation des Handelnden ... sich komplementär zu den Rollenerwartungen verhält, muß heute als ebenso überholt gelten wie die (in der Tradition von Hobbes bis Durkheim stehende) Annahme Dahrendorfs, nach welcher rollenkonformes Verhalten allein schon durch die Androhung negativer Sanktionen erreicht werde" (1984, S. 73). Im Rahmen der Rollentheorie ist weiterhin zu berücksichtigen, daß sie im Grunde kein eigenständiger Theorieansatz ist, sondern, wie bereits die Diskussionen von Mead, der späteren symbolisch-interaktionistischen Theorie und der Theorie von Parsons gezeigt haben, ein Teilaspekt unterschiedlicher theoretischer Ansätze. Dreitzel etwa hält sie besonders für die Soziogenese von Verhaltensstörungen relevant und verweist auf ihre beschränkte Reichweite (sie könne kein Ersatz für „weitreichende soziologische Theoriebildung" sein; a.a.O., S. 76).

Die soziologisch und sozialpsychologisch relevanten Aspekte der Rollentheorie sind in Habermas' Kritik der Rollentheorie älterer Provenienz (insbes. aus dem Umkreis der strukturell-funktionalen Theorie) in komprimierter Form enthalten (Habermas 1968b). Habermas faßt diesen Typ der Rollentheorie in drei Theoremen zusammen:

1. *Integrationstheorem*: Es wird von einer (möglichen) Komplementarität der Erwartungen unter Ausklammerung des Problems der Reziprozität der Bedürfnisbefriedigung ausgegangen.

2. *Identitätstheorem*: Es wird die Kongruenz zwischen individueller Rollendefinition und Rollenerwartungen behauptet.

3. *Konformitätstheorem*: Es wird die Kongruenz von geltenden Normen und Verinnerlichung dieser Normen behauptet.

Insbes. die Theoreme 2 und 3 machen deutlich, daß die traditionelle Rollentheorie eine theoretische Variante des „normativen Paradigmas" ist.

Habermas stellt dem gegenüber, daß Komplementarität in der Regel nur auf der Basis der Nicht-Reziprozität von Bedürfnisbefriedigung gegeben ist, eine asymmetrische Relation, zu deren Aufrechterhaltung letztlich gesellschaftlicher Zwang erforderlich ist („Repressionstheorem"). Ebenso gilt, daß die Kongruenz von individueller Rollendefinition und gesellschaftlicher Rollenerwartung, also der Ausschluß flexibler Selbstpräsentation nur machtförmig durchgesetzt werden kann („Diskrepanztheorem"). Drittens impliziert auch das Konformitätstheorem gesellschaftlichen Zwang, insbes. in Form rigider Normverinnerlichung. Flexibles Rollenverhalten erfordert demgegenüber sowohl Normverinnerlichung als auch die Fähigkeit der Distanzierung von Rollen („Distanztheorem").

Eine kritische Anmerkung gegenüber Habermas' Ausführungen erscheint jedoch notwendig. Offenbar verwendet Habermas den Begriff der „Reziprozität" der Bedürfnisbefriedigung in einem sehr engen Sinne, nämlich im Sinne einer „Gleichartigkeit" der Bedürfnisbefriedigung. Dies entspricht jedoch nicht der gegenstandskonstitutiven Bedeutung von Reziprozität, die als solche den Kategorien Sprache, soziale Regeln und Zeitlichkeit implizit ist. Damit ist lediglich gemeint, daß Subjekte in einer symbolvermittelten Beziehung stehen, im Gegensatz zu einer bloß faktischen oder naturhaften Beziehung. Reziprozität in diesem Sinne würde Gewalt, Macht, Zwang etc. nicht ausschließen, obwohl - scheinbar paradox - die Kategorie der Reziprozität in diesem allgemeinen Sinne unentbehrlich für eine kritische Theorie des Sozialen ist. Mit der in ihr implizierten symbolischen Beziehung macht sie überhaupt erst die Möglichkeit einer nicht gewaltförmigen Beziehung denkbar. Reziprozität ist per se keine Kategorie der faktischen, sondern der symbolischen Ordnung.

Entscheidend ist, daß die Überlegungen von Habermas zeigen, daß das Problem sozialer Integration aus der Sackgasse Parsonsscher Monokausalität („Normverinnerlichung") herausgeführt werden kann. Soziale Integration muß neben der zweifellos bedeutsamen Normverinnerlichung auch auf der Ebene von Bedürfnisbefriedigung bzw. von Interesse sowie auf der Ebene von Macht/Zwang[7] (sei es in Gestalt äußerer Sanktionen, sei es in Gestalt rigider Normverinnerlichung) analysiert und reflektiert werden. Den beiden letzteren Ebenen (Bedürfnisbefriedigung/Interesse und Macht/Zwang) ist sowohl der mögliche Verstoß gegen Regeln und Normen, als auch das Phänomen des sozialen Konflikts begrifflich inhärent. Mit den Kategorien Normen-Interesse-Zwang (und ihrem teils komplementären, teils antagonistischen Verhältnis) kann eine weitere Grundannahme, die der Systemintegration, theoretisch präzisiert werden. Damit wird dem Parsonsschen Konzept der normativen Systemintegration die Grundannahme einer multifaktoriellen Systemintegration gegenübergestellt. Die hier entwickelte Grundannahme bedeutet, daß alle sozialen Systeme das Problem ihrer Integration zu lösen haben. Mein Vorschlag dazu lautet: (a) daß dieses Problem mehrdimensional gelöst wird; und (b) daß Systemintegration stets auch konflikthaft verläuft. Systemtheoretisch könnte man sagen: Systemintegration wird in verschiedenen *Subsystemen* des Gesamtsystems hergestellt.

[7] Üblicherweise wird in diesem Zusammenhang nur die soziologische Kategorie der „Macht" verwendet. Macht ist jedoch dadurch ausgezeichnet, daß sie - sei es in subtilerer oder in direkter physischer Form - qua Zwang durchgesetzt wird.

3.5 Zwischenergebnis: Konstitutionslogische Kategorien und theoretische Grundannahmen; der paradigmatische Charakter der Sozialpsychologie

Diese knappen Überlegungen haben, so hoffe ich, deutlich gemacht, daß auf der Ebene der Theoriebildung die ganze Breite und Komplexität der konstitutionslogischen Kategorien und der Grundannahmen bedacht werden muß. Neben den konstitutionslogischen Kategorien Sinn und Zeitlichkeit, die es überhaupt erst ermöglichen, Subjekt und Gesellschaft zu denken, sind somit für die konkrete Ausformung einer soziologischen oder sozialpsychologischen Theorie die Grundannahmen der „Systemintegration" (Norm, Interesse, Macht/Zwang), des Doppelcharakters von Subjektivität und Sozialität (determiniert/indeterminiert) sowie der Prozessualität von Subjektivität notwendig bzw. Minimalvoraussetzung. „Prozessualität von Subjektivität", um dies noch einmal in Erinnerung zu rufen, bedeutet dabei, daß das „Subjekt" keine a priori gegebene Substanz oder Entität, sondern zunächst eine dynamische Strukturstelle (etwa im Sinne des Meadschen „I") darstellt, die erst nachträglich und interaktiv inhaltlich „gefüllt" wird. Dabei ist insbes. durch die Diskussion des Parsonsschen Strukturfunktionalismus und der Rollentheorie noch einmal deutlich geworden, daß diese Grundannahmen nicht etwa nur dem Subjekt- oder Gesellschaftspol der theoretischen Konstruktion zugerechnet werden dürfen. Gerade vor dem Hintergrund des Problems der Systemintegration zeigt sich, daß alle diese Begriffe gewissermaßen dialektisch auf die Vermittlung von Subjekt und Gesellschaft verweisen. Dabei muß das Problem der Systemintegration (oder, als Gegenstück, der Marxsche Begriff der „sozialen Anarchie" im Sinne der „Naturwüchsigkeit" und der damit verbundenen Antagonismen der gesellschaftlichen Partikularinteressen) theoretisch und empirisch ernst genommen und darf nicht nur als indifferenter Hintergrund behandelt werden. M.a.W.: Sozialpsychologie muß notwendig im Kontext einer Theorie der Gesellschaft konzipiert werden.

In diesem Bezugsrahmen lassen sich zwanglos alle relevanten sozialpsychologischen Begriffe und Problemstellungen verorten bzw. müssen sich an ihm ggf. in ihren reduktionistischen Ausprägungen messen lassen. Dies läßt sich deutlich etwa an den sozialpsychologischen Standardwerken von Krech, Crutchfield und Ballachey (1962), Secord und Backmann (1974) oder Graumann (1969) zeigen, in denen z.B. Probleme der Systemintegration überhaupt nicht auftauchen und damit eine Sozialpsychologie ohne Gesellschaft konzipiert wird. Wie immer die Spannbreite der methodischen Vorgehensweise aussehen mag, thematisch und theoretisch ist der Rahmen durch die hier skizzierten konstitutionslogischen und theoretischen Überlegungen abgesteckt.

Aus diesen Überlegungen lassen sich vier zentrale Punkte herauskristallisieren, die den Gegenstandsbereich „Sozialpsychologie" definieren:

1. Sozialpsychologie läßt sich nicht vom Ausgangspunkt eines isolierten, a-sozialen und a-historischen Individuums her konzipieren, das je nach Bedarf um bestimmte soziale Attribute erweitert wird. Ebensowenig läßt sie sich von der Seite eines objektivistischen Gesellschaftskonzepts her entwickeln, innerhalb dessen subjektive Strukturen deduktionslogisch aus gesellschaftlichen Normen und Regeln abgeleitet werden. Das reflexive Potential sowie die Prozessualität des Subjekts schließen aus, daß Subjekt und Gesellschaft bruchlos ineinander übergehen, der Bruch zwischen beiden ist vielmehr axiomatisch wie theoretisch zentral. Wie weit dieses reflexive Potential freilich bloßes Potential bleibt oder faktisch wirksam ist, ist eine Frage, die nur vor dem Hintergrund spezifischer historisch-sozialer Konstellationen des Verhältnisses von Individuum und Gesellschaft zu beantworten ist.

2. Die historisch-soziale Konstellation des Verhältnisses von Individuum und Gesellschaft ist mehr als bloßes spekulatives Beiwerk einer kritischen Theorie der Sozialpsychologie. Theoretische Konzepte, die z.B. Familie, Sozialisation, Beruf oder Medien zum Thema haben, müssen sich am Reflexionsstand allgemeiner und spezieller soziologischer Theorie orientieren. So umstritten die Thesen etwa von Inglehart („Wertewandel") oder Beck („Individualisierungskonzept") im einzelnen sein mögen, die von ihnen ausgelöste Diskussion zeigt, daß die dabei problematisierten Themen von einer historisch-reflektierten Sozialpsychologie nicht ignoriert werden können. Ebenso zeigt Habermas' Kritik der traditionellen Rollentheorie, daß Rollen von aktuellen verinnerlichten und äußeren Machtkonstellationen abhängig sind, die demzufolge in das Konzept der „Rolle" eingehen müßten. Leider zeigt die Durchsicht auch der eher „undogmatischeren" Lehrbücher der Sozialpsychologie (z.B. Graumann, Secord/Backman), daß die in ihnen vertretene Rollentheorie oder Sozialisationstheorie keineswegs diesem Reflexionsstand entspricht und weitgehend formalistisch bleibt.

3. Zusammenfassend läßt sich somit, im Anschluß an die oben geschilderten konstitutionslogischen Überlegungen zu einer Theorie des Sozialen, der Gegenstandsbereich der Sozialpsychologie bestimmen. Sie beruht nicht auf irgendwelchen „ontischen Disparitäten" (Graumann) methodologischer oder theoretischer Natur, sondern ist diejenige wissenschaftliche Disziplin, die die gesellschaftliche Konstituierung von Subjektivität zum Gegenstand hat, wobei alle drei Merkmale dieser Definition gleichermaßen wichtig sind. Umgekehrt ist ihr Gegenstand zugleich die subjektive Konstituierung des Gesellschaftlichen.

4. Sozialpsychologie ist keine von der Soziologie, Psychologie oder Kulturanthropologie abgeleitete „Vermittlungswissenschaft", sondern paradigmatisch für eine entfaltete, nichtreduktionistische und damit zugleich kritische Wissenschaft des Sozialen. Sie unterscheidet sich inhaltlich von ihnen durch eine Perspektiv-

verschiebung: die Fokussierung auf die Sozialität des Subjekts und die Subjektivität des Sozialen.

3.6 Die konstitutiven Regelstrukturen des Sozialen - Annäherungen an den Strukturalismus: Giddens' Theorie der gesellschaftlichen Strukturierung, Lévi-Strauss' strukturale Anthropologie, Derridas Konzept der „différance"

Unsere bisherigen Überlegungen: Formulierung der gegenstandskonstitutiven Kategorien (Sinn; Zeitlichkeit) und Formulierung der Grundannahmen einer Theorie des Sozialen, haben uns wichtige Elemente einer metatheoretischen und theoretischen Konstruktion einer derartigen Theorie geliefert. Dennoch hat der Stand unserer Reflexion etwas Unabgeschlossenes, ja Unbefriedigendes, möglicherweise haben wir uns mehr Probleme geschaffen, als wir gelöst haben. Wenn wir unsere Überlegungen noch einmal rekapitulieren, dann taucht das Problem auf, daß wir genau genommen zweimal von Struktur bzw. System gesprochen haben: einmal auf der Ebene der gegenstandskonstitutiven Kategorien und einmal auf der Ebene der theoretischen Grundannahmen. So können wir ohne weiteres feststellen, daß *Sprache,* die wahrscheinlich wichtigste Dimension der Konstituierung von Sinn, eine Struktur besitzt bzw. ein System bildet. Darüber hinaus ist Sprache bzw. sind konkrete Einzelsprachen zweifellos ein sozialintegratives Moment von überragender Bedeutung. Wie können wir diese Überlegung in unsere Fragestellung der Konzipierung einer Theorie des Sozialen einbeziehen?

Der neuere Strukturalismus hat versucht, eine Antwort auf dieses Problem zu geben: Jenseits der *konkreten sozialen Praxis* und historisch vorfindbarer *Strukturen,* also z.B. konkreter Gesellschaftssysteme, Institutionen, Normen oder gesprochener Sprache („parole") gibt es *konstitutive Regelsysteme,* die als solche überhaupt erst Gesellschaften, Normen, Sprache und damit Sozialität begründen. Es sind Regeln, die der „Ordnung des Geistes" angehören und als solche überhaupt erst die Differenz zwischen Natur und Kultur begründen. Während auch die faktischen Gegebenheiten einer Gesellschaft Strukturen aufweisen, z.B. die Institutionen oder die Normen, ist die „Strukturalität" auf die zugrundeliegenden Regeln bezogen. „Mit diesem Begriff („struktural"; M.C.) bezeichnen wir jede Anordnung, die in den Sprachen und menschlichen Zeichensystemen Bedeutung hervorbringen, so z.B. die Opposition rot/grün der Verkehrsregelung. Im Gegensatz zum Strukturellen kann das Strukturale nicht unmittelbar wahrgenommen oder erklärt werden" (Fages 1968, S. 10). Es handelt sich mithin also um Ordnungen zweiten Grades. Derartige konstitutive Regelsysteme sind insbes. die Regeln der Sprache, der Verwandtschaft und des wirtschaftlichen Austauschs: sie lassen sich somit auch, im Sinne von Lévi-Strauss, als die Regeln symbolischen

Austauschs verstehen. Ein weiteres Problem, das unsere Überlegungen fast leitmotivisch begleitet hat, das Problem der *Emergenz* oder der Entstehung des Neuen, spitzt sich auf dieser Ebene zu: wenn es überzeitliche und gesellschaftsübergreifende Strukturen einer „Ordnung des Geistes“ gibt, wie ist dann Neues möglich und denkbar?

Ich möchte im folgenden am Beispiel von drei recht unterschiedlichen Ansätzen zumindest eine Annäherung an ein strukturales Verständnis einer Theorie des Sozialen erreichen. Entsprechend meiner eigenen Konzeption möchte ich sie als die Ausdifferenzierung aus der Ebene der gegenstandskonstitutiven Kategorien Sinn und Zeitlichkeit verstehen. Als erstes möchte ich Giddens' Theorie der „sozialen Strukturierung“ als exemplarisch für ein Schwanken zwischen einem traditionellen und einem strukturalen Ansatz vorstellen, bei dem notwendigerweise der Strukturbegriff unscharf bleibt (vgl. hierzu Giddens' Konzept der Struktur als einer „virtuellen Ordnung“). Anschließend möchte ich, ebenso exemplarisch, die Grundzüge von Lévi-Strauss' „strukturaler Anthropologie“ als Beispiel einer ausgearbeiteten strukturalen Theorie skizzieren. Zum Schluß möchte ich dann auf Derridas Begriff der „différance“ (ein auf den Begriff der „différence“ bezogener Neologismus) eingehen, mit dem Derrida versucht, grundsätzliche erkenntnistheoretische Überlegungen zum Strukturalismus mit einer Begründung der Entstehung des Neuen zu verbinden. Damit hat Derrida das traditionelle Paradigma des Strukturalismus verlassen und ist - wie verschwommen dieser Begriff auch immer sein mag - dem „Poststrukturalismus“ zuzuordnen.

3.6.1 Giddens' „Theorie der Strukturierung“

Ich möchte im folgenden auf einige Aspekte von A. Giddens' Theorie der „Strukturierung“ eingehen, die er in der mittlerweile populär gewordenen Arbeit „Die Konstitution der Gesellschaft“ (1992, erstmals erschienen 1984) entwickelt hat.

Der Grundgedanke von Giddens, wie ich ihn verstehe, ist relativ einfach; es handelt sich um den von ihm immer wieder variierten Gedanken der „Dualität der Struktur“. Gemäß dem Begriff der Dualität der Struktur sind die Strukturmomente sozialer Systeme sowohl Medium wie Ergebnis der Praktiken, die sie „rekursiv“ organisieren. Struktur ist den Individuen nicht „äußerlich“: in der Form von Erinnerungsspuren und in sozialen Praktiken verwirklicht, ist sie in gewissem Sinne ihren Aktivitäten eher „inwendig als ein - im Sinne Durkheims - außerhalb dieser Aktivitäten existierendes Phänomen“ (1992, S. 77f.). Die Stoßrichtung dieser Argumentation dürfte deutlich sein: Strukturen sind den Individuen (a) nicht äußerlich, (b) kein ihnen auferlegtes Zwangssystem und (c) nicht statisch und unabhängig vom Handeln der sozialen Akteure. Es dürfte nicht schwerfallen, darin den von mir vorgetragenen Gedanken vom „Doppelcharakter" des Subjekts und des Sozialen wiederzufinden. Giddens bringt diesen Gedanken an anderer Stelle auf die einfache Formel, daß Gesellschaften sowohl ermöglichende („enabling") als auch einschränkende („constraining") Qualitäten besitzen (a.a.O., S. 215).

So klar - wenn auch möglicherweise umstritten - dieser Grundgedanke von Giddens ist, so komplex und teilweise unübersichtlich wird Giddens' Argumentation, wenn er versucht, die Einzelaspekte seines System- bzw. Strukturbegriffs zu explizieren. Es sei deshalb zur Charakterisierung seines Ansatzes noch vorausgeschickt, daß es Giddens m.E. darum geht, ein Konzept sozialen Handelns zu entwickeln, das versucht, die problematischen Implikationen des Parsonsschen Strukturfunktionalismus, eines starren Strukturbegriffs gemäß dem älteren Strukturalismus und eines methodologischen Individualismus gleichermaßen zu vermeiden. Konsequenterweise schlägt er deshalb auch vor, das traditionelle Kategorienpaar Individuum-Gesellschaft durch die Dualität von Handlung und Struktur zu ersetzen (a.a.O., S. 216ff.). Ebenso sei noch erwähnt, daß Giddens versucht - vergleichbar dem späteren Parsons - die komplexe Motivationsstruktur menschlichen Handelns zu rekonstruieren, wobei er u.a. auf die Kategorie des Unbewußten im Sinne der Psychoanalyse rekurriert. Prima vista ließe sich also sagen, daß Giddens' Theorie der Strukturierung zugleich den Versuch einer sozialpsychologischen Theorie im Sinne der bisher explizierten Kriterien darstellt.

Wir konnten oben, im Kontext der Erklärung des Dualitätsbegriffs, sehen, daß Giddens dabei gleich drei nichtexplizierte Termini verwendet: Struktur, Strukturmomente und System. Ich möchte zur Erklärung und zugleich zur Abkürzung des Verfahrens (die Terminologie von Giddens hat gelegentlich etwas dschungelartig Wucherndes) diejenige Definition von Giddens aufgreifen, die m.E. dem Kern der Sache am nächsten kommt. Giddens unterscheidet nämlich zunächst zwischen:

1. *Strukturprinzipien*, d.h. Prinzipien der Organisation gesellschaftlicher Totalitäten. Anders ausgedrückt, bezieht sich die Analyse von Strukturprinzipien auf jene Weisen der Differenzierung und Vernetzung von Institutionen, die in Raum und Zeit am „weitesten" und „dauerhaftesten" ausgreifen (a.a.O., S. 240). Ein Beispiel für ein derartiges Strukturprinzip wäre etwa das Auseinandertreten (und die gleichzeitige Verbundenheit) von Staat und ökonomischen Institutionen im Rahmen des modernen Kapitalismus (a.a.O., S. 238).

2. *Strukturen*, d.h. „Regeln-Ressourcen-Komplexe, die an der Vernetzung sozialer Systeme beteiligt sind" (a.a.O., S. 240). Derartige „Strukturgefüge", die für Giddens auf einem deutlich niedrigeren Abstraktionsniveau stehen, „gründen in der wechselseitigen Konvertierbarkeit von Regeln und Ressourcen, die in die soziale Reproduktion einbegriffen sind. Analytisch lassen sich Strukturen in jeder der drei Dimensionen von Strukturierung: Signifikation (im Sinne sprachli-

cher Bezeichnung; M.C.), Legitimation und Herrschaft - und zwischen ihnen unterscheiden" (ebd.).

3. *Strukturmomente*, d.h. „institutionalisierte Aspekte sozialer Systeme, die sich über Raum und Zeit hinweg erstrecken" (ebd.). Auf dieser niedrigsten Abstraktionsstufe handelt es sich bereits um Einzelaspekte sozialer Systeme und deren konkrete Analyse, z.B. innerhalb einer kapitalistischen Gesellschaft um die verschiedenen Formen der Arbeitsteilung.

Die beiden Fragen, die sich angesichts dieser Klassifikation stellen, lauten: wo bleibt „die Struktur" (im Singular) und wo „das System" (im Singular). Die zweite Frage läßt sich relativ einfach beantworten, die erste nicht. Zum Stichwort „System(e)" finden wir z.B. auf S. 77 eine Antwort: „Reproduzierte Beziehungen zwischen Akteuren und Kollektiven, organisiert als regelmäßige soziale Praktiken", wobei Giddens dann derartige „soziale Praktiken" noch einmal in nicht ganz durchschaubarer Weise in Sozial- und Systemintegration aufteilt. Sozialintegration wäre demnach die Reziprozität von Akteuren im „Kontext der Kopräsenz", Systemintegration Reziprozität von Akteuren und Kollektiven „über größere Raum-Zeit-Spannen" (a.a.O., S. 81).

Doch zurück zur Frage der Struktur. Da Giddens diesen Begriff immer wieder affirmativ benutzt, ist man auf eine Klärung gespannt. Die Suche endet jedoch enttäuschend. Zwar weist Giddens zurecht auf eine Unklarheit im Begriff der Struktur hin, wie er zunächst im älteren Strukturalismus verwendet wird (wobei er in diesem Zusammenhang andeutet, daß er - unter den verschiedenen Strukturbegriffen - dem strukturalistischen Strukturbegriff noch am nächsten steht): „In strukturalistischen Traditionen herrscht gewöhnlich keine Einigkeit darüber, ob Strukturen sich auf eine Matrix zulässiger Transformationen innerhalb einer Menge oder auf Transformationsregeln, die die Matrix selbst beherrschen, beziehen" (a.a.O., S. 68). Anschließend erklärt er jedoch ohne Umschweife, daß Struktur eine „'virtuelle Ordnung' transformatorischer Relationen" darstellt, was für ihn dann erstaunlicherweise bedeutet, daß es gar keine Struktur als solche geben kann, sondern eben: die bereits genannten Strukturprinzipien, Strukturen und Strukturmomente.[8] Struktur existiert somit für ihn nur insoweit, als sie sich in „Praktiken" realisiert.

Weiter fällt auf, daß Giddens nicht nur - ebenfalls ohne weitere Erklärung - Strukturprinzipien einen höheren Abstraktionsgrad einräumt als den Strukturen (im Plural), bei denen es immerhin um sprachliche und soziale Regeln geht. Ebenso fällt auf, daß er (s.o. „Strukturen" und an zahlreichen anderen Stellen) stets „Regeln" und „Ressourcen" auf derselben analytischen Ebene benennt. Dies

[8] Dessen ungeachtet spricht Giddens einen Abschnitt weiter dann wieder von „Struktur als Regeln und Ressourcen" (ebd.).

wird ansatzweise dann verständlich, wenn man eine Tabelle (a.a.O., S. 84) betrachtet, in der er „Strukturen“, „institutionelle Ordnungen“ und „theoretische Konzeptualisierung“ gegenüberstellt. Hier wird deutlich, daß Giddens ein begriffliches Chaos, einen Begriffswirrwarr aus Struktur, Strukturen, Strukturprinzipien etc. produziert, was letztlich darauf zurückzuführen ist, daß Giddens keine systematischen Überlegungen dazu anstellt, was „System“ und was „Struktur“ ist. Was Giddens m.E. sagen will, ist, daß Gesellschaften durch sprachliche Regeln und soziale Regeln, die Politik, Ökonomie und Recht regeln, bestimmt sind. Eine Erklärung, welche Regeln wirklich fundamental, d.h. gesellschaftskonstitutiv sind, bleibt Giddens jedoch schuldig.

Doch zurück zum „frame of reference“. Aufgrund unserer bisherigen Überlegungen und unserer Kritik an Giddens können wir nunmehr folgende kategorialen Ebenen unterscheiden (wobei ich darauf hinweisen möchte, daß es sich im folgenden zunächst nur um den *Versuch einer Klassifikation* handelt):

1. *Struktur*: sprachliche und soziale Regeln (insbes. Regeln der Verwandtschaft) als Ausdruck der konstitutiven Geregeltheit des Sozialen bzw. als Phänomen symbolischer Ordnung. Dies bedeutet z.B., daß für alle Gesellschaften eine bestimmte Form von „Inzesttabu“ konstitutiv ist.

2. *Strukturen*, in denen Regeln historisch langfristig und kulturell differenziert, gewissermaßen als Tiefenstruktur von historisch gegebenen Regeln auftreten (Beispiele: der Modus der Güterakkumulation in kapitalistischen Gesellschaften, die Verwandtschaftsstrukturen einer spezifischen Gesellschaft oder die Struktur einer historisch vorfindbaren Sprache).

3. *Transformationsregeln*, in denen die Modi und Grenzen des Übergangs zwischen den Strukturkomplexen zum Ausdruck kommen.

4. *Soziale Praxis*, d.h. die konkreten, historisch variablen Regeln in ihrer Verbindung und in ihrem Spannungsverhältnis zum Nichtgeregelten innerhalb einer bestimmten Gesellschaft. Soziale Praxis ist somit, ebenso wie die individuelle Lebenspraxis, die konkrete Erscheinungsform des Sozialen.

Der Systemcharakter aller vier Ebenen drückt sich darin aus, daß alle Strukturelemente miteinander in Verbindung stehen, so daß die Veränderung eines Elements zugleich eine Veränderung des Systems nach sich zieht.

Ich hatte oben schon darauf hingewiesen, daß Giddens' Theorie der Strukturierung auch als sozialpsychologische Theorie verstanden werden kann: das Problem der Subjektivität bzw., präziser, des Handelns spielt für ihn eine zentrale Rolle. In unmittelbarem Zusammenhang mit dem oben vorgetragenen Zitat zur Dualität der Struktur („Medium und Ergebnis der Praktiken“, die durch sie

„rekursiv“ organisiert wird) weist Giddens darauf hin, wie er sich die Dynamik dieser Strukturalität im Prinzip vorstellt: „Die Strukturierung sozialer Systeme zu analysieren bedeutet, zu untersuchen, wie diese in Interaktionszusammenhängen produziert und reproduziert werden; solche Systeme gründen in den bewußt vollzogenen Handlungen situierter Akteure, die sich in deren verschiedenen Handlungskontexten jeweils auf Regeln und Ressourcen beziehen“ (a.a.O., S. 76).

Ich möchte mich bei der Darstellung der handlungstheoretischen Seite von Giddens' Theorie kurz fassen und nur den m.E. zentralen Punkt näher beleuchten. Zentral für Giddens ist das bewußte Handeln der Akteure - andererseits sind ihm die Grenzen derartigen bewußten Handelns evident. Diese Grenzen bewußten Handelns werden von ihm vorrangig, in gewissermaßen klassisch soziologischer Manier, als die unbeabsichtigten Folgen des Handelns analysiert und verstanden: „Aber das menschliche Bewußtsein ist immer begrenzt. Der Handlungsstrom produziert kontinuierlich Folgen, die die Akteure nicht beabsichtigt haben, und diese unbeabsichtigten Folgen können sich auch, vermittelt über Rückkopplungsprozesse, wiederum als nicht eingestandene Bedingungen weiteren Handelns darstellen. Die menschliche Geschichte wird durch intentionale Handlungen geschaffen, sie ist aber kein beabsichtigter Entwurf“ (a.a.O., S. 79).

Zusätzlich zu dem Problem der unbeabsichtigten Folgen stößt Giddens somit zwangsläufig auf das Problem der unbekannten Bedingungen menschlichen Handelns. Da beide, um es einmal salopp zu formulieren, alte Hüte der Soziologie sind, versucht Giddens seine Argumentation durch Rückgriffe auf zwei Denktraditionen zu stärken, die quer zum soziologischen Mainstream liegen: auf den Strukturalismus und auf die Psychoanalyse. Wir werden jedoch sehen, daß dieser Rückgriff in sehr bruchstückhafter und zwiespältiger Form erfolgt. Was den Strukturalismus anbelangt, so hatten wir bereits oben angemerkt, daß Giddens strukturalistische Kategorien in einer Weise verwendet, die mit den Intentionen des Strukturalismus nur bedingt übereinstimmen. Darüber hinaus wird das Konzept des Strukturalismus als solches in einer Weise eingeführt, die ihm letztlich die theoretische Basis entzieht. So sieht Giddens im Strukturalismus (ähnlich wie im Funktionalismus) einerseits, in phänomenologisch-hermeneutischen Ansätzen andererseits Reduktionismen. Während die eine Seite die „Gründe des Handelns“ übersehe oder unterschlage, neige die andere Seite dazu, „Gesellschaft als eine beliebig formbare Schöpfung unendlicher Subjekte“ zu betrachten (a.a.O., S. 78).

Es folgen eine Reihe systematischer „Revisionen“ des Strukturalismus: z.B. daß Normen „kontingente Ansprüche“ sind, die durch erfolgreiche Mobilisierung von „Sanktionen“ aufrechterhalten werde, daß Herrschaft „gerade die Existenzbedingung von Signifikationscodes“ sei oder daß der strukturalistische „Rückzug in den Code“ es schwierig oder unmöglich mache, „in die Welt des Handelns oder der Ereignisse zurückzukehren“ (a.a.O., S. 83ff.). Lévi-Strauss z.B. hat sich mehrfach mit ähnlichen Argumenten herumgeschlagen, z.B. wenn ihm von Kritikern vorgeworfen wurde, er habe keine ausreichende Bestandsaufnahmen der südamerikanischen Mythen vorgenommen (sprich der „Rede“ oder der „sozialen Praxis“ dieser Mythen). Lévi-Strauss hält seinen Kritikern „Begriffsverwirrung“ hinsichtlich einer Einschätzung seines Materials entgegen. Auch der Linguist begnüge sich mit einer kleinen Anzahl von Sätzen, um die Grammatik einer Sprache zu erarbeiten. Ähnlich sei es ihm an der Herausarbeitung der „Syntax“ (im Sinne von Lévi-Strauss bedeutet dies natürlich eine Syntax zweiter Ordnung) der Mythen gelegen.

Letztlich bleibt vom Strukturalismus bei Giddens nicht viel mehr übrig als eine interaktionstheoretisch verdünnte Fassung der strukturalistischen „Dezentrierung des Subjekts“, die ihm „unumgänglich“ erscheint, „ohne jedoch zu Auffassungen zu gelangen, die dies Subjekt bloß als ein Zeichen in einer Signifikationsstruktur betrachten. Die Konstituierung des ‘Ich’ vollzieht sich nur über den ‘Diskurs des Anderen’ - d.h. durch das Erlernen der Sprache - doch muß man das ‘Ich’ zum Körper als dem unmittelbaren Träger und Medium des Handelns in Beziehung setzen“ (Giddens 1992, S. 93).

Ähnlich zwiespältig ist Giddens’ Verhältnis zur Psychoanalyse. Er akzeptiert die psychoanalytische Kategorie des Unbewußten, ohne sich allerdings auf dessen Konstitution und praktische Konsequenzen einzulassen, um dann mehr oder weniger apodiktisch zu der Einschränkung zu gelangen, „daß das Unbewußte nur höchst selten direkt auf die reflexive Steuerung des Verhaltens einwirke“ (a.a.O., S. 100). Was „höchst selten“ bzw. „direkt“ bedeuten, läßt Giddens offen.

Umso eigentümlicher erscheint es dann, wenn sich Giddens affirmativ auf Erikson bezieht - und zwar im Kontext der von Heidegger übernommenen Kategorie der „Seinsgewißheit“. Seinsgewißheit drückt sich für Giddens in „voraussagbaren Routinen“ und in „Autonomie der Körperkontrolle“ aus. Hier erhält Eriksons Theorie der Identitätsbildung zentrale Bedeutung: „Die psychischen Ursprünge dieser Seinsgewißheit liegen in den fundamentalen Mechanismen der Angstkontrolle ..., die als Komponenten der Persönlichkeit hierarchisch angeordnet sind. Die Entwicklung von Gefühlen des Vertrauens in andere - das am tiefsten sitzende Element des grundlegenden Sicherheitssystems - hängt wesentlich von voraussagbaren und fürsorglichen Routinen der Eltern ab“ (a.a.O., S. 101).

Zum einen hat Erikson systematisch klargestellt, daß Identitätsaspekte sowohl bewußt als auch unbewußt sein können. Neben den bewußten Aspekten von Urvertrauen und Urmißtrauen, um die es hier in erster Linie geht, gibt es somit auch unbewußte Aspekte dieser Konstellation. Zum anderen gibt es ein weiteres systematisches Argument: die psychische Basis und engrammatische Fixierung beider Phänomene liegt weitgehend in einer frühen vorsprachlichen Phase. Ich möchte die Phase abgekürzt als „koenästhetische" Interaktion (Spitz 1973[3]) oder als Phase primärer Befriedigung bzw. Frustration bezeichnen. Wesentliche Aspekte dieser Interaktion werden mit der Einführung der Sprache zwangsläufig aus der Sprache und damit in der Regel auch aus dem Bewußtsein ausgeschlossen. Diese beiden Argumente zeigen, daß Giddens mit seiner Rezeption der Psychoanalyse in einen unlösbaren Widerspruch gerät: Urvertrauen bzw. Urmißtrauen sind, je nach theoretischer Perspektive, Ausdruck oder Teil unbewußter Strukturen und damit als Grundlage von „Seinsgewißheit" dauerhaft und eben nicht „höchst selten" im menschlichen Handeln präsent.

Ich möchte abschließend auf einen Problemkomplex zurückkommen, der bisher ausgeklammert blieb: (a) welche anthropologischen, strukturalen oder sonstigen Argumente legt Giddens für seine These der relativen Autonomie der Akteure vor; (b) welche konstitutive Bedeutung hat die Kategorie der Zeitlichkeit im Kontext seiner Theorie.

Ich sehe nicht, daß Giddens wirklich Argumente für seine These der (relativen) Autonomie der Akteure und für seine Kategorie der Zeitlichkeit vorgebracht hat. Beide Kategorien bleiben auf einer deskriptiven Ebene, wobei seine Kategorie der Zeitlichkeit im wesentlichen so verwendet wird, daß sie zusammen mit der Kategorie des Raumes an die gesellschaftlichen Institutionen bzw. an die Systemintegration die Anforderung stellt, daß übergreifende „Zeit-Räume" strukturiert werden müssen. Mein eigener Lösungsvorschlag, den ich oben im Kontext der Meadschen Theorie bzw. meiner Überlegungen zur Sprache vortrug, ging demgegenüber in die Richtung, daß in sprachlich strukturierten Interaktionen - d.h. auf der Ebene der „Rede" bzw. der „sozialen Praktiken" - Sinn nicht festgelegt ist bzw. antizipiert werden kann, sondern sich immer erst nachträglich herstellt. Im Sinne Derridas - aber auch Meads - ließe sich somit, scheinbar paradox, formulieren, daß Verspätung bzw. Nachträglichkeit ursprünglich für Sinn ist. Dies wiederum hängt mit dem Phänomen der prinzipiellen Unabschließbarkeit der Sprache zusammen.

Es ist auffällig, daß Giddens implizit bestimmte Positionen des Poststrukturalismus in Anspruch nimmt, die auf eine Dynamisierung der Strukturen, gewissermaßen auf eine konstitutive Irreduzierbarkeit des „Sinns" hinauslaufen, ohne sich explizit mit derartigen Positionen auseinanderzusetzen. Derrida ist einer der prominentesten Vertreter dieser Position. Ich hoffe zeigen zu können, daß Derrida das bisher eher marginal behandelte und auch bei Giddens ungeklärte Problem der Zeitlichkeit auf ausgesprochen originelle Weise analysiert - und es zugleich in den Kontext einer Konzeption des „Neuen" stellt.

Allerdings bedarf es zuvor noch einer weiteren Klärung. Ich hatte oben darauf hingewiesen, daß die Frage, was „System" und was „Struktur" heißt, nur vorläufig, gewissermaßen auf einer klassifikatorischen Ebene behandelt wurde. Ich möchte diese vorläufige Klärung noch ein Stück weit in *systematischer* Hinsicht weitertreiben und mich zu diesem Zweck einem Strukturbegriff zuwenden, der das Verständnis dieses Begriffs entscheidend mitgeprägt hat, dem Konzept des *strukturalen Systems bei Lévi-Strauss,* ein Konzept, das gewissermaßen den traditionellen Begriff des Strukturalismus in den Sozialwissenschaften repräsentiert. Wir werden allerdings auch sehen, daß m.E. die Diffenzen zu Derrida relativer Natur sind.

3.6.2 Lévi-Strauss' strukturale Anthropologie

Die Erörterung des Strukturalismus oder des strukturalen Systems bei Lévi-Strauss erfordert eine gewissermaßen erkenntnistheoretische Vorbemerkung zum Begriff der „Realität" bzw. zur Erkenntnismöglichkeit der Realität. Lévi-Strauss unterscheidet hier zwischen der Erkenntnismöglichkeit der Naturwissenschaft und der Erkenntnismöglichkeit der „Wissenschaft vom Menschen". Es handelt sich für ihn dabei um die „doppelte Tatsache", „daß die Naturwissenschaften mit den Symbolen der Dinge arbeiten, während die Wissenschaften vom Menschen mit den Symbolen von Dingen arbeiten, die selbst bereits Symbole sind; und daß im ersten Fall die ungefähre Adäquatheit des Symbols mit dem Referenten durch die 'Beherrschung' bezeugt ist, welche die wissenschaftliche Erkenntnis auf die uns umgebende Welt ausübt, während die praktische Unwirksamkeit der Wissenschaften vom Menschen, abgesehen von einer zweifelhaften Suche nach Weisheit, es uns zumindest im Augenblick nicht erlaubt, irgendeine Adäquatheit der repräsentierenden Symbole mit den repräsentierten Symbolen zu präjudizieren" (1976, S. 753).

Auch wenn man in Betracht zieht, daß Lévi-Strauss sich an dieser Stelle, im „Finale" des letzten Bandes der „Mythologica", weit entfernt hat vom Erkenntnisoptimismus seiner früheren Schriften, etwa der „Strukturalen Anthropologie", so bleibt auch an dieser Stelle festzuhalten, daß die Realität auf die Lévi-Strauss sich hier bezieht, eine *symbolische Realität* ist. Was dies für ihn bedeutet, macht Lévi-Strauss in der von ihm immer wieder aufgegriffenen Kontroverse mit Ratcliffe-Brown deutlich. So schreibt er z.B. in den Schlußbemerkungen seiner Abhandlung über „Die Strukturanalyse in der Sprachwissenschaft und in der Anthropologie", daß heute in der Anthropologie die „größte Einmütigkeit" über die Vorstellung bestehe, daß die biologische Familie den Punkt bilde, von dem aus jede Gesellschaft ihr Verwandtschaftssystem aufbaue. Er fährt fort: „ Es gibt nach unserer Ansicht aber auch keine gefährlichere. Zweifellos ist die biologische Familie vorhanden und setzt sich in der Gesellschaft fort. Was aber der Verwandtschaft ihren Charakter als *soziale Tatsache* (hvg. M.C.) verleiht, ist nicht das, was sie von der Natur beibehalten muß: es ist der wesentliche Schritt, durch den sie sich von ihr trennt. Ein Verwandtschaftssystem besteht nicht aus den objektiven Bindungen der Abstammung oder der Blutsverwandtschaft zwischen den Individuen; es besteht nur im Bewußtsein der Menschen, es ist ein willkürliches System von Vorstellungen, nicht die spontane Entwicklung einer faktischen Situation" (1967, S. 66).

M.a.W.: Abstammung, Blutsverwandtschaft, ja „familiales Zusammenleben" ist auch bei Tieren vorhanden, was diese Phänomene von der Natur trennt, zu einer sozialen Tatsache macht, ist das ausschließlich im *Bewußtsein* der Menschen existierende Verwandtschafts*system* - womit wir, wie beabsichtigt, beim Systembegriff des Strukturalismus angekommen wären. Daß der Systembegriff letztlich auf *unbewußte Strukturen* hin orientiert ist (ich werde darauf zurückkommen), ändert nichts an der generellen Argumentation von Lévi-Strauss: in beiden Fällen bewegen wir uns im Rahmen einer *Ordnung des Geistes*, nicht einer Ordnung der Natur. Diese Überlegung kann auch so verstanden werden, daß es zwar - um hier noch einmal einen Gedanken von Luhmann aufzugreifen - komplexe evolutive Voraussetzungen der Sinnbildung, aber keinen privilegierten Träger, kein „ontisches Substrat" von Sinn, sondern nur ein differentielles Verweisungssystem gibt. Sinn bildet sich somit nicht durch Bezug auf ein vorgängiges „Substrat" von Sinn, sondern als fundamentale *Differenz* zur Natur, als Etablierung einer Ordnung des Geistes. Ich werde später noch darauf eingehen, daß Lévi-Strauss gleichwohl versucht, auf einer anderen Ebene die Kontinuität von Natur und Geist zu reetablieren.

Von diesem Punkt aus wird auch ein nicht ohne weiteres verständlicher Begriff von Lévi-Strauss deutlich, der des „Modells". Die vom jeweiligen Forscher konzipierten Strukturen sind dabei ebenso Modelle, wie die von den Subjekten einer Gesellschaft bewußt oder unbewußt „konzipierte" Realität, z.B. in Gestalt des Verwandtschaftssystems. Erstere unterscheiden sich von letzteren allenfalls durch einen höheren Grad der Formalisierung bzw. der Abstraktion, wobei zu beachten ist, daß der Forscher im oben dargelegten Sinne nicht von irgendwelchen „natürlichen" Phänomenen oder Beziehungen abstrahiert, sondern von einer geistigen bzw. symbolischen Realität. Selbst *soziale* Beziehungen sind nicht automatisch Modelle bzw. Strukturen. So können „Normen" z.B. einfach „Rohmaterial" für den Ethnologen sein, aber auch bereits „hausgemachte Modelle", wobei Lévi-Strauss derartige normative Modelle zu den „armseligsten" rechnet. Der Ethnologe darf somit „nie vergessen, daß gesellschaftliche Normen nicht automatisch schon Strukturen sind. Es sind rohe Dokumente, teils theoretische Beiträge, die man denen gleichstellen kann, die der Ethnologe selbst beibringt" (1967, S. 305). Auch der Begriff der Abstraktion muß hier mit Vorsicht verwendet werden. Genau genommen „abstrahiert" der Forscher nicht, sondern konstruiert aus einer je spezifischen Perspektive (etwa als Anthropologe, Linguist oder Ökonom) universellere und unbewußtere Modelle. So wird auch die Aussage von Lévi-Strauss verständlich, daß „Modelle“ die eigentliche Realität sind: „Meiner Ansicht nach sind Modelle Realität, und ich würde sogar sagen, daß sie die einzige Realität sind“ (zit. n. de Ruijter 1991, S. 25).

Ich möchte nunmehr versuchen, Lévi-Strauss' Begriffstrias System-Struktur-Modell in ihrem Zusammenhang darzustellen, wobei ich mich auf die m.E. komprimierteste Fassung des Autors beziehe (1967, S. 301f.). Modelle (die, wie gesagt, für Lévi-Strauss eben nicht Modelle von „irgendwas“, sondern konstitutives Element der sozialen Realität sind) werden von ihm dann als Struktur bezeichnet, wenn sie mindestens vier Voraussetzungen erfüllen:

1. Eine Struktur besitzt Systemcharakter. D.h., sie besteht aus Elementen, die so angeordnet sind, daß die Veränderung eines Elements die Veränderung aller anderen nach sich zieht.

2. Jedes Modell gehört zu einer Gruppe von Umwandlungen, „deren jede einem Modell derselben Familie entspricht, so daß das Ganze dieser Umwandlungen eine Gruppe von Modellen bildet“ (a.a.O., S. 302). Hier kommt implizit der für Lévi-Strauss wichtige Begriff der „Transformation“ ins Spiel. Modelle, die für eine Gesellschaft gültig sind, können in Modelle einer anderen Gesellschaft transformiert werden, wobei die Regeln dieser Transformation dann eine Struktur bzw. ein Modell auf einer tieferen und universelleren Ebene bilden. Lévi-Strauss spekuliert sogar an verschiedenen Stellen darüber, die Transformationsregeln zwischen ihrer Struktur nach unterschiedlichen Modellen sozialer Realität, z.B. zwischen Verwandtschafts- und Sprachsystemen, zu entwickeln.

3. Die genannten Eigenschaften erlauben vorauszusagen, wie das Modell bei der Veränderung eines seiner Elemente reagieren wird.

4. Das Modell muß allen festgestellten Tatsachen Rechnung tragen.

Ich möchte nunmehr diese relativ abstrakten Überlegungen von Lévi-Strauss an einem überschaubaren Beispiel verdeutlichen, an der Struktur der Verwandtschaftsregelungen, genauer jenes Teils der Verwandtschaftsregelungen, die mit der Rolle des Onkels mütterlicherseits, des sogenannten Avunkulats, zusammenhängen. Ich möchte dieser kurzen Veranschaulichung Lévi-Strauss' allgemeine Definition der Bedeutung des Verwandtschaftssystems voranstellen: „Für den Autor dieser Zeilen bilden die Verwandtschaftssysteme, die Heirats- und Abstammungsregeln eine koordinierte Gesamtheit, deren Funktion es ist, die Dauer der sozialen Gruppe zu sichern und in gegenseitiger Durchdringung nach Art eines Gewebes die Blutsverwandtschafts- und die Bündnisbeziehungen zu garantieren" (a.a.O., S. 337). Weiterhin sei noch vorausgeschickt, daß Lévi-Strauss die Untersuchung der Verwandtschaftsstrukturen in eine „gemeinsame Disziplin, die Wissenschaft vom Austausch" (a.a.O., S. 324) integrieren möchte. Anthropologie, Wirtschaftswissenschaften und Sprachwissenschaften könnten sich dann „analog" und mit derselben Methode der Untersuchung mit dem Austausch von Frauen, Gütern und Mitteilungen beschäftigen (a.a.O., S. 322). Wichtig ist in diesem Zusammenhang, daß es sich in allen drei Fällen letztlich um den Austausch von Informationen handelt, da nur Informationen sinnhafte Strukturen konstituieren können. So würden z.B. Heiratsbeziehungen, die nicht auf Regeln basieren, keine Informationen vermitteln und damit keine Struktur bilden.

Um die Bedeutung des Avunkulats zu untersuchen, konstruiert Lévi-Strauss ein viergliedriges Modell, das aus vier Zweierbeziehungen besteht: (1) Onkel mütterlicherseits-Neffe, (2) Bruder-Schwester, (3) Vater-Sohn und (4) Mann-Frau. Diesem System der „Benennungen" stellt Lévi-Strauss ein System der „Haltungen" gegenüber, das das System der Benennungen in systematischer Weise variiert. Lévi-Strauss stellt anhand der Untersuchung von fünf räumlich weit auseinanderliegenden Populationen fest, daß jeweils auf der Generationenebene Gegensatzpaare negativer und positiver Einstellungen vorhanden sind: ist die Beziehung 1 tendenziell negativ, dann ist die Beziehung 3 tendenziell positiv und umgekehrt. Dasselbe gilt für die Beziehungen 2 und 4, also auf der Ebene derselben Generation. Aus dieser Kombination der Benennungen und Haltungen ergibt sich eine Matrix von vier - und nur vier - möglichen Kombinationen der Haltungen. M.a.W.: das System ist so „ausbalanciert", daß auf der Intergenerationen- wie auf der Intragenerationenebene jeweils eine negative und eine positive Haltung vorhanden ist.

Was ist nun aus der Sicht von Lévi-Strauss der Sinn dieses gleichermaßen einfachen wie erstaunlichen *Systems*? „Die Antwort lautet: diese Struktur ist die einfachste Verwandtschaftsstruktur, die denkbar ist und die es überhaupt geben kann. Sie ist im eigentlichen Sinne das *Verwandtschaftselement* ... Der ursprüngliche und unreduzierbare Charakter des Verwandtschaftselements, wie wir es definiert haben (d.h. des Avunkulats; M.C.) ergibt sich tatsächlich unmittelbar aus der allgemeinen Form des Inzestverbots. Dies bedeutet, daß in der menschlichen Gesellschaft ein Mann eine Frau nur von einem anderen Mann erhalten kann, der sie ihm als Tochter oder Schwester abtritt. Man braucht also nicht zu erklären, wie der Onkel mütterlicherseits in die Verwandtschaftsstruktur hineingerät: er erscheint dort nicht, er ist unmittelbar gegeben, er ist deren Bedingung. Der Irrtum der traditionellen Soziologie wie auch der traditionellen Sprachwissenschaft liegt darin, die Glieder und nicht die Bezeichnungen zwischen den Gliedern betrachtet zu haben" (1967, S. 61). Die daran anschließende Frage, warum innerhalb des Systems der Benennungen die Haltungen systematisch variieren, beantwortet Lévi-Strauss damit, daß durch das System der Haltungen Ungleichgewichte oder Widersprüche, die durch die Benennungen entstehen können, ausgeglichen werden. Es besteht Lévi-Strauss zufolge ein „dialektisches“ Verhältnis zwischen beiden.

Ohne an dieser Stelle eine generelle kritische Würdigung von Lévi-Strauss zu beabsichtigen, möchte ich doch auf einige Punkte hinweisen. Zunächst einmal fällt auf, daß er apodiktisch feststellt, daß Frauen und nicht etwa auch Männer „getauscht“ werden, wobei diese Frage von ihm empirisch, nicht systematisch beantwortet wird (a.a.O., S. 62). Weiter fällt auf, daß in dem von ihm skizzierten „Verwandtschaftselement“ der Vater, der seine Tochter tauscht, nicht auftaucht, wodurch das System natürlich drastisch vereinfacht wird, d.h. es gäbe erheblich mehr Kombinationsmöglichkeiten, wenn auch der Vater einbezogen würde. Drittens kann gefragt werden, ob die von Lévi-Strauss konzipierten Oppositionen (positiv/negativ) wirklich, wie er fordert, den Tatsachen Rechnung tragen oder möglicherweise ein formalistisches Artefakt sind. Konkret kann man sich also fragen, ob Lévi-Strauss' Beschreibung der ehelichen Beziehung z.B. bei den Tscherkessen tatsächlich als „negativ“ charakterisiert werden kann: „ein Tscherkesse wagt es nicht, mit seiner Frau in der Öffentlichkeit aufzutreten, und besucht sie nur heimlich“ (a.a.O., S. 56f.). Hier wird deutlich, wie sprachliche Nuancen sich der binären Codierung entziehen und unterhalb dieses Codes eine Eigenlogik zeigen, die nicht unsystematisch ist, sich aber nicht ohne weiteres der Logik des vorgeschlagenen binären Codes fügt. Ich möchte ergänzend hinzufügen, daß sich diese Problematik m.E. durch alle Bände der „Mythologica“ hindurchzieht und auf die generelle methodologische Frage verweist, wie weit Strukturgesetzmäßigkeiten sich binär (oder tertiär etc.) codieren lassen oder nicht vielmehr als hermeneutisch ausdifferenzierte „Gestalten“ gewürdigt werden müssen (dies sei u.a. deshalb vermerkt, weil Lévi-Strauss sich selbst positiv auf die Gestaltpsychologie bezieht). Mit diesen Fragen soll, um dies noch einmal zu betonen, nicht der Sinn bzw. die Notwendigkeit von Strukturrekonstruktionen bezweifelt werden. Es geht vielmehr um das Problem des Reduktionismus, schärfer noch: einer gewissen theoretischen Willkür, die in binären Codieroperationen unvermeidbar ist.

Diese Frage läßt sich an einem Punkt noch weiter zuspitzen, der für die Problematik einer psychoanalytischen Sozialpsychologie von besonderem Interesse ist: an Lévi-Strauss' strukturaler Betrachtung der Psychoanalyse. Indem Lévi-Strauss Schamanismus und Psychoanalyse miteinander vergleicht, betont er, daß sich der Klient des Schamanen im schamanistischen Heilverfahren explizit auf einen kollektiven Mythos bezieht, während der Neurotiker unter dem Einfluß der traumatischen Situation einen „erlebten“ Mythos entwickelt. Lévi-Strauss fährt fort: „Damit wollen wir sagen, daß sich die traumatisierende Kraft einer beliebigen

Situation nicht aus den zugehörigen Merkmalen ergeben kann, sondern daraus, daß bestimmte Ereignisse, die in einem geeigneten psychologischen, historischen und sozialen Zusammenhang auftreten, eine affektive Kristallisierung herbeiführen können, die in der Form einer vorher bestehenden Struktur erfolgt ... Die Gesamtheit dieser Strukturen würde das sogenannte Unbewußte bilden. So wäre auch der letzte Unterschied zwischen der Theorie des Schamanentums und der Psychoanalyse aufgehoben. Das Unbewußte hört auf, der unnennbare Zufluchtsort der individuellen Besonderheiten zu sein ... Es beschränkt sich auf einen Ausdruck, mit dem wir eine Funktion bezeichnen: die symbolische Funktion, die zwar spezifisch menschlich ist, die sich aber bei allen Menschen nach denselben Gesetzen vollzieht; die sich in Wahrheit auf die Gesamtheit dieser Gesetze zurückführen läßt" (a.a.O., S. 222f.). Unmittelbar daran anschließend unterscheidet Lévi-Strauss noch zwischen Unterbewußtsein und Unbewußtem, wobei ersteres für ihn den „Speicher von Erinnerungen und Bildern, die sich im Laufe eines jeden Lebens ansammeln" darstellt. „Dagegen ist das Unbewußte immer leer; genauer gesagt, es ist den Bildern ebenso fremd wie der Magen den Nahrungsmitteln, die durch ihn hindurchgehen. Als Organ einer spezifischen Funktion beschränkt es sich darauf, unartikulierten Elementen, die von außen kommen - wie Antrieben, Emotionen, Vorstellungen, Erinnerungen - Strukturgesetze aufzuerlegen, die seine Realität erschöpfen" (a.a.O., S. 223f.). Wir werden später sehen, daß Adorno in einer frühen Arbeit (1927) eine ähnliche Konzeption des Unbewußten erarbeitet hat.

Gegen diese Formulierungen lassen sich einige Einwände vorbringen. Zunächst einmal macht Lévi-Strauss an anderen Stellen klar (wobei er sich u.a. auf Piaget beruft), daß die Form nicht einfach getrennt vom Inhalt zu sehen ist, sondern daß zwischen beiden ein dialektisches Verhältnis besteht: die Formen des Mythos sind dessen spezifische Form, sind nicht etwa die der Verwandtschaftsverhältnisse, die ihre eigene Form haben. Insofern ist auch das Unbewußte nicht einfach leer, sondern es handelt sich um die *spezifischen Formen* des Unbewußten. Weiterhin ist es natürlich richtig zu sagen, daß das Unbewußte von Strukturen und Gesetzen bestimmt wird: das Unbewußte ist nicht einfach eine amorphe Masse, sondern wird strukturiert durch Sinn, Sprache und u.U. durch kollektive Mythen. Nur: was hilft es für das Verständnis des Unbewußten zu sagen, daß es sprachlich strukturiert ist oder, um ein spezifisches Beispiel zu verwenden, daß die unbewußten Phantasien des Perversen strukturiert sind durch den (möglicherweise) *kollektiven* Mythos der Frau - oder Mutter - mit dem Phallus? Würde man diese Strukturen der Fallstruktur des Neurotikers (oder des Perversen) zugrunde legen, hätte man gerade soviel verstanden, wie die Krankheitsklassifikationen der psychoanalytischen Neurosenlehre von einem individuellen Fall verstehen. Anders formuliert: man hätte nicht verstanden, wie ein bestimmtes Individuum seine individuellen Konflikte löst, man hätte seinen individuellen Mythos, insbesondere seine individuelle *Kreativität* der Konfliktlösung, die zugleich auf seine Geschichte zurückverweist, nicht verstanden.

Wir kommen also erneut auf die Kategorie des Neuen bzw. der Kreativität zurück. In der Auseinandersetzung mit seinen Kritikern und hier insbes. mit Piaget konzediert Lévi-Strauss die Unentbehrlichkeit der genetischen Perspektive: „Denn wir geben bereitwillig zu, daß die Strukturen eine Genesis haben, sofern man ebenfalls zugibt - doch liefert das Werk von Piaget nicht den Beweis dafür? -, daß jeder vorherige Zustand einer Struktur selbst eine Struktur ist. 'Es ist nicht einzusehen, warum der Gedanke unvernünftig wäre, daß die letzte Natur des Realen darin besteht, sich ständig im Aufbau zu befinden, statt in einer Anhäufung von fix und fertigen Strukturen' (Piaget 1968, S. 58). Gewiß, aber es sind bereits Strukturen, die durch Transformation andere Strukturen erzeugen, und *die Tatsache der Struktur* ist vorrangig" (1976, S. 734). Ähnlich wie Luhmann in seiner Theorie „autopoietischer Systeme" betont Lévi-Strauss hier, daß Strukturen oder Systeme sich nur nach Maßgabe ihrer Strukturgesetzlichkeiten ändern - aber eben doch ändern, und konzediert damit die Kategorie des Neuen.

Lévi-Strauss verdeutlicht diesen Zusammenhang am Beispiel der Mythen, die - im Rahmen von Transformationsgesetzlichkeiten oder *Matrices* - sich den infrastrukturellen Gegebenheiten der jeweiligen Gesellschaft anpassen, und spricht in diesem Zusammenhang von „doppelter Determination". „Eine jede Version des Mythos verrät also den Einfluß einer doppelten Determination: der eine verknüpft sie mit einer Folge von früheren Versionen oder einer Gesamtheit von fremden Versionen, der andere wirkt gleichsam transversal, durch Zwänge infrastrukturellen Ursprungs, welche zur Modifizierung dieses oder jenes Elements zwingen, woraus folgt, daß *das System sich reorganisiert, um diese Unterschiede äußeren Notwendigkeiten anzupassen*" (a.a.O., S. 736; hrv. M.C.). Hier geht es m.E. nicht mehr um die Frage, ob Konstanz oder Varianz überwiegen, sondern darum, daß auch der Strukturalismus Lévi-Straussscher Provenienz beides betont. Die Frage der invarianten Strukturen ist dann letztlich eine Frage des Operationalisierungs- oder Codierungsniveaus. Setzt man es abstrakt genug an, wird man in jedem Fall auf invariante Strukturen stoßen (z.B. in der Linguistik und Grammatologie, der Untersuchung von Verwandtschaftsstrukturen oder Mythen). Lévi-Strauss betont den entscheidenden Punkt selbst noch einmal, indem er dem Mythos Freiheitsspielräume zubilligt, die allerdings nicht von den ihm immanenten Zwängen ablösbar sind: „In jedem besonderen Fall veräußert er bei diesem Kontakt (mit den infrastrukturellen Gegebenheiten einer Gesellschaft; M.C.) einen Teil seiner offenkundigen Freiheit, die, unter einem anderen Blickwinkel betrachtet, nur ein Zwang zur eigenen Notwendigkeit ist" (ebd.).

Lévi-Strauss geht der Dialektik von Freiheit und Zwang nicht weiter nach. Ich hatte jedoch bereits früher, im Kontext der Explikation des Sinnbegriffs und unter

Bezug auf Luhmann, darauf hingewiesen, daß psychische und soziale Systeme durch Selektizität gekennzeichnet sind, das heißt, daß sie je nach Maßgabe ihrer internen Struktur und der zu bewältigenden Aufgaben Veränderungs- und Anpassungsprozesse bewerkstelligen können - oder auch nicht. Die Lernprozesse, die ein Kind im Laufe seiner Entwicklung durchläuft, sind eine gute Veranschaulichung dieses Verhältnisses von innerer Struktur, äußeren Anforderungen, Selektivität, Veränderung - und damit eines strukturell zu definierenden Freiheitsspielraums. Ich werde auf diese Problematik später, im Kontext einer weiteren Diskussion der Kategorie des Neuen, zurückkommen.

Ich möchte nicht versäumen, abschließend auf jene erneute Hinwendung zum „Determinismus" einzugehen, die Lévi-Strauss im „Finale" der „Mythologica" mit dem Konzept einer „universellen Sprache" verbindet. Er verspottet diejenigen, die „sich vorstellen, daß die Ausbreitung schöner Gefühle die Erforschung der Wahrheit ersetzen kann" (1976, S. 804), wobei er sich bei „schönen Gefühlen" auf Kategorien wie „Freiheit, Spontaneität und Kreativität" bezieht (ebd.). Dennoch kommt auch er, eine Seite später, nicht umhin zu konzedieren, daß es den Individuen gelingt, den „Code" „mit kleinen, von ihrem Bewußtsein und ihrem Willen unabhängigen Variationen ins Werk zu setzen" (a.a.O., S. 805). Daß derartige Variationen von „Bewußtsein und Willen" unabhängig sind, ist keinesfalls ein Argument gegenüber der Kategorie des Neuen (wie Lévi-Strauss an dieser Stelle auch zu implizieren scheint). Strukturbedingte Selektivität und damit Freiheitsspielräume sind - worauf ich später noch eingehen möchte - geradezu paradigmatisch *unbewußt*. Gegenüber einem metaphysischen Freiheitsbegriff (z.B. einer transzendenten Freiheit des Willens im Sinne Kants) sind die Argumente von Lévi-Strauss freilich berechtigt.

Lévi-Strauss' Betonung des Determinismus, verbunden mit einem letztlich kosmologischen Konzept einer „universellen Sprache" scheinen die basale Differenz zwischen Natur und Kultur wieder aufzuheben. Dies kommt bereits in der Relativierung der Differenz zwischen menschlicher und tierischer Existenz zum Ausdruck. „Gleich weit vom Ritual entfernt, agiert das Tier seine Mythen, während der Mensch sie denkt; und die Universalität des binären Codes ist nur bis zu dem Punkt bezeugt, an dem diese divergierenden Orientierungen ihren gemeinsamen Ursprung haben: in einem Code, der auf seinen einfachsten Ausdruck reduziert ist, d.h. auf die elementare Alternative einer Antwort mit Ja oder Nein" (a.a.O., S. 804). Im nächsten Schritt weitet er sein Konzept des binären Codes jedoch auf alles Lebendige aus und betont, daß die strukturale Linguistik „mit der Entdekkung und Entzifferung des genetischen Codes einen natürlichen und objektiven Status erhalten hat: diese universelle Sprache, deren sich alle Formen des Lebens bedienen, von den Mikroorganismen über die Pflanzen bis zu den höheren Säugetieren, und in dem man den absoluten Prototyp sehen darf, dessen Muster die artikulierte Sprache auf einer anderen Ebene widerspiegelt" (a.a.O., S. 805).

In eine kosmologische Dimension weitet er den Begriff der Struktur schließlich aus, wenn er, z.B. im Kontext einer Polemik gegen Sartre, betont: „Anders als eine Philosophie, welche die Dialektik in die menschliche Geschichte verbannt und ihr einen Aufenthalt in der natürlichen Ordnung verbietet, räumt der Strukturalismus bereitwillig ein, daß die Ideen, die er in physiologischen Termini formuliert, nichts anderes sein können als tastende Annäherungen an organische oder sogar physikalische Wahrheiten" (a.a.O., S. 811). Er beendet das, was er selbst nur als eine „Träumerei" bezeichnet, schließlich mit den geradezu visionären Worten: „Indem meine Analyse die strenge Anordnung der Mythen aufzeigt und ihnen damit die Existenz von Objekten verleiht, hebt sie den mythischen Charakter der Objekte hervor: das Universum, die Natur, der Mensch, die im Lauf von Tausenden, Millionen und Milliarden von Jahren alles in allem nichts anderes getan haben, als nach Art eines weiten mythologischen Systems die Hilfsmittel ihrer Kombinatorik zu entfalten, bevor sie sich zurückbilden und in der Evidenz ihrer Hinfälligkeit ins Nichts zurücksinken" (a.a.O., S. 816f.). Ich würde diesen Überlegungen von Lévi-Strauss nicht den Vorwurf machen, daß damit die gerade mühsam erarbeitete Differenz von Natur und Kultur wieder aufgehoben wird. Es ist gewissermaßen eine kosmologische „Träumerei" über eine Weltformel, über das, was die Welt im Innersten zusammenhält, im vorliegenden Falle der binäre Code und die Struktur. Wohl aber kann man an Lévi-Strauss' Überlegungen die Gefahr binärer Codierung auf immer höherer Ebene erkennen: daß nämlich auf diese Weise nicht nur Licht entsteht, sondern auch die Dunkelheit, in der alle Katzen grau werden, und die Differenz der Erscheinungen, die als solche ebenso wichtig ist wie die Differenz der Binarität, verschwindet.

Als Fazit dieser Diskussion des Lévi-Straussschen Strukturalismus möchte ich festhalten, daß die von ihm aufgeworfenen Fragestellungen gezeigt haben, daß die von mir vorgeschlagene Klassifizierung strukturtheoretischer Kategorien in (invariante) Struktur, (variable) Strukturen, Transformationsregeln und soziale Praxis heuristisch sinnvoll ist, und zwar insbesondere deshalb, weil sie der Dialektik von strukturellem Zwang und strukturbezogenen Freiheitsspielräumen, damit zugleich der Kategorie des Neuen Rechnung trägt.

3.6.3 Derridas Konzept der „différance"

Es ist sicherlich nicht ohne Interesse für unser weiteren Ausführungen, daß Derrida seine theoretische Position in eindrucksvoller Weise im Rahmen seiner Freud-Rezeption dargestellt hat. Ausgehend von Freuds „Entwurf einer Psychologie"

(1895) und der hier entwickelten Darstellung des Gedächtnisses als eines Systems differentieller neuronaler Bahnungen, postuliert Derrida zunächst einmal: „Das Gedächtnis ist also keine psychische Eigenschaft unter anderen, sie ist das Wesen des Psychischen selbst“ (1976, S. 308). Damit ist bereits eine entscheidende Markierung vorgenommen: Grundlage des Psychischen ist für Derrida die komplexe Vernetzung von Erinnerungsspuren und ihre physiologische, psychologische und erkenntnistheoretische Bedeutung - und nicht etwa, wie z.B. bei Searle in seiner Theorie zum Verhältnis von Gehirn und Bewußtsein (Searle 1987), die Fähigkeit des Gehirns zur „Realisierung“ neuronaler Einzelaktivitäten gewissermaßen auf höherer Ebene. Die von Searle entwickelte Theorie zum Verhältnis von Gehirn und Bewußtsein ist prinzipiell von Interesse, weil sich zumindest eine Perspektive eröffnet, dem kartesianischen Leib-Seele-Dualismus zu entrinnen. „Geist“ ist Searle zufolge eine höherrangige Qualität neuronaler Prozesse, ebenso wie etwa die „Flüssigkeit“ des Wassers eine „Realisierung“ molekularer Eigenschaften von H_2O ist. Die daraus resultierende und bei Searle m.E. nicht gelöste Frage, wie sich der Sinn derartiger „Realisierungen“ konstituiert, ist genau die Frage, der Derrida nachgeht.

Derridas Antwort schließt zunächst unmittelbar an Freuds Ausführungen an. Gedächtnis läßt sich nicht irgendwie lokalisierbar oder präsenzhaft deuten, sondern ausschließlich als Ergebnis der Differenzen zwischen den verschiedenen neuronalen Bahnungen. Zwar gibt es unterschiedlich starke oder „bevorzugte“ Bahnungen (bedingt durch unterschiedliche Energiequantitäten bzw. unterschiedlich häufige Wiederholungen der Bahnung - Freud zufolge setzt sich die einzelne Bahnung aus der Kombination dieser beiden Faktoren zusammen), aber nicht die Bahnung per se ergibt Gedächtnis, sondern das Verhältnis bzw. die Differenz der Bahnungen. Schmerz z.B., der Freud zufolge „besonders ausgiebige Bahnungen“ hinterläßt, würde somit nur in seinem Verhältnis zu Bahnungen des Nicht-Schmerzes, der Lust, zu einer Erinnerung, ebenso wie etwa ein „gelungener“ Umweg (also eine Problemlösung; Derrida spricht auch von „détour“) erst im Verhältnis zu einem „mißlungenen“ (z.B. Schmerzen bereitenden) Umweg zu einer entsprechenden Erinnerung wird. „In der Differenz der Bahnungen besteht der wirkliche Ursprung des Gedächtnisses und somit des Psychischen. Diese Differenz allein setzt die ‘Wegbevorzugung’ frei“ (a.a.O., S. 308). M.a.W.: ist die Differenz (wie sie oben beschrieben wurde) gegeben, wird der psychische Apparat den neu gefundenen Weg bevorzugen.

Indem Derrida für „Bahnung“ seinen eigenen Terminus „Spur“ (trace) einsetzt, kommt er zur ersten Schlußfolgerung: „Die Spur als Gedächtnis ist keine reine Bahnung. Sie ist die unfaßbare und unsichtbare Differenz (différence) zwischen den Bahnungen. Man weiß also schon, daß das psychische Leben weder die Transparenz des Sinns noch die Dichte der Kraft, sondern die Differenz in der

Arbeit der Kräfte ist. Nietzsche hatte das ausdrücklich gesagt" (a.a.O., S. 308f.). Jenseits von „Naturalismus" und „Phänomenologie" sucht Derrida einen Zugang zum Psychischen in Gestalt einer Art Fundamentalontologie der Differenz. Diese freilich ist, wie wir noch genau sehen werden, keine Metaphysik im traditionellen Sinne: ihr fehlt jeglicher Bezug auf eine Substanz, Wesenheit, Präsenz etc.

Ich möchte versuchen, den nächsten Schritt in Derridas Argumentation nachzuvollziehen: von der Spur und „différence" (mit e) zur „différance" (mit a). Wiederum bezieht sich Derrida auf Freud: auf den entscheidenden Aspekt hatte ich bereits mit dem Begriff des „Umwegs" („détour") hingewiesen. Erfolgreiche, d.h. letztendlich lebenserhaltende Lösungen erfordern immer neue Umwege und dementsprechende Bahnungen (= Gedächtnisspuren). Derrida versucht dabei auch, die Freudsche These des Energie- oder Besetzungsvorrats in sein Konzept einzubauen: Freud zufolge impliziert die Entwicklung vom Primärprozeß und der entsprechenden unmittelbaren Besetzungsabfuhr zum umweghaften Sekundärprozeß, daß der psychische Apparat sich einen „Energievorrat" zulegt. Freuds Überlegung dabei ist, daß mit Energie besetzte Bahnungen leichter aktivierbar sind als unbesetzte, mithin für Umwege leichter nutzbar sind. Entscheidend ist m.E., daß der Gedanke des Umwegs zweierlei impliziert: (1) daß anstelle einer erfolglosen, möglicherweise gefährlichen primärprozeßhaften Abfuhr eine erfolgreichere oder weniger gefährliche, aber kompliziertere umweghafte Abfuhr stattfindet; und (2) daß diese, nunmehr sekundärprozeßhafte Abfuhr (die, objektiv gesehen, eine Bahnung darstellt) neue Bahnungen und damit „Differenzen" impliziert. Die primärprozeßhafte Abfuhr wird damit umgeleitet, aufgeschoben und verschoben, ein Prozeß, den Derrida nunmehr „différance" (mit a) nennt. „Die bedrohliche Abfuhr („dépense") oder Präsenz wird mit Hilfe der Bahnung und der Wiederholung hinausgeschoben. Ist das nicht schon der „Aufschub", den das Verhältnis der Lust zur Realität instauriert? Ist das nicht schon der Tod im Dienste eines Lebens, das sich vor dem Tod nur durch die Ökonomie des Todes, den Aufschub, die Wiederholung und den Vorrat, schützen kann?" (a.a.O., S. 310; die dt. Übersetzung schien mir korrekturbedürftig, ich habe sie deshalb etwas verändert).

„Différance" ist damit die umwegschaffende, kreative Qualität des Psychischen und des Lebens, in dem Leben und Tod spiegelbildlich aufeinander bezogen, in der „Ökonomie des Todes" miteinander vermittelt sind. Zugleich ist „différance" Derridas Antwort auf die abendländische Metaphysik: es ist der Versuch einer Begründung in einem - präsenzphilosophisch gesehen - „Grundlosen" oder Nicht-Wesenhaften: Der „Aufschub (différance) bildet das Wesen. Vielmehr: da der Aufschub kein Wesen ist, weil er nichts ist, ist er nicht das Leben, wenn Sein als ousia, Präsenz, Wesenheit/Wirklichkeit, Substanz oder Subjekt bestimmt wird. Das Leben muß als Spur gedacht werden, ehe man das Sein als Präsenz bestimmt" (a.a.O., S. 311).

Zugleich ergibt sich daraus m.E. eine Zeitauffassung, auf die wir schon bei Mead gestoßen sind und die auch für Freuds Konzept der „Nachträglichkeit" entscheidend ist.[9] Einerseits weist Zeit in die Zukunft, ermöglicht im Kontext von „différance" Neues, andererseits verweist sie rekursiv in die Vergangenheit, indem sie Bedeutung immer erst nachträglich herstellt und erst so wieder Grundlage für Neues darstellt. In diesem Sinne kann Derrida sagen: „Die Verspätung ist ursprünglich", m.a.W.: der „Ursprung" des Sinnes liegt in der Verspätung. Etwas spekulativ könnte man hinzufügen: Das Gewesensein und Seinwerden der Zeit mit dem Doppelaspekt der Negation und der Kreativität wäre dann das Fundament, auf dem auch die „différance" ruht: ohne Zeit und ihre Erfahrung keine „différance". Auch Luhmanns bereits zitierte Bemerkung, Sinn sei der Zeit abgerungene Selbstreferentialität, weist in diese Richtung.

Ich möchte diese Überlegungen mit dem Hinweis abschließen, daß mit Derridas „différance" Grunddimensionen der Zeit, des Sinns und der Veränderung in einer Weise konzeptualisiert sind, daß diese Kategorien die Vorstellung einer statischen Struktur im Sinne des älteren Strukturalismus ernsthaft in Frage stellen. Derridas Überlegungen bestätigen und verstärken die Grundannahme, die ich in einer Reihe von Variationen vorgetragen hatte: sowohl Subjekte als auch Gesellschaften verändern sich, Strukturen werden - mit der Einschränkung konstitutiver Strukturmomente - immer wieder neu geschaffen. Damit ist die Frage nach einem „transzendentalen Subjekt" freilich erst gestellt, noch nicht beantwortet. Ich werde erst nach einigen Umwegen auf diese Frage zurückkommen. Soviel möchte ich an dieser Stelle allerdings bereits sagen: Ich bin nicht der Ansicht, daß Derridas antimetaphysische Fundamentalontologie der „différance", der eigentümlich subjekthaft-subjektlose Aufschub, das „Wesen" des Subjekts nunmehr geklärt hat, der Mensch sich in metaphysischer Manier zu guter Letzt doch wieder transparent geworden sei. Auf die damit verbundenen empirischen und erkenntnistheoretischen Probleme werde ich erst am Schluß meiner Überlegungen eingehen.

Das Fazit der Überlegungen dieses Abschnitts läßt sich kurz fassen: es ging um das Problem unterschiedlicher Dimensionen oder Abstraktionsebenen des Begriffs „Struktur". Mein Vorschlag war, vier derartige Dimensionen einzuführen: (1) Struktur als Phänomen der konstitutiven Geregeltheit des Sozialen; (2) Strukturen als langfristig konstante, aber prinzipiell veränderbare Tiefenstrukturen des Sozialen; (3) Transformationsregeln als Regeln des Übergangs zwischen Strukturen; (4) soziale Praxis/Lebenspraxis als Phänomen des Verhältnisses von Geregeltem und Nichtgeregeltem.

---

[9] Derrida gesteht im übrigen Freud ohne Einschränkung die Priorität für diesen Gedanken zu: „Die Irreduzibilität des 'mit Verspätung' ist zweifellos die Entdeckung Freuds" (a.a.O., S. 312).

3.7 Psychoanalyse: „Kausalität des Schicksals"; zum Begriff psychischer Determination; Semiologie als Metatheorie der Psychoanalyse

Zum Abschluß dieser keineswegs vollständigen, sondern lediglich exemplarischen Diskussion von Theorien, die geeignet sind, den konstitutionslogischen und theoretischen Rahmen der Sozialpsychologie zu klären, soll auf die psychoanalytische Theorie - und damit zwangsläufig auch schon ein Stück weit auf psychoanalytische Methode - eingegangen werden.[10] Wie keine andere Disziplin hat die Psychoanalyse Fragen nach ihrer „Wissenschaftlichkeit" provoziert, was es zunächst einmal erforderlich macht, einige methodologische und erkenntnistheoretische Fragen zu diskutieren. Die Kontroverse um die Wissenschaftlichkeit der Psychoanalyse ist - um zunächst einmal auf einer recht banalen Ebene zu beginnen - zu einem Teil von den Psychoanalytikern selbst provoziert worden, indem sie gelegentlich ihre Gegner mit Deutungen traktierten oder ihr Material (aus z.T. verständlichen Gründen) nur fragmentarisch zur Verfügung stellten (beides hat sich, in der Tendenz jedenfalls, geändert). Schwerer wiegt, daß eine Reihe von Psychoanalytikern, unter Verkennung des Terrains der Psychoanalyse, versuchten, diese als reine Beobachtungswissenschaft zu legitimieren. Diese Strategie führt, wie Ricoeur (1969, S. 375) zutreffend bemerkt, unvermeidlich zur „Verurteilung" durch die Vertreter „harter" Methoden - ich werde noch auf diesen Punkt eingehen. Doch auch dies erklärt nicht alles. Auch da, wo Psychoanalyse sich anstelle von „Beobachtung" auf „Verstehen" beruft, provoziert sie ähnliche Angriffe. Dies gilt in dieser Form nicht für vergleichbare Disziplinen. Wo Geschichtswissenschaft sich nicht auf Tatsachenbeobachtungen oder statistische Zusammenhänge beschränkt, operiert sie z.B. mit typologischem oder individuell motivationalem Verstehen (beide z.B. im Sinne Max Webers). Die Aussage: „Aufgrund seiner Loyalität gegenüber der österreichischen Monarchie beschloß Wilhelm II in den Krieg einzutreten.", würde möglicherweise inhaltliche Kontroversen auslösen, kaum aber (sofern Tagebücher, Gespräche, Persönlichkeitszüge Wilhelm II bekannt sind) einen erbitterten Methodenstreit.

Auch die Behauptung „unbewußter" Prozesse dürfte heute kaum mehr, wie zu Freuds Zeiten, allzu große Widerstände hervorrufen.[11] M.E. liegt der Grund für die Dauerkontroverse um die Psychoanalyse darin, daß sie das etablierte Selbstverständnis der beobachtungswissenschaftlich orientierten Verhaltenswissenschaften, insbes. der akademischen Psychologie, dadurch in Frage stellt, *daß sie nicht nur „versteht", sondern zugleich „erklärt" und erst in der Modalität des*

---

[10] Da ich später, im Kontext methodologischer Reflexion, noch auf verschiedene theoretische und methodische Aspekte der Psychoanalyse eingehen werde, möchte ich mich hier kurz fassen und lediglich einige grundsätzliche Überlegungen vortragen.

[11] Vgl. hierzu die von Searle (1993) referierte Diskussion innerhalb der „Philosophie des Geistes" bzw. der Kognitionswissenschaften.

Verstehens zu einer vollständigen Erklärung gelangt. Wenn die Psychoanalyse nämlich nicht nur kausale Zusammenhänge (ich werde in diesem Kapitel versuchen, diesen Begriff bzw. den Begriff einer spezifisch sinnhaften Kausalität genauer zu erläutern), z.B. starre Abwehrmuster und Einstellungen, psychische und körperliche Symptome und die damit verbundenen verbalen und nonverbalen Äußerungen aufzeigt, sondern diese zugleich verstehend auf frühere Motivkonstellationen zurückführt und sie, im günstigen Fall, in ihrer kausalen Wirksamkeit aufhebt[12] und in die Verfügung des Patienten zurückgeben kann, muß dies ein im strengen Sinne kausales und beobachtungsorientiertes Wissenschaftsverständnis im höchsten Maße herausfordern. Ein derartiges Vorgehen zeigt, daß hier „Verstehen" und „Kausalanalyse" zwei Seiten derselben wissenschaftlichen Medaille sind, d.h. daß es ein eigenständiges Verfahren einer verstehenden Kausalanalyse, eine „Kausalinterpretation" gibt. Es zeigt darüber hinaus, daß „Verstehen" und „Erklären" nicht einfach zwei unterschiedliche wissenschaftliche Operationen sind, sondern daß sie in vielen Fällen in einem Ergänzungsverhältnis zueinander stehen, ja u.U. einander bedingen. Nicht zuletzt zeigt diese Überlegung, daß Kausalanalysen nicht nur in einem experimentellen Setting möglich sind, und damit die begrenzte Reichweite eines ausschließlich szientistisch-kausalanalytischen Vorgehens. Szientistisches Wissenschaftsverständnis würde sich dann zwar als beobachtungswissenschaftlich legitimiertes, aber reduktionistisches Verfahren, im günstigsten Fall als die Hälfte der Wahrheit erweisen. Damit stellt sich auch die Frage nach der impliziten „Metaphysik" einer dogmatisch beobachtungswissenschaftlichen Vorgehensweise, wie sie in neueren Methoden-Handbüchern mittlerweile auch kritisch diskutiert wird (vgl. Revers 1993³). Ich werde auf diese „Metaphysik" am Beispiel der methodologischen Charakterisierung des „Sinn-Paradigmas" der Sozialpsychologie noch näher eingehen.

Ich möchte nicht darauf verzichten, eine wissenschaftshistorische Pointe dieser Diskussion zu erwähnen. In kaum einer der aktuellen Debatten um den wissenschaftlichen Status der Psychoanalyse wird der Name desjenigen Wissenschaftlers erwähnt, der im Rahmen einer umfangreichen Debatte, die zu Beginn dieses Jahrhunderts in Geschichts-, Wirtschafts- und Rechtswissenschaften über den Begriff der Kausalität geführt wurde, vehement die Komplementarität von Verstehen und Erklären betont hatte, der Name *Max Webers.* In seiner Arbeit „Objektive Möglichkeit und adäquate Verursachung in der historischen Kausalbetrachtung" betont Weber die Bedeutung des Kausalbegriffs z.B. in der Geschichtswissenschaft. Es sei selbstverständlich eine relevante Frage, was geschehen wäre, wenn z.B. Bismarck nicht den „Willensentschluß" für den Krieg von 1866 gefaßt hätte. Diese Frage betreffe „ja das für die historische Formung der Wirklichkeit entscheidende: welche *kausale Bedeutung* diesem individuellen Ent-

---

[12] Sie hebt dabei nicht den „Kausalzusammenhang", sondern die Kausalfaktoren auf (vgl. die Überlegungen von Grünbaum 1988).

schluß innerhalb der Gesamtheit der unendlich zahlreichen Momente ... und welche Stelle ihm also in der historischen Darstellung zukommt" (1988^7, S. 266). Deutlicher noch und geradezu apodiktisch schreibt er in „Über einige Kategorien der verstehenden Soziologie": „Wogegen sich die Soziologie aber auflehnen würde, wäre die Annahme: daß 'Verstehen' und kausales Erklären *keine* Beziehung zueinander hätten, so richtig es ist, daß sie durchaus am entgegengesetzten Pol des Geschehens mit ihrer Arbeit beginnen, insbesondere die statistische Häufigkeit eines Sichverhaltens dieses um keine Spur sinnhaft 'verständlicher' macht und optimale 'Verständlichkeit' als solche gar nichts für die Häufigkeit besagt, bei absoluter subjektiver Zweckrationalität sogar meist gegen sie spricht. Und umgekehrt sind statistische Daten (und dazu gehören z.B. auch viele Daten der 'Experimentalpsychologie'), wo immer sie den Ablauf oder die Folgen eines Verhaltens angeben, ... für uns erst dann 'erklärt', wenn sie auch wirklich im konkreten Fall sinnhaft gedeutet sind" (a.a.O., S. 436f.).

Dieser Exkurs führt unmittelbar zu unserer früheren Problemstellung zurück. Wir hatten gesehen, daß menschliches Verhalten sowohl durch Selbstreflexivität als auch durch quasi-kausale Abläufe (d.h. durch empirische Momente mehr oder weniger deterministisch bestimmt) charakterisiert ist. Dies wurde, im Rahmen der Theorie von Parsons, zunächst nur am Beispiel von Normen diskutiert, die, wie Parsons selbst sieht, sowohl als „faktische" wie auch als „ideale" Gegebenheiten existieren. Im übrigen ist diese Polarität der Kantschen dichotomen Konstruktion: empirische Beweggründe des Handelnden und Handeln aus Freiheit (d.h. einer intelligiblen Bestimmung des Handelns), durchaus verwandt. Auch die Psychoanalyse hat über das Faktum der „Unbewußtheit" gezeigt, daß auch Motive und Motivkomplexe eine derartige quasi-faktische bzw. „kausale" Bedeutung erlangen können. Sie werden durch Abwehrprozesse der intentionalen Steuerung entzogen, verlieren den Charakter der Reflexivität und bleiben gleichwohl verhaltenssteuernd virulent. Dieser fundamentale Tatbestand der Psychoanalyse wird heute kaum mehr ernsthaft bestritten (vgl. Grünbaum 1988). Sicher ist es richtig, in diesem Zusammenhang auf die von Philosophie und Sozialwissenschaft herausgearbeitete Differenz von Ursachen und Motiven hinzuweisen (Flew, Toulmin, Cicourel u.a.). Es trifft die Problematik jedoch nur ungenau, wenn z.B. Ricoeur darauf hinweist, daß der „Untersuchungsgegenstand des Analytikers" die „Bedeutung" ist, „die eben jene Ereignisse für ein Subjekt haben, die der Psychologe als Beobachter betrachtet und als Umweltvariable aufstellt" (Ricoeur 1969, S. 373).

Auch Habermas scheint zunächst in diese Richtung zu argumentieren, wenn er feststellt: „Die Psychoanalyse ist für uns als das einzige greifbare Beispiel einer methodisch Selbstreflexion in Anspruch nehmenden Wissenschaft relevant" (1968a, S. 262). Bei der Herausarbeitung der spezifischen Differenz zwischen der philologischen Hermeneutik und der psychoanalytischen „Tiefenhermeneutik“ stößt Habermas jedoch auf den entscheidenden Sachverhalt, daß letztere den Ungereimtheiten, Brüchen und „Verstümmelungen“ (Habermas) einen spezifischen Sinn beimißt, der zunächst nicht als Sinn in Erscheinung tritt, sondern quasifaktisch, als Zwang. In der psychoanalytischen Tiefenhermeneutik wird somit Sprachanalyse „mit der psychologischen Erforschung kausaler Zusammenhänge vereint“ (a.a.O., S. 266). Diese Kausalität freilich ist keine Kausalität der „Natur“, sondern, wie man es mit Hegel formulieren könnte, „Kausalität des Schicksals“. Ein „kausaler Zusammenhang“ wird somit, wie Habermas formuliert, „hypothetisch“ als ein „hermeneutisch verstehbarer Zusammenhang formuliert. Diese Forschung erfüllt gleichzeitig die Bedingung einer kausalen Hypothese und einer Interpretation“ (a.a.O., S. 331). Die entscheidende theoretisch-methodische Differenz gegenüber einem szientistischen Wissenschaftsverständnis besteht also darin, daß Kausalzusammenhänge nicht nur beobachtet und experimentell überprüft werden (eingebettet in Ex-ante- oder Ex-post-Hypothesen), sondern daß Kausalzusammenhänge verstanden und interpretiert werden. Der Begriff der „Kausalinterpretation“ (Grünbaum 1988, S. 57) ist deshalb zutreffend.

Da ich in den vorangegangenen Passagen schon mehrfach auf Habermas’ metatheoretisches und methodologisches Verständnis der Psychoanalyse eingegangen bin, möchte ich nicht versäumen, aus meiner Sicht auch einige Kritikpunkte an diesem Psychoanalyseverständnis zu formulieren. Zunächst einmal möchte ich aber noch einmal betonen, daß der Vorzug der Habermasschen Überlegungen darin besteht, daß er den eigenständigen methodologischen Standort der Psychoanalyse gewissermaßen am Schnittpunkt von Hermeneutik und empirisch-analytischem Verfahren deutlich herausgearbeitet hat. Um die Habermassche Position hierzu noch einmal zu verdeutlichen: „Die Psychoanalyse verbindet nämlich Hermeneutik mit Leistungen, die genuin den Naturwissenschaften vorbehalten zu sein schienen“ bzw. „Es sind verborgene und abgelenkte Intentionen, die sich aus bewußten Motiven zu Ursachen verkehrt haben und das kommunikative Handeln der Kausalität naturwüchsiger Verhältnisse unterwerfen“ (1968a, S. 263, 313). Problematisch wird der Habermassche Interpretationsvorschlag allerdings dann, wenn er die innere Struktur dieser „Kausalität naturwüchsiger Verhältnisse“ bzw. seine Konzeption des therapeutischen Prozesses näher erläutert. Eingebettet in sein Verständnis des Zusammenhangs von „Sprachdeformation und Verhaltenspathologie“ entwickelt er Vorstellungen, die m.E. auf ein sprachtheoretisches und kognitivistisches Mißverständnis der Psychoanalyse hinauslaufen.

Sprachtheoretisch argumentiert Habermas, daß Kausalzusammenhänge („Kausalität des Schicksals“) dadurch entstehen, daß Sprache „sobald sie durch Repression von öffentlicher Kommunikation ausgeschlossen wird, mit einem komplementären Zwang reagiert“. „Dadurch bleibt der grammatische Zusammenhang der öffentlichen Sprache intakt, aber Teile des semantischen Gehalts werden privatisiert ... dieser grammatische Zusammenhang ist gleichsam unterirdisch geworden" (a.a.O., S. 313). Es wird deutlich, daß Habermas in die bekannten Irrtümer der Lorenzerschen Theorie der „Privatsprache" verfällt (die er im übrigen auch häufig zitiert). Es ist nämlich nicht zu erkennen, warum die Sprache des Neurotikers, Fehlleistungen und selbst Träume semantisch „privatisiert" sein sollen, weil sonst sofort die Frage auftauchen würde, wie sie in diesem Falle interpretiert werden können. Nehmen wir z.B. das von Lorenzer und Habermas gern zitierte Beispiel der Pferdephobie des „kleinen Hans" aus der entsprechenden Freudschen Falldarstellung. Daß sich die Phobie des kleinen Hans an Pferde heftet, ist, sprachlich gesehen, keine semantische Privatisierung, kein semantischer Fehler, sondern allenfalls eine Idiosynkrasie. Auch Nichtneurotiker haben gelegentlich Angst vor Pferden. Zu einem neurotischen Phänomen wird sie durch das zwanghafte, zunächst irreversible Festhalten an der Angst, an dem alle Argumente und gegenläufigen Erfahrungen scheitern, und durch den Sachverhalt, daß der kleine Hans den impliziten neurotischen Verschiebungsprozeß nicht zu durchschauen vermag. Problematisch bzw. „gestört" ist das Verhältnis des Subjekts zu seinem eigenen Text, dessen Undurchschaubarkeit. Es ist nicht unerheblich, daß Freud selbst für die komplizierten Verhältnisse des Traums an der Sprachmetapher der „Zensur" festhält. Die Traumzensur wirkt aufgrund von Auslassungen, Anspielungen oder Akzentverschiebungen, nicht durch irgendwelche „privatsprachlichen" Verzerrungen.

Damit verbunden ist ein zweites theoretisches Mißverständnis. Das dynamische Moment, wenn man will: der Wirkfaktor innerhalb des Habermasschen Neurosenkonzepts, ist ein „unterirdisch" gewordener „grammatischer Zusammenhang". Wie dieser grammatische Zusammenhang die dramatische Kraft und die Irreversibilität eines neurotischen Symptoms gewinnen soll, bleibt unerfindlich. Grammatik und eine im übrigen intakt gebliebene Semantik können im Beispiel des kleinen Hans möglicherweise erklären, wieso es zu einer Verschiebung der Angst auf das Pferd gekommen ist, nicht aber das Drängende und Resistente der Verschiebung und der Symptombildung. M.a.W.: trotz aller verbalen Reverenz gegenüber der Triebtheorie hat Habermas deren Bedeutung, das von Ricoeur betonte Phänomen der Kraft (vs. dem „Sinn") nicht in seine Theorie integriert. Damit ist der von Habermas verwendete Kausalbegriff gewissermaßen grammatikalistisch verkürzt, auf ominöse „unterirdische" grammatikalische Zusammenhänge reduziert worden. Positiv ließe sich zur Habermasschen Interpretation vielleicht sagen: bei Verzicht auf die unplausible Theorie der Privatsprache wäre er zu einem einleuchtenden Konzept gelangt, in welcher Weise Sprache (und zwar Syntax *und* Semantik) vorbewußte und unbewußte Wünsche und Intentionen *strukturiert,* d.h. er hätte sich einem strukturalen Konzept der Psychoanalyse angenähert.

Das dritte Mißverständnis bezieht sich auf die *Praxis* der Psychoanalyse, genauer auf Habermas' Konzeption der Psychoanalyse als „Selbstreflexion". Am Ende der psychoanalytischen Kur, so Habermas, „muß das Subjekt seine eigene Geschichte auch erzählen können und die Hemmungen, die der Selbstreflexion im Wege standen, begriffen haben" (a.a.O., S. 317). Dieser Gedanke verweist bei Habermas einerseits bereits auf die später genauer ausgearbeitete Konzeption der „Sprachgemeinschaft", in der - zumindest im Verständnis einer kontrafaktisch unterstellten regulativen Idee - im Rahmen des „herrschaftsfreien Diskurses" Fragen der Wahrheit wie der Ethik gleichermaßen geklärt werden können, in dessen Rahmen, vermittels des Prinzips der Gegenseitigkeit, letztlich Wahrheitsfragen und ethische Fragen in eins fallen. Andererseits verweist er auf Habermas' Verständnis des Unbewußten, auf das ich mich hier konzentrieren möchte. Habermas, der das Unbewußte zugleich als „zweite Natur" versteht, bietet folgende Bestimmung des Unbewußten an: „Dieser Terminus soll die Klasse aller gegenüber ihrem Kontext verselbständigten motivierenden Zwänge bezeichnen, die von den gesellschaftlich nicht lizensierten Bedürfnisdispositionen ausgehen und die in dem kausalen Zusammenhang zwischen der Situation der ursprünglichen Versagung einerseits, abnormen Sprech- und Verhaltensweisen andererseits nachweisbar sind" (a.a.O., S. 330).

Auffällig an dieser Bestimmung ist zunächst einmal, daß von einem „unterirdischen" grammatischen Zusammenhang nicht mehr die Rede ist, sondern vielmehr von Motiv, Zwang und Bedürfnisdisposition. Sollte dieser Zusammenhang vielleicht doch nur für das Phänomen der „Verselbständigung" gegenüber dem Kontext in Frage kommen? Auch diese Konstruktion leuchtet nicht ohne weiteres ein. Daß der „kleine Hans" seine Angst vor dem Vater auf das Pferd überträgt, hat allenfalls sehr allgemein etwas mit Grammatik zu tun (etwa auf der Ebene der Subjekt-Prädikat-Objekt-Relation), viel direkter jedoch mit Sinnstrukturen (z.B.: das Pferd, das sich aufgrund einer bestimmten Erfahrung des kleinen Hans als Verschiebungsobjekt eignet).

Folgenreicher noch ist Habermas' Versuch, das Unbewußte an dem Spannungsverhältnis von Bedürfnisdisposition - fehlende gesellschaftliche Lizensierung - Versagung - verselbständigter motivierender Zwang festzumachen. So betrachtet muß man geradezu zwangsläufig zu der Schlußfolgerung gelangen, daß man das Ganze nur vom Ende her aufrollen muß und via Therapie bzw. Deutung eine Art gesellschaftliche Ersatzlizensierung liefert, um schließlich bei der ursprünglichen Bedürfnisdisposition anzugelangen. Ricoeur hat eine derartige Vorstellung als „absurde Hydraulik" bezeichnet. Gegen sie lassen sich insbesondere zwei Einwände erheben:

1. Aufgrund des dem Psychischen innewohnenden Prinzips der Nachträglichkeit läßt sich keine *ursprüngliche* Bedürfnisdisposition feststellen. Was wir finden

sind „Umschriften“, deren „Original“ nicht mehr auffindbar ist. Bestenfalls kann das Subjekt seine „eigene Geschichte“ aus der aktuellen Perspektive erzählen.

2. Psychischer Determinismus als Konstitutionsprinzip läßt keine isolierte Betrachtung einer bestimmten „Bedürfnisdisposition“ zu. Nur als ein determinierter psychischer Zusammenhang läßt sich das Unbewußte verstehen. Bedürfnisdispositionen im Sinne von Habermas können bestenfalls als pragmatisch legitimierbare „Ausschnitte“ verstanden werden, sofern sie nicht ohnehin dem Vorbewußten zurechnen sind.

Auf eine weitere Frage in diesem Zusammenhang werde ich erst später eingehen, auf die Frage nämlich, ob es möglicherweise einen „Fluchtpunkt“ unbewußter Determination gibt, der gänzlich unentzifferbar ist. Für beide Fälle gilt wiederum das bereits unter 1. Gesagte: das Unbewußte ist kein präsenter Text, der sich in die Sprache des Bewußten einfach übersetzen ließe.

Der Einwand gegen Habermas' Verständnis der Psychoanalyse als „Selbstreflexion“ lautet somit: er versucht auf diese Weise das Unbewußte in die Verfügbarkeit eines präsenten und zu übersetzenden Textes einzugliedern. Auf diese Weise wäre es aber auch dem Zugriff einer technisch handhabbaren „Selbstreflexion“ ausgesetzt. Glücklicherweise, so darf man vielleicht etwas pathetisch sagen, entzieht sich das Unbewußte einer derartigen technisch oder kritisch verstandenen „Selbstreflexion“. Es bezeichnet vielmehr, sowohl für die Konstitution des Subjekts als auch für die Praxis der Kur, das *Moment des Unverfügbaren im Subjekt, letztlich einen Fluchtpunkt, der sich gegenüber jeglichem Zugriff als widerständig erweist.* Nichts anderes meint m.E. Freuds Diktum, das Unbewußte sei das „Infantile“, sofern man unter dem Infantilen etwas versteht, was letztlich auf den dunklen Anfang des Psychischen überhaupt verweist. Ich werde später, im Kontext der Diskussion von Laplanches „rätselhaften Signifikanten“ noch einmal auf dieses Problem zurückkommen.

Ich möchte nunmehr in der Analyse sinnhafter „Kausal“-Zusammenhänge noch einen Schritt weitergehen als Habermas. Searle hat auf den für die Sozialwissenschaften zentralen Sachverhalt hingewiesen, daß - außer in Fällen völlig reflexhaften Verhaltens - der intentionale Gehalt, den wir oder ein anderer Handelnder als Erklärung für das Handeln angeben, *ursächlich* für die Konsequenzen des Handelns ist. Nicht nur für die Psychoanalyse, sondern generell für Handeln gilt also, daß wir sinnhafte Zusammenhänge in Formulierungen erfassen, die „gleichzeitig die Bedingung einer kausalen Hypothese und einer Interpretation“ erfüllen. Die Fälle unbeabsichtigter Folgen des Handelns oder die von der Psychoanalyse diskutierten Fälle sind m.E. Spezialfälle dieser Eigentümlichkeit

(Searle 1986², S. 67).[13] Man stelle sich vor, wir würden die Erklärung für die Entstehung eines Erdbebens selbst als ursächlich für dieses Erdbeben ansehen - wir wären sofort in magischem Denken verstrickt. Genau dies ist jedoch im Bereich menschlichen Handelns der Fall: Erklärungen (oder Absichten, Wünsche, Befürchtungen etc.) können *ursächlich* sein. So gesehen sagen uns, wie Searle (ähnlich wie Weber) betont, statistische Zusammenhänge, etwa zwischen Einkommens- oder Bildungsvariablen u.ä. und Wahlverhalten absolut nichts darüber (selbst wenn sie statistisch valide wären), warum z.B. bestimmte Individuen eine bestimmte Partei wählen. Eine statistische Kausalanalyse ohne gleichzeitige Untersuchung der Gründe und Motive (allgemeiner der Sinnzusammenhänge) dürfte somit ein weitgehend unfruchtbares Unterfangen sein, unfruchtbar deshalb, weil eine derartige Analyse den eigentlichen Ursachen äußerlich bliebe.

Doch zurück zur Psychoanalyse. Für die von der Psychoanalyse untersuchten Fälle ist ja charakteristisch, daß unbewußte „Gründe" und bewußte Handlungen (jedenfalls von der Oberflächenstruktur her) auseinanderfallen. Wie kann man sich diesen Zusammenhang überhaupt vorstellen, wenn man nicht - offensichtlich falsch - mit Zufällen operiert? Sollen wir uns einen verborgenen „Geist", eine unbewußte Intentionalität vorstellen, die diese Verschiebungen, Verdichtungen, Verwerfungen etc. steuert? Wir können uns wahrscheinlich kaum zu einer derartigen dualistischen oder idealistischen Annahme entschließen. Wir können somit an dieser Stelle also unsere Annahme bewußter Kausalität um die Annahme unbewußter Kausalität oder Determination erweitern, eine riskante Annahme, deren Begründung uns noch mehrfach beschäftigen wird.

Ich möchte die bisherige Diskussion zusammenfassen:

1. Die Differenzierung zwischen Ursachen und Motiven erscheint mir im Hinblick auf das Problem psychischer Kausalität nicht stichhaltig. Auch Gründe/Motive sind psychisch kausal. Zur Vermeidung von Mißverständnissen und zur klaren Abgrenzung gegenüber einem naturwissenschaftlichen Kausalitätsbegriff möchte ich psychische Kausalität künftig als psychische Determinierung bezeichnen.

2. Wenn wir uns nicht zu der idealistischen Annahme eines „homunculus" innerhalb des menschlichen Geistes entscheiden wollen, müssen wir uns zur Annahme psychischer Determiniertheit entscheiden. Dieser Annahme ist m.E. Freud gefolgt. In dieser Annahme psychischer Determiniertheit sieht auch Adorno (in seiner frühen Arbeit „Der Begriff des Unbewußten in der transzendentalen Seelenlehre", 1927) die entscheidende transzendentale Kategorie des Unbewußten in der Psychoanalyse, die er „Bewußtseinszusammenhang" nennt, nicht im Sinne von „bewußt" vs. „unbewußt", sondern im Sinne eines durchgängigen Zusam-

---

[13] Dies bedeutet, daß wir die Searlesche Formel erweitern müssen: bewußte und unbewußte Sinnstrukturen sind ursächlich für das Handeln.

menhangs der psychischen Phänomene. Auch Freud hat sich mit diesem Problem beschäftigt und gelangt (z.B. in den „Vorlesungen zur Einführung in die Psychoanalyse", 1917, insbes. Teil I) zu der Schlußfolgerung, daß psychische Daten durch diesen sinnhaften Zusammenhang (als sinnhafter „Determinismus") bestimmt sind und damit, ähnlich wie Beobachtungsdaten, präzise bestimmt werden können. Folgt man dieser Überlegung, so kann man nicht mehr naturalistisch oder präsenzhaft von unbewußten Wünschen oder Motiven sprechen, sondern nur noch von einem unbewußten Determinationszusammenhang, der letztlich auf eine nicht mehr rekonstruierbare „Leerstelle" verweist. Wir werden uns später noch ausführlich mit der Frage beschäftigen, welchen erkenntnistheoretischen Status diese Leerstelle besitzt.

Damit haben wir einen ersten Schritt getan (wir werden später sehen, daß noch erhebliche Erweiterungen bzw. Korrekturen erforderlich sind), um das Terrain der Psychoanalyse und das eigentümliche Wissenschaftsverständnis dieser Disziplin zu erschließen. Es geht in ihr zum einen nicht per se um Natur, also z.B. um die organische Triebbasis, sondern (1) um vorsprachliche Sinnstrukturen einschließlich der Vorläufer reziproker und logischer Handlungsstrukturen; und (2) um sprachliche Sinnstrukturen, d.h. es geht um Lebenspraxis in ihren bewußten und unbewußten Sinnzusammenhängen. Die Feststellung von Habermas, die „Metapsychologie" der Psychoanalyse sei die „Theorie der Umgangssprache" ist somit insoweit zu korrigieren, als die vorsprachlichen Interaktions- und Sinnstrukturen ebenfalls konstitutiver Bestandteil der Psychoanalyse sind. Da die „Metapsychologie" der Psychoanalyse semiotischer Natur ist, erhält sie zugleich eine klare wissenschaftliche Basis. Sie muß sich in ihren metatheoretischen, theoretischen und methodischen Aussagen an den Erkenntnissen der Semiotik oder, da wir es hier auch mit nichtsprachlichen Zeichen zu tun haben, an den Erkenntnissen der *Semiologie* messen lassen.

Hier taucht nun das Problem auf, wie die Psychoanalyse mit Strukturen umgeht, denen nicht nur das Merkmal der Sprachlichkeit, sondern das Merkmal vorsprachlicher reziproker und/oder logischer Strukturen fehlt. Derartigen Strukturen scheint der Charakter der Semiologie zu fehlen. Die leibgebundene Erfahrung der Lust oder der Aggression ist (im bisher gebrauchten Sinne) nicht semiologisch, ebenso wie die leibliche Erfahrung des Säuglings in den ersten Lebensmonaten. Daß Lust oder Aggression auch sinnhaft vermittelt sein kann und insoweit einen semiologischen Effekt darstellt, löst das Problem keineswegs. Der Begriff der Semiologie muß vielmehr erweitert werden - und wir haben oben gesehen, daß Derrida unter Bezugnahme auf das frühe Werk Freuds einen interessanten und vielversprechenden Versuch in diese Richtung unternommen hat. Grundelement jeder Semiologie ist die Differenz; Sinn und Sprache konstituieren sich ausschließlich über Differenzen (deren kleinste Einheit in der Sprache der Buchstabe ist). Auch leibgebundene Erfahrungen konstituieren sich über Differenzen und in Verbindung damit: über Zeitlichkeit. So ist, wie erwähnt, keine singuläre (und das heißt: präsenzhafte) Wahrnehmung etwa von Schmerz möglich, sondern immer nur: Schmerz in Differenz zu Nicht-Schmerz, zu Wohlbefinden, zu Freude, zu Ärger etc. In diesem erweiterten Verständnis reduziert sich Semiologie auf die Dualität von Sinn und Zeitlichkeit, die sich beide objektiv über das Grundphänomen der Differenz konstituieren. Damit wird die wissenschaftliche Basis der Psychoanalyse erweitert um den Grenzbereich zwischen Physiologie und Semiotik im engeren Sinne. Die Untersuchung der vorsprachlichen Entwicklung des Säuglings, wie sie etwa bei Spitz, Mahler, D. Stern oder, zusammenfassend, bei Dornes, dokumentiert ist, hat einen Weg in die Richtung gezeigt. Psychosomatische Forschung könnte ein weiterer sein.

Ich möchte im Anschluß an diese Überlegung eine weitere theoretische Grundannahme der Sozialpsychologie formulieren, die als spezieller Beitrag der Psychoanalyse zur Sozialpsychologie zu verstehen ist:

(1) Neben bewußten existieren unbewußte Sinnzusammenhänge. Unbewußte Sinnzusammenhänge sind ein Spezialfall latenter Sinnzusammenhänge. Sinnzusammenhang bedeutet Determination (insofern „kausale Wirksamkeit"), zugleich aber die Möglichkeit der Emergenz des Neuen.

(2) Der Zusammenhang zwischen bewußten und unbewußten Sinnzusammenhängen kann selbst nur durch Rekurs auf Sinn-"Zusammenhänge" verstanden und damit „erklärt" werden.

(3) Der Rekurs auf Sinn bzw. Semiotik zeigt, daß auch das Phänomen der Zeitlichkeit notwendig eine konstitutive Rolle spielt.

Ich möchte zum Abschluß noch eine Anmerkung zum hier verwendeten Begriff von „Kausalität" machen. Kritische Leser/innen haben sich wahrscheinlich längst gefragt, ob mit diesem Begriff nicht die Grenzen zum klassischen naturwissenschaftlichen Begriff von „Kausalität" bzw. zum empirisch-analytischen Begriff von Kausalität, wie er auch von den Sozialwissenschaften verwendet wird (Popper, Hempel), verwischt wird. Ich möchte diesem Einwand Rechnung tragen, indem ich einige Punkte hervorhebe, in denen sich der hier verwendete Begriff von Kausalität vom naturwissenschaftlichen Verständnis unterscheidet. Der Einfachheit halber werde ich im folgenden von Kn (naturwissenschaftlich) bzw. von Ks (Kausalität von Sinnstrukturen) sprechen.

1. Ks hängt vom Gesamtkontext des Einzelfalles und dessen internen Strukturen ab. Es handelt sich gewissermaßen um das komplexe sinnhafte „In-der-Welt-sein" eines Phänomens. Was und in welcher Weise aus diesem Gesamtkontext

für den Einzelfall relevant ist, hängt von der internen Struktur des Einzelfalls und dessen Beziehung zum Kontext ab, gewissermaßen von dessen „autopoietischer" Differenzierung zwischen „System" und „Umwelt" (insoweit ist die Theorie autopoietischer Systeme ein wichtiger Beitrag zum Verständnis von Ks). Dieses Verhältnis von sinnhafter interner Struktur („System") zu einem selektiv verarbeiteten Kontext („Umwelt") ist charakteristisch für Ks und liegt im Falle von Kn nicht vor. Ich hätte deshalb keine Einwände, für Ks den Luhmannschen Begriff der Selbstreferentialität zu verwenden, also einen Begriff, der wiederum auf den Begriff des Sinns verweist.

2. Ks gilt deshalb nur für Einzelphänomene („Individualgesetzlichkeiten"), also für bestimmte Individuen, Institutionen, Gesellschaften etc. Bei einzelfallübergreifender Analyse sollte man deshalb sinnvollerweise von Generalisierungen, Typen etc. sprechen. Soweit wir später, im Kontext der Psychoanalyse von „notwendigen Bedingungen" u.ä. sprechen, bewegen wir uns nicht im Bereich von Kn, sondern operieren mit Abstraktionen bzw. Generalisierungen im Bereich von Ks.

3. Ks unterliegt in ganz anderer Form der Zeitlichkeit als Kn. Die typische Zeitdimension von Kn ist ein linearer Ablauf: auf a folgt b. Die typische Zeitdimension von Ks ist die der Nachträglichkeit. Dies bedeutet, daß alle Informationen, die in einem bestimmten System gespeichert sind, allein dadurch, daß das System neue Informationen aufnimmt, ihre Bedeutung verändern können und dies in der Regel auch tun. Wir haben es hier mit der ausschließlich für Ks zutreffenden zeitlichen Rekursivität bzw. Retroaktivität zu tun. Natürlich können auch im Bereich von Kn retrospektiv Daten anders interpretiert werden. Damit liegt aber selbst ein Fall von Ks vor. Wir haben es im Bereich von Ks mit dem besonderen Phänomen zu tun, daß Interpretationen unmittelbar Wirkungen erzeugen. Dies ist offenkundig besonders für die Logik der Psychoanalyse von Bedeutung: aufgrund der durch die Nachträglichkeit bedingten Form der Zeitlichkeit kann es in ihr nicht um die Rekonstruktion bestimmter zurückliegender Ereignisse gehen, sondern immer nur um Konstruktionen aus der Perspektive des „hier und jetzt". Ebensowenig sind hier im strikten Sinne Prognosen möglich.

4. Diese Überlegungen zeigen auch, daß Ks bzw. die damit verbundene Determination die Emergenz des Neuen nicht ausschließt, sondern gerade erst möglich macht. Daß es determinierende Zusammenhänge gibt, ist, in Verbindung mit dem Phänomen der Nachträglichkeit, die logische Voraussetzung für Neues. Es ließe sich ohne diesen Bezug gar nichts als Neues fassen. Auch hier liegt eine Differenz zwischen Ks und Kn vor.

Es ist somit unumgänglich, am Begriff der „Kausalität" bzw. der „Determination" im Bereich sinnhafter Phänomene festzuhalten, und zwar aus dem einfachen

Grund, daß anders eine sinnhafte Zuordnung von Ereignissen gar nicht möglich wäre. Wir müßten anderenfalls auf Kategorien wie „Zufall“ oder „creatio ex nihilo“ zurückgreifen, was das Folgeproblem aufwerfen würde, daß wir die Ereignisse damit geradezu aus dem Zusammenhang herausreißen würden, in den wir sie einordnen wollen. Da trotz dieser Differenzierung von Kn und Ks die Gefahr einer terminologischen Vermischung der beiden begrifflichen Bereiche besteht, möchte ich im folgenden von „Determiniertheit der Sinnstrukturen“, ggf. auch von „Selbstreferentialität“ sprechen.

Ohne diesen Punkt hier näher ausführen zu können (er würde einen längeren philosophisch-erkenntnistheoretischen Exkurs erfordern), sei hier abschließend eine weitere Differenzierung zwischen Ks und Kn vermerkt. Ich hatte bereits darauf hingewiesen, daß Kn der linearen zeitlichen Logik a > b folgt, während Ks durch die zeitliche Logik der Nachträglichkeit und damit der Retroaktivität gekennzeichnet ist. Damit ist für Kn die Kausallogik verbunden, daß auf eine präsente Ursache eine gleichermaßen präsente Wirkung folgt. Im Falle der Nachträglichkeit ist eine *präsente Ursache* jedoch nicht auffindbar. Sondern immer nur die nachträgliche „Umschrift“ einer als solcher unbekannten Ur-Sache. Sie ist als solche empirisch nicht auffindbar, sie besitzt, um mit Kant zu sprechen, *intelligiblen oder noumenalen Charakter*.

3.8 Exkurs: Grünbaums „Widerlegung“ der hermeneutischen Auffassung der Psychoanalyse

Ich möchte abschließend zu diesen theoretischen Erörterungen und als Hinweis auf die in den nächsten Kapiteln ausführlich zu erörternde Methodenproblematik die Thesen von Grünbaum aufgreifen, der die Möglichkeit des hier vorgeschlagenen hermeneutischen Verständnisses der Psychoanalyse und damit auch eines „kausalen Verstehens“ im Sinne von Weber, Searle und Habermas kategorisch bestreitet und generell der hermeneutisch orientierten Psychoanalyse „Szientophobie“ vorwirft. Von den drei Hauptvorwürfen gegenüber einer hermeneutisch verfahrenden Psychoanalyse (vgl. 1988, S. 11-163, insbes. S. 161ff.) scheinen mir die beiden ersten zumindest teilweise berechtigt.

1. Das Paradigma von Naturwissenschaft, das von Vertretern der hermeneutischen Psychoanalyse zugrunde gelegt wurde, sei „ganz und gar anachronistisch“ (a.a.O., S. 161). In diesem Zusammenhang werden von ihm insbes. zwei Punkte betont: Die Vorstellung, nur „Objekte“ könnten im Rahmen kausalanalytischer Beobachtung eine Rolle spielen, sei eine „physikalistische“ Verkürzung des Sachverhalts. Entscheidend für „kausale Relevanz“ sei, daß X für das Auftreten von Y „einen Unterschied“ macht, unabhängig davon, ob X „nun physisch, psy-

chisch oder psychophysisch" ist (a.a.O., S. 126). Wie vor allem die neuere Psychologie zeige, sei eine kausallogische Analyse auch mit Sinnstrukturen, z.B. also mit Motiven, Einstellungsmustern oder Abwehrstrukturen möglich. Von der hermeneutischen Psychoanalyse werde weiterhin fälschlicherweise unterstellt, Kausalerklärungen müßten notwendige und ausreichende Bedingungen bzw. Faktoren liefern. Demgegenüber betont Grünbaum, daß naturwissenschaftlich orientierte Erklärungen fast ausschließlich nur kausal relevante Faktoren ergeben, damit also nur Partialerklärungen bieten. Er verweist in diesem Zusammenhang auch auf Duhems „elementare" Falsifikationstheorie in der Physik, daß nämlich jede Hypothese auf mehreren (Teil-)Lehrsätzen und Hilfshypothesen beruht. Dies bedeutet: Wenn ein hypothetisch prognostiziertes Ereignis nicht eintritt, ist nicht die Theorie per se falsch, sondern lediglich mindestens ein Teil der Theorie.

Der Begriff der „Intentionalität" werde fälschlicherweise dazu benutzt, um zu bestreiten, daß im Rahmen psychoanalytischer Argumentation von „Ursachen" (statt von „Gründen") gesprochen werden könne (etwa bei Toulmin, den Grünberg häufig als Vertreter der Gründe vs. Ursachen-Theorie zitiert). Darüber hinaus sei es erkenntnistheoretisch wie praktisch-therapeutisch problematisch, von einer unbewußten Intentionalität (im Sinne eines unbewußten Verfolgens des ursprünglichen Wunsches oder Triebzieles) zu sprechen. Allenfalls könnte man im Rahmen einer Abwehrstruktur von unterschiedlich „gerichteten" Teilprozessen, wohl kaum von einer übergreifenden unbewußten „Intention" sprechen.[14]

Dies mag für Teile der psychoanalytischen Diskussion berechtigt sein. Das Habermassche Verständnis der Psychoanalyse (das Grünbaum nur am Rande zur Kenntnis nimmt), mehr noch die methodologische Argumentation von Weber und Searle (die Grünbaum ignoriert) zeigen jedoch, daß für Sozialwissenschaft und Philosophie sinnhaftes Verstehen und kausales Erklären, Motiv und Grund keineswegs dichotomisch getrennt werden. Nicht zuletzt verweist Grünbaum selbst darauf, daß der von ihm immer wieder kritisierte Ricoeur in späteren Arbeiten selbst diese Dichotomie zurückgewiesen habe (a.a.O., S. 129). Dogmatisch und falsch wird Grünbaums Kritik darüber hinaus, wenn er mit der Zurückweisung einer „unbewußten Intentionalität" jegliche symbolische oder sprachliche Relevanz von Abwehrstrukturen leugnet (z.B. gemäß Ricoeurs „Semantik des Wunsches", die er als „wertlos" betrachtet; a.a.O., S. 118). Da diese dogmatische Argumentation den gesamten ersten Teil des Buches prägt, soll auf einige seiner Argumente etwas näher eingegangen werden.

[14] Ich bin allerdings der Meinung, daß Grünbaum sich hier irrt. Wie ich später noch zeigen werde, kann man m.E. überhaupt nur von einer „übergreifenden" Intention im Sinne des gesetzmäßigen Zusammenhangs des Unbewußten sprechen.

2. Grünbaum unterscheidet zwei logische Argumentationsformen bzw. entsprechende Zusammenhänge: (1) die Art und Weise, in der die Auswirkung einer Ursache diese offenbart oder als Indiz für diese dienen kann; und (2) die Art und Weise, in der ein linguistisches Symbol seinen Referenten semantisch repräsentiert (a.a.O., S. 117). Am Beispiel von „paranoidem Verhalten" versucht er seine These zu beweisen: „paranoides *Verhalten* kann ein *Ersatzventil* für verdrängte Homosexualität sein, aber es ist auf keinen Fall eine verbale Kennzeichnung dafür" (ebd.; hvg. M.C.). Es handle sich um einen Bewältigungsversuch, keine Mitteilung. Grünbaum versucht seine Argumentation am Beispiel des Freudschen Verständnisses von Paranoia zu demonstrieren. Aus dem homosexuellen „Ich liebe dich" wird (unter dem Druck von Tabuisierung und Angst) „Ich hasse dich" und aus diesem (da die Reaktionsbildung nicht ausreichend ist) ein „Er haßt mich" (a.a.O., S. 134). Wie immer man diesen Transformationsprozeß als „kausal" (Grünbaum spricht von einem „kausalen Vermittlungsmechanismus") verstehen kann: auch Grünbaum kann nicht bestreiten bzw. demonstriert im Grunde auch, daß es sich um einen symbolischen Prozeß handelt, da der Patient nicht einfach mit Kopf- oder Rückenschmerzen reagiert. Wenn Grünbaum nun im Anschluß an diese Darstellung schreibt, die entsprechende Verbindung (Verdrängung der homosexuellen Wünsche - paranoide Symptomatik) sei „unlogisch", so mag dies zutreffend sein, ist jedoch völlig irrelevant für die zu entscheidende Frage.

Entscheidend ist vielmehr, daß nachvollziehbare symbolische Transformationen stattfinden (und nicht einfach physikalische oder somatische „Ereignisse"), daß diese Transformationen psychisch determiniert sind und daß nur auf diese Weise das Symptom entsteht. Medium dieser Transformation sind symbolische Elemente, die von den Subjekten nicht „erfunden" werden, sondern, wie die Sprache selbst, ihnen zur Verfügung stehen. Auch wenn die paranoide Symptomatik weder eine logisch notwendige noch eine verbal eindeutige „Mitteilung" ist, so ist sie doch auf der Ebene einer präsentativen Symbolik sinnvoll und sinnhaft konstituiert bzw. determiniert. Grünbaums Argument wird auch nicht dadurch überzeugender, daß er sich, mangels einer eigenen gründlichen Analyse, auf R. Shope bezieht, der behauptet, daß bei Freud Symptome lediglich „Anzeichen" für ihre Ursachen seien, ähnlich wie „dunkle Wolken die Erwartung von Regen wecken können" (a.a.O., S. 188). Es gehört zur Logik der diskursiven wie der präsentativen Symbolik, daß sie sowohl als Anzeichen wie als Symbole dienen können (wie z.B. Langer ausgeführt hat: der Name „Herr Mayer" kann sowohl symbolisch die Vorstellung eines entsprechenden Menschen hervorrufen, als auch, als Anzeichen, auf seine unmittelbare Gegenwart verweisen; Langer 1979). Anders formuliert: natürlich kann man das Symptom „Paranoia" kausalanalytisch ohne Inanspruchnahme von Verstehen „erklären", indem man es auf eine äußere Ursache (z.B. eine Zurückweisung) unter Berücksichtigung ggf. intervenierender Variablen zurückführt. Von der inneren Logik des Phänomens Paranoia als einem sinnhaft determinierten Phänomen, das auf bestimmten symbolischen Transformationen, einer bestimmten Selbstreferenz beruht, hat man damit kaum etwas verstanden. D.h. „Paranoia“ ist - im Sinne Max Webers - erst dann wirklich erklärt, wenn es als Phänomen auch verstanden ist.

Um ein weiteres Beispiel anzuführen: Die verbale oder materiale präsentative Symbolik des Künstlers ist logisch kontingent gegenüber ihrem Referenten (sofern überhaupt von einem „Referenten“ gesprochen werden kann), sie ist aber gleichwohl sinnhaft und wohl kaum „kausal“ durch ihren Referenten bestimmt. Dasselbe gilt für das von Grünbaum ausführlich diskutierte Beispiel der Fußspur im Sand, die von Grünbaum als Anzeichen diskutiert wird (und damit seiner Ansicht nach eine Analogie zu Freuds Verständnis des Symptoms darstellt). Grünbaum übersieht, daß nicht die Materialität eines Ereignisses oder Objekts seine Qualität als Symbol oder Anzeichen ausmacht, sondern ausschließlich ihr Verwendungszusammenhang. So kann die Fußspur im Sand eine intendierte Botschaft für andere oder, in entsprechender Kontextualisierung, ein ästhetisches Objekt, d.h. ein präsentatives Symbol sein. In diesem Sinne wäre die Fußspur eben nicht Indiz oder Anzeichen einer Ursache, sondern ein Symbol.

Psychische Symptome sind Ergebnisse symbolischer Transformationen (die wir als determiniert verstehen müssen), die in ihrer präsentativen symbolischen „Gestalt“ interpretiert und entschlüsselt werden müssen. Symbolische - im weiteren: semiotische - Transformationen können auch von jedem kompetenten Sprecher nachvollzogen werden; darüber hinaus gibt bei „ungewöhnlichen“ Transformationen (z.B. Dichtung, Rhetorik, Psychopathologie) der jeweilige Kontext Aufschluß über die besondere Bedeutung. Die Verschiebung z.B. der Angst des „kleinen Hans“ vom Vater auf das Pferd, die Wahnvorstellungen des Paranoikers oder die unbewußte Wiederholung von Kindheitserfahrungen im Erwachsenenleben, all dies sind möglicherweise „logisch kontingente“, mit Sicherheit aber symbolische Figurationen, die innerhalb des therapeutischen Prozesses verstanden werden müssen, wenn die Abwehr aufgelöst werden soll. Eine spezifische, durch symbolische Transformation konstituierte Ätiologie (im Gegensatz zu einer reinen Klassifikation des Kausalzusammenhangs zwischen Abwehr und Symptom) und eine entsprechende, am Verstehen orientierte Anwendung dieser Ätiologie ist nur auf diese Weise möglich.

Schief an der ganzen Grünbaumschen Diskussion ist letztlich, daß Grünbaum übersieht, daß in den Sozialwissenschaften eine angemessene „Erklärung“ ohne Gründe oder Motive nicht möglich ist. Oder, mit den Worten von Searle, hier finden wir den singulären Sachverhalt, daß Gründe, Absichten, Motive etc. selbst kausal sind. Searle hat dies an dem einfachen Beispiel verdeutlicht, daß eine Verabredung „kausal“ für das Zustandekommen der Verabredung ist. Daß derartige

„Erklärungen" selbst unlogisch sein können bzw. symbolischen Transformationen unterliegen, ändert nichts an diesem Sachverhalt. Das „Anzeichen"-Argument unterschlägt die konstitutionslogische Dimension menschlichen Handelns. Damit ist das zweite Teilargument von Grünbaum widerlegt.

Es ist also zwingend erforderlich, neben dem von Grünbaum verwendeten szientistischen bzw. naturwissenschaftlichen Kausalbegriff (Kn) im Bereich der Sozialwissenschaften einen zweiten Kausalbegriff, nämlich den der sinnhaften Determination oder Selbstreferenz (Ks) zu verwenden.

3. Mit dieser Widerlegung ist auch das dritte Argument von Grünbaum gegenstandslos, daß nämlich ohne ihre „szientophoben Mythen" die hermeneutische Auffassung der Psychoanalyse „nutzlos" sei. Sie ist im Gegensatz, als integraler Bestandteil einer vollständigen Erklärung der Symptome, notwendiger Bestandteil der Psychoanalyse. Grünbaum hat die Psychoanalyse vielmehr szientistisch halbiert. Grünbaums These vom Anzeichencharakter der Symptome darf als gescheitert angesehen werden. Symptome sind symbolische Konstellationen, deren Besonderheiten auf sinnhaft determinierte Transformationsprozesse zurückzuführen sind, die wesentlich durch Abwehrprozesse bedingt sind.

4 Reflexionen über die Methodologie der Sozialwissenschaften (I): Das Beispiel der Psychoanalyse

4.1 Psychoanalyse als Beispiel des „Sinn-Paradigmas“ der Sozialpsychologie: Die Suche nach dem Unbewußten

Im Anschluß an die bisherigen Überlegungen werde ich in den folgenden Kapiteln auf zwei methodologische Paradigmen sozialwissenschaftlicher - und damit auch sozialpsychologischer - Forschung zu sprechen kommen: das „szientistische“ und das „Sinn“-Paradigma. Ich möchte beide Paradigmen deshalb noch einmal kurz skizzieren (die weitergehende Unterscheidung ist dem folgenden Kapitel vorbehalten).

1. Im szientistischen Paradigma werden Sinnstrukturen (z.B. Motive, Dispositionen etc.) in einem quasi-naturwissenschaftlichen Sinne wie „Dinge“, d.h. weitgehend unabhängig von ihrem sinnhaften Kontext behandelt. Der zugrundegelegte Kausalbegriff beruht auf Beobachtung, ist experimentell bzw. prognostisch.

2. Im Sinn-Paradigma werden Phänomene in ihrem sinnhaften (und das bedeutet auch: zeitlichen) Kontext verstanden und expliziert, d.h. im Rahmen ihres Systems und dessen Umwelt verstanden. Angestrebt wird eine möglichst weitgehende Explikation des Einzelfalls. Der zugrundegelegte Kausalitätsbegriff richtet sich auf die sinnhafte Determination innerhalb der Struktur des Einzelfalls, womit impliziert ist, daß alle Ereignisse gemäß der autopoietischen Struktur des Einzelfalls verarbeitet werden. Unter „Einzelfall“ verstehen wir dabei in der Regel ein psychisches oder soziales System. Auf die Kategorie der „sinnhaften Determination“ kann im Rahmen des Sinn-Paradigmas nicht verzichtet werden, da sonst auf Kategorien wie „Zufall“ oder „creatio ex nihilo“ zurückgegriffen werden müßte. Das Sinn-Paradigma schließt „Experimente“ nicht aus, es handelt sich dabei aber notwendig stets um ein Experiment im Rahmen eines Einzelfalls. Prognosen sind aufgrund der Phänomene der Emergenz und der Nachträglichkeit nur bedingt möglich.

3. Die Problematik empirischer Gültigkeit der Ergebnisse im Sinne einer Generalisierbarkeit ist in beiden Paradigmen gewissermaßen spiegelbildlich ineinander gelagert. Während im szientistischen Paradigma Generalisierung auf der Basis einer problematischen Entkontextualisierung der Phänomene stattfindet, erfolgt

sie im Bereich des Sinn-Paradigmas auf der Ebene problematischer Verallgemeinerung von kontextgebundenen Einzelfällen.

Daß Theorie und Methode ihrem Gegenstand angemessen sein müssen, ist ein Gemeinplatz der methodologischen Diskussion. Weniger evident ist dagegen das wechselseitige Konstitutionsverhältnis von Theorie und Daten. Wechselseitige Konstitution von Theorie und Daten meint dabei zweierlei:

1. Bestimmte Daten können zwangsläufig nur in bestimmten theoretischen Zusammenhängen auftauchen bzw. möglicherweise bereits vorhandene Informationen werden durch diese Theorie erst zu wissenschaftlichen Daten.

2. Bestimmte (allerdings interpretierte) Daten üben gewissermaßen einen logischen Zwang in Richtung Theoriekonstruktion aus bzw. erzwingen die Veränderung von bereits bestehenden Theorien.

So konnte z.B. im Rahmen des geozentrisch-ptolemäischen Systems die Rotation der Erde um die Sonne notwendig kein wissenschaftliches Datum sein, obwohl sie im Rahmen des heliozentrischen Systems ebenso notwendig ein derartiges Datum wurde. Es ist das Verdienst von Thomas S. Kuhn und seiner Theorie der „Struktur wissenschaftlicher Revolutionen“ (Kuhn 1976), auf diesen Zusammenhang der wechselseitigen Konstitution von Theorien und Daten hingewiesen zu haben. Damit wird die herkömmliche Trennung von „Entdeckungs-“ und „Begründungszusammenhang“ problematisch, ebenso wie die Vorstellung einer unmittelbaren Prüfung von Theorie „an der Natur“. Kuhn vertieft diesen Zusammenhang mit zahlreichen Hinweisen darauf, daß Theorien - auch nachweisbar falsche - immer in gewissem Umfang mit den „Daten“ übereinstimmen. Am Beispiel des ptolemäischen Systems führt er aus: „Kein anderes System des Altertums hatte so gut funktioniert. Für die Fixsterne wird die ptolemäische Astronomie heute noch weitgehend als technische Näherung verwendet; für die Planeten waren die Voraussagen des Ptolemäus ebenso gut wie die des Kopernikus. Aber bewundernswert erfolgreich zu sein bedeutet bei einer wissenschaftlichen Theorie niemals, vollkommen erfolgreich zu sein“ (a.a.O., S. 81). Das Ausmaß der als notwendig erachteten Übereinstimmung mit den Daten bzw. die Toleranz für anormale oder widersprechende Fälle ist dabei jeweils ein Problem der Übereinkunft in der „scientific community“.

Die auf diese Überlegungen aufgebaute Kuhnsche These vom „Paradigmenwandel“ in den Wissenschaften (anstelle einer stetig fortschreitenden Akkumulation wissenschaftlicher „Wahrheit“) ist auch für unsere folgende Beschäftigung mit der Psychoanalyse von Relevanz. Gewissermaßen aus der Vogelperspektive des Paradigmenkonzepts läßt sich nämlich erkennen, daß es Freud nicht darum ging, die ungelösten Probleme des szientistischen Paradigmas bei der Erklärung von

Fehlleistungen, Träumen und psychopathologischen Phänomenen (und den entsprechenden physiologischen, genetischen etc. Theorien) zu klären. Obwohl er häufig seinen Ausgangspunkt bei diesen ungelösten Problemen nahm, ging es ihm um etwas entscheidend anderes: um die Etablierung eines neuen, d.h. des „Sinn-Paradigmas" im Bereich dieser Phänomene. M.a.W.: Freud deckte die manifesten und latenten Sinnstrukturen auf, die diesen Phänomenen zugrunde lagen. Dies bedeutete zwangsläufig auch neue methodologische und methodische Orientierungen, die mit denen des alten Paradigmas schlechterdings unvereinbar waren. Neue Problemstellungen erforderten neue Methoden - womit wir unmittelbar beim Thema wären, das uns im folgenden beschäftigen wird.

Ich möchte nunmehr die theoretischen, methodologischen und methodischen Operationen skizzieren, mit denen Freud die Psychoanalyse als ein neuartiges, ja revolutionäres Beispiel des Sinn-Paradigmas dem damals vorherrschenden, tendenziell szientistischen Paradigma der akademischen Psychologie seiner Zeit entgegensetzte. Da Freud diesen Prozeß mit maximaler Deutlichkeit in seinen „Vorlesungen zur Einführung in die Psychoanalyse" (1917) dargestellt hat, möchte ich mich hier auf diesen Text beschränken. Zugleich möchte ich mich auf die Beispiele Fehlleistungen und Traum beschränken, da das Wesentliche der neuen Wissenschaft bereits hier deutlich wird und darüber hinaus Probleme der Psychopathologie in den folgenden Abschnitten noch ausführlicher behandelt werden.

Freuds Ausgangspunkt bei den Fehlleistungen wie beim Traum ist zunächst Theorie- bzw. Paradigmakritik. Obwohl beide Phänomene für die damalige psychologische Forschergemeinde ohne größere Bedeutung waren (sie seien von den Wissenschaften „als allzu geringfügig beiseite geworfen" worden, als „Abhub der Erscheinungswelt" betrachtet worden; a.a.O., S. 51), gab es dennoch eine Reihe von Erklärungsversuchen. Im Falle der Fehlleistungen waren dies zunächst physiologische bzw. psycho-physiologische Theorien, die Fehlleistungen durch „Unwohlsein und Zirkulationsstörungen" bzw. durch „Erregung, Ermüdung, Ablenkung" zu erklären versuchten (a.a.O., S. 53). Freud hat wenig Mühe nachzuweisen, daß dieser Ansatz, den er als „Aufmerksamkeitstheorie" bezeichnet, einen großen Teil der in Frage stehenden Phänomene nicht erklären kann, daß nämlich Fehlleistungen gerade auch bei großer Aufmerksamkeit geschehen bzw. daß andererseits viele Tätigkeiten „rein automatisch, mit sehr geringer Aufmerksamkeit ... und dabei doch ganz sicher ausgeführt werden" (a.a.O., S. 54).

In ähnlicher Weise kritisiert Freud einen psycho-linguistischen Ansatz (Meringer und Mayer 1895, zit. nach Freud 1917), der sogenannte „Vor-" bzw. „Nachklänge" in den Mittelpunkt stellt (ein Nachklang wäre dieser Theorie zufolge: „Ich fordere Sie auf, auf das Wohl unseres Chefs aufzustoßen."; a.a.O., S. 57). Der Ansatz geht davon aus, daß Laute und Silben verschiedene Wertigkeiten besitzen und daß „die Innervation eines hochwertigen Elements die der minderwertigen störend beeinflussen kann". Freud hält diese Erklärung für „besonders unzulänglich", weil sie für die Mehrzahl der Fehlleistungen, bei denen ein Wort durch ein anderes, ähnliches ersetzt wird, „nicht in Betracht" komme (ebd.). Ich möchte im folgenden die wichtigsten Schritte darstellen, mit denen Freud sein eigenes Verständnis der Fehlleistungen verdeutlicht.

1. Freuds entscheidender Schritt ist, daß er bei Fehlleistungen (wie auch später dem Traum) zunächst einmal hypothetisch einen „Sinn" der Fehlleistung unterstellt. Was heißt für Freud, die Fehlleistung hat einen „Sinn"? „Nun, er will sagen, daß der Effekt des Versprechens vielleicht ein Recht darauf hat, selbst als ein vollgültiger psychischer Akt, der auch sein eigenes Ziel verfolgt, als eine Äußerung von Inhalt und Bedeutung aufgefaßt zu werden" (a.a.O., S. 58). Freud erweitert die Inanspruchnahme des Sinn-Paradigmas also gleichzeitig um die Dimension eines „latenten" Sinns, m.a.W., er geht davon aus, daß ein an der Oberfläche verzerrter oder entstellter Text eine latente Dimension besitzt, die diese Entstellung wieder in den Kontext sinnvoller Äußerungen einrückt.

2. Wie ist es nun möglich, diesen Sinn festzustellen? Freud unternimmt zu diesem Zweck einen weiteren, scheinbar trivialen, aber methodologisch und methodisch bedeutsamen Schritt. Wir nehmen, wie Freud es formuliert, einen „Eingriff" vor, der in einer Reihe von Fällen auf „einfache und sichere Weise" zum Erfolg führt, d.h. wir fragen den Redner. Um eine bekannte, von Freud analysierte Fehlleistung aufzugreifen: wir fragen den Redner nach der Bedeutung seines Versprechers, daß gewisse Dinge „zum Vorschwein" gekommen seien. Er wird uns dann möglicherweise mitteilen, daß er tatsächlich zunächst dachte, daß es sich eigentlich um eine „Schweinerei" handle. Freud fährt fort: „Und nun sehen Sie, dieser kleine Eingriff und sein Erfolg, das ist bereits Psychoanalyse und das Vorbild jeder psychoanalytischen Untersuchung" (a.a.O., S. 69; hvg. M.C.). Diese Form der Befragung folgt eindeutig einem anderen Modell als dem der Beobachtung oder standardisierten Befragung: der Redner wird vielmehr von Freud als kompetenter Sprecher, als Informant bezüglich eines Stückes seiner Lebensgeschichte betrachtet (sinngemäß: Ja, die Dinge, die ich erlebt habe, sind eigentlich eine Schweinerei!). Freud unterscheidet drei Gruppen von Befragungssituationen:

1. Die eben geschilderte, gewissermaßen die „Standardsituation".

2. Die Situation, daß von dem Sprecher die unterdrückte Tendenz „als diejenige anerkannt wird", die unterdrückt wurde. „Er akzeptiert also unsere Deutung seines Versprechers" (a.a.O., S. 84). Hier deutet sich bereits an, daß der Sprecher mehr ist als narrativer Informant: er ist zugleich ein Dialogpartner, der eine Deutung akzeptiert oder möglicherweise zurückweist.

3. Der Redner lehnt die Deutung und die Existenz der unterdrückten Tendenz ab. Hier bleibt zunächst nur die Möglichkeit, die Tendenz aufgrund von „Indizien“ (z.B. Begleitumstände, späteren Ereignissen) zu erschließen (a.a.O., S. 72). Immerhin, so Freud, würde auch die „Rechtspflege“ nicht auf Indizienbeweise verzichten. Und, so fügt er, ganz im Sinne der skizzierten Paradigma-Problematik hinzu, es sei ein Irrtum zu glauben, „daß die Wissenschaft aus lauter streng bewiesenen Lehrsätzen beruht“ (ebd.). Am Beispiel der Traumdeutung werden wir sehen, wie Freud seine Methode und Methodologie im Hinblick auf diese Problematik erweitert.

Freud nimmt den Einwand ernst, daß die „Auskunft der befragten Person „nicht völlig beweiskräftig sei“ (a.a.O., S. 70). Es bestehe ja die Möglichkeit, daß der Befragte „das erste, beste, was ihm einfalle“, sage. „Es hätte ihm auch etwas anderes einfallen können, was ebenso gut und vielleicht besser gepaßt hätte“ (ebd.). Freud antwortet mit dem Argument, daß jedermann etwa bei einem chemischen Versuch das gemessene Gewicht akzeptiert, während dies bei einer „psychischen Tatsache“ häufig nicht akzeptiert wird mit dem Einwand, es hätte auch anders sein können: „Es ist merkwürdig, wie wenig Respekt Sie im Grunde vor einer psychischen Tatsache haben“ (ebd.). Gegen die „Illusion einer psychischen Freiheit“ vertritt Freud die These eines psychischen Determinismus, der gerade auch bei beabsichtigten und unbeabsichtigten „Täuschungsmanövern“ zur Geltung kommt. Auch diese Manöver folgen einer bestimmten Absicht. Ich habe dieses Argument Freuds auch deshalb hervorgehoben, weil auch heute noch die angebliche Unsicherheit narrativer Auskünfte oder Befragungen von Vertretern quantitativer Verfahren ins Feld geführt wird. Die These des psychischen Determinismus macht deutlich, daß alle „Auskünfte“ der Befragten ernstzunehmende wissenschaftliche Daten sind (daß diese Daten aber auch nur in dem jeweiligen Untersuchungskontext bedeutungsvoll sind). Darüber hinaus - und das ist vielleicht noch entscheidender - ist nicht zu sehen, weshalb die Daten standardisierter Befragungen valider sein sollen als narrative Befragungen oder Auskünfte. Der angeblich zuverlässige Weg der quantitativen Forschung wirft, wie ich noch ausführlich darstellen werde, mehr Problem auf, als er lösen kann.

Der theoretische Ertrag von Freuds Diskussion der Fehlleistungen ist eine „dynamische Auffassung der seelischen Erscheinungen“, eine Auffassung, die Erscheinungen nicht nur beschreibt, sondern sie als „Anzeichen eines Kräftespiels der Seele“ begreift (a.a.O., S. 86). Es handelt sich bei Fehlleistungen genauer um die „Interferenz“ zweier Intentionen, einer, die gestört wird, und einer Störenden. Am Beispiel des „Vorschweins“: Die Intention, „Vorschein“ zu sagen, wird gestört durch die Intention, „Schweinerei“ zu sagen. Komplizierend kommt hinzu, daß die störende Intention „Schweinerei“ selbst gestört sein muß, da sie ansonsten ja zum Ausdruck kommen würde; sie muß in einer noch genauer zu bestimmenden Weise „unterdrückt“ worden sein. Fehlleistungen sind somit - und damit nimmt Freud das zentrale Charakteristikum des Traumes als auch der psychoneurotischen Symptome vorweg - seelische „Kompromißergebnisse“ (a.a.O., S. 84). Auch ohne daß Freud die oben beschriebene dritte Situation (Zurückweisung der Deutung) näher klären muß, kann er am Beispiel der Fehlleistungen zeigen, daß es in einem deskriptiven Sinne „Unbewußtes“ gibt: im Moment der Fehlleistung ist die störende Intention nicht bewußt, weil sie ansonsten ganz unterdrückt werden könnte oder aber sprachlich direkt zum Ausdruck käme.

Ausgehend von dem scheinbar unbedeutenden Phänomen der Fehlleistung und den ungelösten Problemen der akademischen Psychologie, soweit sie sich mit Fehlleistungen beschäftigte, hat Freud gleichsam in einem Atemzug eine neue Methode (Befragung), eine neue Hermeneutik (systematisch verzerrter Sinn an der Oberfläche, ein sinnvoller psychischer Akt in der Tiefendimension), eine neue Theorie (dynamische Auffassung seelischer Erscheinungen) und eine neue Methodologie (die Sinnhaftigkeit zunächst unverständlicher psychischer Phänomene) etabliert. Selbstbewußt konstatiert Freud zu diesen Funden: „Wir haben das Gebiet der psychischen Erscheinungswelt um ein ganz ansehnliches Stück erweitert und Phänomene für die Psychologie erobert, die ihr früher nicht zugeordnet wurden“ (a.a.O., S. 80).

In seinen Überlegungen zum Traum und seiner Deutung folgt Freud derselben Argumentationslinie, so daß hier nur die Punkte erörtert werden sollen, die die Interpretation der Fehlleistungen weiterführen. Wiederum geht Freud auch beim Traum von den Befunden der experimentellen Psychologie seiner Zeit aus. Diese hatten gezeigt, daß Träume bestimmte äußere Reize verarbeiten. So konnte nachgewiesen werden, daß das Klingeln eines Weckers Träume hervorruft, in denen Kirchenglocken läuten, Geschirr zerbricht etc. Auch der Einfluß innerer Reize („Leibreize“) konnte auf diese Weise nachgewiesen werden. Woher jedoch die Träume kommen, die weder auf innere noch auf äußere Reize zurückgeführt werden können, bleibt unklar. Während wir in der Fehlleistung noch ein Stück weit die latente Sinnstruktur erkennen können, bleibt das komplizierte Gewebe der Traumbilder „dunkel“, wir verstehen das Wesen des Traumes noch nicht. Freud resümiert: „Die experimentelle Psychologie hat uns einige sehr schätzbare Angaben über die Bedeutung der Reize als Traumanreger gegeben. Von der Philosophie haben wir nichts zu erwarten ... bei den okkulten Wissenschaften wollen wir doch keine Anleihen machen. So läuft unsere erste Bemühung in voller Ratlosigkeit aus“ (a.a.O., S. 114).

Wieder schlägt Freud das bereits bei der Analyse der Fehlleistungen bewährte Vorgehen ein: theoretische Vorannahmen mit hypothetischem Status und Suche nach einer geeigneten Methode:

1. Wie bei den Fehlleistungen unterstellt Freud zunächst, daß es sich beim Traum um ein sinnvolles psychisches Phänomen handelt, diesmal mit der Erweiterung, die sich bereits dort ankündigte: um ein „unbewußtes" psychisches Phänomen. Freud findet im Bereich der Hypnose die Bestätigung dafür, daß eine derartige Annahme wohlbegründet ist. So führt z.B. der Hypnotisierte während der Hypnose Anweisungen aus, an die er sich später nicht mehr erinnern kann. Wir stoßen hier auf ein Vorgehen, das für Kuhn ein wichtiges Charakteristikum einer Paradigmaveränderung ist: bereits vorliegende Informationen werden aufgegriffen und systematisch in wissenschaftliche Daten transformiert. Freud präzisiert seine Voraannahme, indem er betont, es sei somit möglich, daß der Träumer zwar wisse, was sein Traum bedeutet, „nur weiß er nicht, daß er es weiß, und glaubt darum, daß er es nicht weiß" (a.a.O., S. 117).

2. Zur Weiterentwicklung seiner Methode greift Freud erneut auf seine These des psychischen Determinismus zurück. Auf das Beispiel der Assoziationsexperimente, wie sie damals von der akademischen Psychologie (z.B. von Wundt, aber auch von Jung) unternommen wurden, stützt Freud seine Annahme der psychischen Determiniertheit von Assoziationen. Wenn nun das „bewußte Traumelement" (Freud wird später sagen: „der manifeste Traum") ähnlich wie bei der Fehlleistung der „Ersatz" für etwas Unbekanntes (nämlich „derzeit unbewußt" in einem zunächst deskriptiven Sinne) ist, dann muß die Assoziationskette des Träumers früher oder später zu dem führen, was durch die Traumarbeit entstellt wurde, nämlich zu dem „latenten Traumgedanken" (auf die Technik, wie diese Assoziationen des Träumers zu initiieren bzw. anzuleiten sind, soll hier nicht eingegangen werden).

3. Zum theoretischen Ertrag dieser Überlegungen gehören neben dem Begriff des (deskriptiv) Unbewußten zunächst drei weitere Begriffe. Bereits am Beispiel der Untersuchungen der experimentellen Traumforschung hatte Freud herausgestellt, daß die Umsetzung der äußeren Reize in den Traum mit Hilfe des Mechanismus der Traumarbeit stattfindet. Am Beispiel der Assoziationen zum Traum stößt Freud empirisch auf das Phänomen des Widerstands. Nicht alle Assoziationsketten führen zu dem latenten Traumgedanken, und häufig sind die Assoziationsketten außerordentlich langwierig. Freud prägt die Formel, daß der Widerstand etwas „quantitativ Variables" ist, daß, je größer die Entstellungen durch die Traumarbeit und je länger damit der Weg zum Unbewußten ist, desto größer der Widerstand. Drittens schließlich sind Widerstand und Traumentstellung Ausdruck der Traumzensur. Die Traumzensur ist die Vorwegnahme all derjenigen Prozesse, die später in der Psychopathologie als „Abwehr" verstanden werden. Mit dem Begriff der „Zensur" bzw. der „Abwehr" ist Freud über den Begriff des deskriptiven Unbewußten hinausgelangt und in den Bereich des dynamischen Unbewußten vorgedrungen. Dynamisch unbewußt ist entweder das, was einmal be-

wußt war und verdrängt wurde, bzw. das, was nie die Schranke der Verdrängung überschreiten konnte.

Gleichsam nebenbei hat Freud damit auch das Problem gelöst, daß die von Träumern erinnerten Traumelemente (manifester Traum) häufig sehr fragmentarisch und unzusammenhängend sind. Vor dem Hintergrund seiner These des psychischen Determinismus ist dies jedoch unerheblich, da ohnehin erst eine kürzere oder längere Assoziationskette zum Gesuchten führen wird (auch hier soll nicht auf das technische Problem eingegangen werden, daß sich das Verfahren des assoziativen Zugangs zum Unbewußten seit Freuds Zeiten stark verändert hat).

4. Am Beispiel der Kinderträume (bei Kindern bis etwa 3-5 Jahren) zeigt Freud schließlich, daß es unentstellte Träume gibt. Derartige Träume sind „Wunscherfüllungen". Eine Veränderung gegenüber dem Traumwunsch hat nur insofern stattgefunden, als im Traum die „halluzinatorische Erfüllung" des Traumes gezeigt wird. Der Wunsch und seine Erfüllung als „halluzinatorisches Erlebnis" sind somit für Freud die beiden Hauptmerkmale des Traums (während, wie Freud betont, die „Traumentstellung" nicht zum „Wesen" des Traumes gehört; a.a.O., S. 141ff.).

Freud hat den von der experimentellen Psychologie nicht erkannten „seelischen Reiz" gefunden, der den Traum auslöst: den „unerledigten Wunsch" (a.a.O., S. 141). Derartige Wünsche sind häufig sexueller Natur, sie können aber auch auf Hunger, Ungeduld u.ä. zurückgehen. Das theoretische Modell des Traums fügt sich aus diesen Elementen damit zu einer ähnlichen Konstellation zusammen wie bei der Fehlleistung. Die Tendenz des Schläfers zu schlafen („gestörte Tendenz") wird durch den unerledigten Wunsch („störende Tendenz") gestört. Ähnlich wie bei den Fehlleistungen ist der Traum somit ein „Kompromißergebnis". Man erlebt im Traum die halluzinatorische Aufhebung oder Befriedigung des Wunsches - und schläft weiter. Wird der Wunsch zu nachdrücklich, wacht der Schläfer auf. Der Traum ist somit nicht der „Schlafstörer", sondern der „Schlafhüter" (ebd.).

Ich möchte an dieser Stelle meine Skizze von Freuds Analyse der Fehlleistung und des Traumes abbrechen. Mehr als ein grober Umriß ist an dieser Stelle nicht möglich, zumal es hier auch nicht um eine inhaltliche Kurzfassung der Freudschen Theorie geht, sondern wesentlich darum, wie Freud das szientistische Paradigma der akademischen Psychologie erweitert, umgebaut und schließlich revolutionär verändert hat. Freud setzt bei der begrenzten Problemlösungsfähigkeit des szientistischen Paradigmas der akademischen Psychologie seiner Zeit an und arbeitet sich mit Anleihen bei anderen Wissensbereichen zu dem für ihn zentralen Problem durch: zum Problem des Unbewußten. Gleichzeitig (und notwendig damit verbunden) entwickelt er die Umrisse einer theoretisch, methodologisch und methodisch-praktisch neuartigen Ausgestaltung des Sinn-Paradigmas der Psychologie.

Die von Freud entwickelte psychoanalytische Theorie und Methode scheint mir eine besonders gute Veranschaulichung der Kuhnschen These zu sein, daß neue wissenschaftliche Paradigmen nicht primär durch die Klärung der ungelösten Probleme des älteren Paradigmas entstehen. Ungelöste Probleme gehören, wie ich oben betonte, zwangsläufig zu jedem Paradigma. Mit Kuhns Worten: „Kurz, wenn ein neuer Paradigma-Kandidat von Anfang an dem Urteil praktisch-nüchterner Leute unterläge, dann würden die Wissenschaften sehr wenige größere Revolutionen erleben; und fügen wir noch die Gegenargumente hinzu, die sich aus dem ergeben, was wir die Inkommensurabilität von Paradigmen genannt haben, so würden die Wissenschaften vielleicht überhaupt keine Revolutionen haben“ (1976, S. 168). Im Vordergrund steht für Kuhn damit die Überzeugung, ja der „Glaube“ des Wissenschaftlers, daß das neue Paradigma mit den neuen Problemen fertig wird und daß das alte Paradigma auf diesem Terrain versagt hat.

Entscheidend war für Freud deshalb nicht die begrenzte Problemlösungsfähigkeit der akademisch-experimentellen Psychologie, obwohl er sich auch darauf bezieht. Entscheidend war vielmehr, seit seinen ersten Studien zur Psychopathologie (insbes. zur Hysterie), Freuds Faszination durch bzw. Suche nach dem Unbewußten. Hinzu kommt, daß Freud, insbes. in seiner späteren Entwicklung, die außerklinische Bedeutung des Unbewußten tendenziell höher einschätzte als die klinische. Obwohl Freud bereits Informationen über das Unbewußte vorfand, vereinzelt auch philosophische Überlegungen (z.B. bei Bergson und Hartmann), hat erst Freud diese Informationen systematisch in wissenschaftliche Daten transformiert, ja ein eigenständiges psychologisches Paradigma darauf aufgebaut. Damit lebten die Mehrheit der Vertreter der experimentell-akademischen Psychologie und die Vertreter der Psychoanalyse, wie Kuhn es formuliert, in „verschiedenen Welten“ (etwas, das sich bis heute nicht verändert hat). Vertreter konkurrierender Paradigmen üben ihre „Tätigkeit in verschiedenen Welten aus ... Da sie in verschiedenen Welten arbeiten, sehen die beiden Gruppen von Wissenschaftlern verschiedene Dinge, wenn sie vom gleichen Punkt aus in die gleiche Richtung schauen ... Darum kann ein Gesetz, das einer Gruppe von Wissenschaftlern nicht einmal demonstriert werden kann, einer anderen gelegentlich intuitiv als evident erscheinen ... Gerade weil es ein Übergang zwischen inkommensurablen Dingen ist, kann er nicht Schritt für Schritt von sich gehen, von Logik und neutraler Erfahrungen eindeutig bewirkt“ (a.a.O., S. 161).

Dieser Zwei-Welten-Theorie Kuhns ist auch für die heutige Situation der Psychologie nichts hinzuzufügen, außer vielleicht die Tatsache, daß die Darstellung Freuds in den „Vorlesungen“ eine idealisierte Geschichte ist, gewissermaßen „Science Fiction“. In Wirklichkeit hatte Freud jahrzehntelang mit den verschiedensten Theorien (auch neurophysiologischen) und praktischen Zugängen zur Psychopathologie gearbeitet und gerungen, ehe sich allmählich ein Umriß seiner späteren Theorie abzeichnete. Es handelt sich gewissermaßen um eine Lehrbuchdarstellung in eigener Sache, logisch und konsistent. Die „Wirklichkeit“ bestand, wie etwa der Briefwechsel mit Fließ oder die Auseinandersetzungen mit Breuer zeigen, aus einer Geschichte aus Glauben, Zweifel, Spekulation und Irrtümern. Es dauerte ein halbes Jahrhundert, bis das neue Paradigma trotz aller Anfeindungen (wobei das im Paradigmenkonflikt übliche Argument der „Unwissenschaftlichkeit“ noch eines der harmloseren war) ein Stück weit wissenschaftliche und praktische Anerkennung gefunden hatte. Auf das mit der Psychoanalyse gleichzeitig etablierte Paradigma im Bereich der Psychopathologie möchte ich in späteren Abschnitten eingehen.

Zum Schluß dieser Überlegungen möchte ich noch einmal auf Grünbaums oben referierte antihermeneutische Argumentation zurückkommen. Es zeigt sich jetzt in geradezu trivialer Weise, daß Grünbaum das Freudsche Modell der Datengenerierung (als sinnhafte Rekonstruktion) schlicht ignoriert, weil er sich von vornherein ausschließlich im Terrain des szientistischen Paradigmas bewegt. Innerhalb dieses Paradigmas kann es natürlich nur Ausgangsbedingungen und Ergebnisse, aber keine sinnhaft rekonstruierten Zusammenhänge zwischen beiden geben.

4.2 Zur Differenz zwischen szientistischem und Sinn-Paradigma: Die Kon-Textualität ihrer jeweiligen Wahrheit; erkenntnistheoretische Voraussetzungen der beiden Paradigmen

Zunächst möchte ich einige Überlegungen vortragen, die die bereits angesprochene Differenzierung zwischen Sinn-Paradigma und szientistischem Paradigma deutlicher machen. Diese Differenzierung bedeutet zunächst einmal nicht, daß sich die Vertreter des szientistischen Paradigmas nicht mit Sinn beschäftigen. Die Differenz ist somit nicht Sinn vs. Natur als Gegenstand der wissenschaftlichen Beschäftigung, obwohl natürlich die Vertreter des szientistischen Paradigmas ihre Methodologie und Methode weitgehend von den Naturwissenschaften entlehnt haben. Damit muß auch der Ausdruck „Szientismus“ etwas anders verwendet werden als im Kontext des älteren (logischen) Positivismus.

Der logische Positivismus und seine Vorläufer hatten bekanntlich versucht, der Wissenschaft ein sicheres Fundament und damit verbunden eine „Universalsprache“ zu geben (ein Denkmodell, das, wie wir gesehen haben, auch Lévi-Strauss noch einmal aufgreift), indem sie von der (angeblichen) Sicherheit und Unbezweifelbarkeit einfacher und komplexerer Sinneseindrücke bzw. entsprechender Beobachtungen ausgingen (Mach, Schlick, Carnap, Neurath u.a.). Die Sache wurde bereits dadurch kompliziert, daß es nicht nur wie bei Mach um „Einzelempfindungen", sondern um komplexe Gestaltwahrnehmungen (Schlick, Carnap) ging, ebenso angesichts der Tatsache, daß die komplexen Apparaturen der neueren Naturwissenschaft die Betonung unmittelbarer Sinneseindrücke in Frage stellten. Schließlich hat Neurath alle Versuche, sei es mit „Basis"-, „Elementar"-, „Beobachtungs"- oder „Protokollsätzen" ein sinnlich gewisses Fundament der Wissenschaft zu finden, als Metaphysik, als Suche nach absoluter Gewißheit kritisiert. Er wies, ähnlich wie später Popper mit seiner Kritik an den „Basissätzen" (Popper: die Basis „schwankt"), darauf hin, daß Basissätze letztlich nicht gewisser sind als theoretische Sätze. „Wenn ein Protokollsatz in das existierende Aussagesystem nicht paßt, kann entweder das Wissenssystem unter Druck geraten oder der Protokollsatz angezweifelt werden. Einen logischen Mechanismus, der hier Eindeutigkeit und 'Gewißheit' verbürgen würde, gibt es nach Neurath nicht ... Der einzig 'strenge' Test ist der Test der logischen Widerspruchsfreiheit der Sätze" (Ritsert 1994, S. 28). Diese logische Widerspruchsfreiheit kann jedoch, wie aus den Überlegungen von Neurath hervorgeht, genauso eine scheinbare sein. Wir können an dieser Stelle auch erkennen, mit welcher formalen Eleganz Lévi-Strauss das Problem einer Universalsprache zu lösen versucht. Die Annahme von „Basissätzen" im strengen Sinne wäre für ihn schlechterdings substantialistisch und vorwissenschaftlich, da „Basissätze" differentiell konstituierte Aussagen sind, mithin abhängig von unseren Wahrnehmungs- und Interpretationsmustern.

Diese im Laufe der Entwicklung des logischen Positivismus zunehmenden Selbstzweifel, seine Zweifel an irgendeinem festen wissenschaftlichen Fundament, beleuchten um so schärfer das Ausgangsdilemma des neueren Szientismus im Bereich der Sozialwissenschaften (in dieser veränderten Bedeutung werde ich in Folge den Begriff „Szientismus" verwenden). Er versucht nicht Sinnes-, sondern Sinndaten so zu operationalisieren, daß von den Naturwissenschaften entlehnte Verfahren anwendbar werden (Experiment, statistische Auswertung etc.). Damit wird unmittelbar evident, daß das Problem des logischen Positivismus, wie „gewiß" denn die Sinnes- und Beobachtungsgewißheiten und die darauf aufbauenden Basissätze eigentlich seien, im neueren Szientismus potenziert wird. Aus komplexen Sinnzusammenhängen (Sozialwissenschaft hat es immer mit bereits interpretierten Daten zu tun) werden bestimmte Elemente gewissermaßen herausgeschnitten und - um das Beispiel standardisierter Fragen zu verwenden - zu Fragen und Antworten komprimiert. Alle diese Sinnelemente sind natürlich interpretationsbedürftig, wobei die Interpretation selbst wiederum theorieabhängig ist. Ebenso ist die spezifische Auswahl dieser Sinnelemente interpretationsbedürftig.

Um dies am Beispiel der „F-Skala" im Rahmen der Autoritarismus-Studien von Adorno u.a. (einer im übrigen heuristisch anregenden und handwerklich solide gearbeiteten Untersuchung) kurz zu verdeutlichen: Was rechtfertigt den Ausgang von einer bestimmten Theorie, nämlich der traditionellen psychoanalytischen Theorie (eine andere wurde offenbar nicht in Erwägung gezogen, z.B. die Theorie des Narzißmus), was rechtfertigt die verschiedenen Dimensionen der Ausprägung des „autoritären Charakters" (also z.B. Konventionalismus, autoritäre Unterwürfigkeit, Machtdenken etc.), was rechtfertigt die spezifischen Fragen der Fragebögen (es wären auch andere denkbar), was rechtfertigt eine Skala der Zustimmung bzw. Ablehnung von 1-7 (es wären auch weniger formalisierte Antwortmöglichkeiten denkbar)?[15] Dies ist nicht polemisch gegenüber dieser bestimmten Untersuchung gemeint, sondern soll das generelle Problem beleuchten (im übrigen hat Adorno später selbst diese Kritik in ähnlicher Form vorgetragen). Der „Basissatz" Zustimmung oder Ablehnung auf einer Skala von 1-7 ist durch ein derart komplexes theoretisches Filter hindurchgegangen, daß er nur noch im Rahmen dieser spezifischen Untersuchung Bedeutung besitzt. Fazit: Autoritarismus ist, was die F-Skala mißt. Die unbequeme Schlußfolgerung daraus ist, daß wahrscheinlich bereits kleine Veränderungen des Forschungsdesigns andere Ergebnisse zeitigen würden. Dasselbe gilt, wie durch eine Reihe von Untersuchungen nachgewiesen, beim Versuch der Übertragung des Konzepts der „autoritären Persönlichkeit" auf andere Gesellschaften.

Daß Probleme wie Trennschärfe oder Konstruktvalidität einigermaßen sorgfältig beachtet werden, ändert nichts an dem generellen Dilemma, daß sie nur paradigmainterne Probleme lösen. Daß Adorno und seine Mitarbeiter sich zu einer Ergänzung durch qualitative Verfahren entschlossen, zeigt immerhin, daß sie sich dieser Problematik bewußt waren. M.E. beruht die relative Plausibilität dieser Untersuchung weitgehend auf den Ergebnissen der ergänzend durchgeführten „Tiefeninterviews". Dennoch wiederholt sich auch auf dieser Ebene ein ähnliches Problem. Es zeigt sich nämlich (in diesem von E. Frenkel-Brunswick verantworteten Teil der Untersuchung), daß keine Fallgeschichten erstellt wurden, sondern durch Codierung eine quasi-statistische Auswertung vorgenommen wurde. Damit wurde auch auf die Rekonstruktion von Fallstrukturen verzichtet. Weiterhin zeigt sich, daß Leitfaden und Auswertung in erster Linie am Modell der ödipalen Krise orientiert waren (d.h. praktisch unter Ausschluß prä-ödipaler Aspekte), womit der qualitative Teil in die Nähe einer zirkulären Bestätigung des quantitativen Teils gerät.

Nehmen wir ein weiteres, ebenfalls beliebig herausgegriffenes Beispiel, um diesen Punkt noch weiter zu verdeutlichen. Zahlreiche standardisierte Untersuchungen zum Prozeß der deutschen Wiedervereinigung haben gezeigt, daß Ost-West-

---

[15] Es mutet bei einer von Adorno selbst geleiteten Untersuchung etwas befremdlich an, daß zumindest im vorliegenden Text der „Autoritären Persönlichkeit" statistische Gütekriterien (z.B. Trenn- und Mittelwerte) intensiver diskutiert werden als inhaltliche Erwägungen zu den einzelnen Fragen.

Migranten (also Bürger der ehemaligen DDR, die in den Westen übergesiedelt oder umgezogen sind) nicht nur ökonomisch, sondern auch sozial und emotional gut integriert sind. Offenbar ist die Schranke, die „innere Mauer" zwischen Bundesbürgern und ehemaligen DDR-Bürgern doch nicht so hoch, wie häufig behauptet wird. Qualitative Untersuchungen zeigen jedoch, daß diese Migranten häufig große Scheu und Ängste zeigen, ihre Integrationsprobleme (West-)Interviewern offen zuzugeben (häufig lassen sich abwehräquivalente Strukturen zeigen). Damit soll gleichzeitig eine Entwertung der Übersiedlung und ihrer Motive verhindert werden. Welche Untersuchungen haben nun recht? Selbstverständlich beide. Betrachtet man die Untersuchungen aus der Perspektive (bzw. in dem Kontext), was Ost-West-Migranten bei relativ oberflächlichem Kontakt Westbürgern mitteilen, haben die quantitativen Untersuchungen recht. Betrachtet man sie aus der Perspektive bewußter und unbewußter Abwehrstrategien, dann haben die qualitativen Untersuchungen recht.

Hier wird nunmehr ein Phänomen deutlich, das wir bereits am Beispiel der Autoritarismus-Studie von Adorno u.a. feststellen konnten, nämlich die Kon-Text-Gebundenheit von empirischen Untersuchungen, die zu einem Ergebnis führt, das von Kuhn erst auf der Paradigmaebene angesiedelt wird: die weitgehende Inkommensurabilität von Untersuchungen. Selbst bei relativ einfach strukturierten Untersuchungen, etwa Befragungen zu politischen Einstellungen (ein Beispiel sind die Befragungen zum „rechtsradikalen Potential" mit ihren variierenden Ergebnissen), werden bereits kleine Nuancierungen der Fragen unterschiedliche Ergebnisse produzieren. Ähnliche Probleme sind aus Umfragen zur Einstellung gegenüber technischem Wandel bekannt.

Vor diesem Hintergrund erscheint es geradezu absurd, wenn etwa der renommierte Interviewforscher Schmidtchen (ein Vertreter des szientistischen Paradigmas) den Überlegenheitsanspruch des standardisierten Interviews damit begründet, daß (1) bei qualitativen Interviews „nachweislich die Tendenz zu einer positiven Verfälschung des Selbstbildes besteht"; und daß (2) „das Sprachrepertoire der meisten Menschen (nicht ausreicht), eine für die Forschung sinnvolle Selbstdarstellung zu leisten" (1984, S. 136). Theoretisch rekurriert er dabei auf das bekannte Stimulus-Response-Modell: „Wir erfahren über uns erst dann etwas, wenn wir auf Reize reagieren", bzw. auf die „Monitor-Reaktion" des Gehirns (das Gehirn erzeugt, je nach Anwendung bestimmter Stimuli, bestimmte „Bildfolgen").

Konsequent versteht Schmidtchen das Interview als eine „Testapparatur", bei der sich Störvariablen weitgehend „experimentell kontrollieren" lassen und sieht im Fragebogen eine „photographische Platte", die objektive Meßergebnisse gewährleistet (a.a.O., S. 139). Hier verdichten sich im Automaten-Modell des Befragten und im Anspruch eines weitgehend kontextfreien Objektivitätsanspruchs die wichtigsten Elemente des szientistischen Paradigmas.

Das nicht zu beseitigende Ausgangs- (möglicherweise Basis-) Dilemma des Szientismus ist somit, wie die paradigmainhärenten Verkürzungen („Reduktionismen“) bzw. Interpretationsprobleme gelöst werden können. Da der Weg der „logischen Widerspruchsfreiheit“, wie gezeigt, mehr Probleme aufwirft, als er löst, darüber hinaus, wie Kuhn zeigt, jede einigermaßen relevante Theorie in gewissem Maße mit ihren Daten übereinstimmt, bleibt m.E. für das szientistische Paradigma nur der Weg einer Theoriekonstruktion, die in der Lage ist, die paradigmaimmanenten Reduktionismen zu legitimieren. Dieser Vorschlag entspricht ansatzweise dem Vorschlag von Cicourel, das Bindeglied zwischen Theorie und Meßsystem nicht einfach zu unterstellen oder willkürlich festzusetzen, sondern zu explizieren (1974, S. 35), d.h. aus der Perspektive der jeweiligen Theorie zu reflektieren, welches „Meßsystem“ geeignet bzw. nicht geeignet ist.

Zusammengefaßt lautet also das erste Dilemma des Szientismus, daß dieser, gerade weil er Sinn nicht leugnet, komplexe Zusammenhänge reduktionistisch *interpretieren* muß (d.h. ähnlich wie das von ihm kritisierte Sinn-Paradigma in einem fundamentalen Sinne *Interpretation* ist) und sich somit, im Vergleich zu dem von ihm kritisierten Sinn-Paradigma, dem das Interpretationsproblem ohnehin immanent ist, zusätzlich das Problem des Reduktionismus auflädt.

Das zweite Dilemma des Szientismus ist ebenso komplex und fast ausweglos. Es besteht darin, daß Menschen keine Dinge (bzw. Automaten) sind und auf die Untersuchung und die Untersuchungsinstrumente reagieren. Es handelt sich um das Problem der zirkulären Reaktivität zwischen Subjekt und Objekt der Untersuchung und den daraus resultierenden Untersuchungsartefakten.

Bungard, der die Ergebnisse der sog. „Artefaktforschung“ zusammengefaßt hat, kommt zu dem Ergebnis, daß sich trotz aller Verfeinerungen, bis hin zu Manövern, mit denen die Vpn getäuscht werden sollen, dieses Problem experimentell nicht lösen läßt. Er folgert daraus, „daß gerade bei sozialpsychologischer Forschung die für Laboratoriumsexperimente konstitutive Forderung nach Kontrolle nichtmanipulierbarer Einflußgrößen faktisch nicht realisierbar ist, soweit sie sich eben auf diese sozialpsychologischen Aspekte der Untersuchungssituation beziehen. Die eine Zeitlang wohl überschätzten VL-Erwartungseffekte könnten u.U. trotz der bisher negativen Erfahrung ... durch entsprechende Trainingsmaßnahmen minimiert werden, aber das ‘Bewußtsein’ der Vpn läßt sich ... nicht ausschalten“ (Bungard 1984, S. 132). Bungard kommt hinsichtlich der Berücksichtigung der Artefaktforschung zu der pessimistischen Schlußfolgerung, daß diese am besten mit „kommentarloser Konstatierung oder kritikloser Ignorierung“ gekennzeichnet werden könne.

Die Ausführungen von Schmidtchen sind ein Beispiel für die erste Reaktion. Das Problem wird erwähnt, spezifische Reflexionen oder Konsequenzen bleiben aus.

Dies wird insbes. an dem von Schmidtchen ausdrücklich als Problem benannten Reaktivitätseffekt deutlich, wenn z.B. Weiße von Farbigen zu Rassenproblemen interviewt werden. Das Problem sei „experimentell" kontrollierbar, ohne daß nähere Ausführungen erfolgen.[16] Soll dieser Hinweis bedeuten, daß Weiße in diesem Fall besser von Weißen interviewt würden? Bekanntlich gibt es aber ähnliche Probleme bei Geschlecht, Alter, Status bzw. Bildung der Interviewer. In einer informativen Untersuchung hat Steinert (1984) nachgewiesen, daß, wenn die Befragungsergebnisse nach diesen Variablen aufgeschlüsselt werden, bei maximal kontrastierenden Interviewerkategorien Befragungsdifferenzen von bis zu 50 % auftreten. Sicher ließen sich durch geschickte Kombination von Interviewmerkmalen diese Differenzen weitgehend ausgleichen, die Frage wäre dann allerdings, ob dies dem beanspruchten Objektivitätsanspruch genügte oder ob damit nicht gerade ein Forschungsartefakt par excellence geschaffen würde.

Betrachtet man das zweite Dilemma des Szientismus, das Reaktivitätsproblem, am Beispiel der Interviewermerkmale (andere Dimensionen, z.B. „impression management", „hypothesis-guessing", „Kooperativität" der Vpn etc. werfen ähnliche Probleme auf) genauer, so bedeutet dies ja nicht nur, daß der spezifische Objektivitätsanspruch des Szientismus nicht haltbar ist, sondern wirft das Problem auf, ob z.B. die Einstellung zu Rassenfragen nicht auch ein Kontextproblem ist. Es wäre also zu fragen, ob etwa signifikante Abweichungen des Befragungsergebnisses z.B. in der Konstellation 'Interviewter: weiß, männlich, jung, niedriger Bildungsstand; Interviewer: farbig, weiblich, älter, hoher Bildungsstand' von dem anderer Interviewkonstellationen selbst ein Indiz dafür sind, daß Einstellungen (und Handlungen) kontextuell variieren. Dieser Zusammenhang ginge andererseits bei der Kompilation von Mittelwerten vollständig verloren.

Letztlich erweist sich das Reaktivitätsproblem als Kontext- und damit ebenfalls als ein Reduktionsproblem, d.h. daß der unhintergehbare Kontext der Forschung (z.B. des Interviews) ausgeblendet wird. Im Sinne des erwähnten „Bindeglied"-Desiderats von Cicourel wäre also zu fordern, daß auf ein reduktionistisches Stimulus-Response-Modell verzichtet wird und in die theoretische Konzeption der empirischen Forschung eine jeweils gegenstandsspezifische Theorie der Interviewsituation und Interviewkommunikation eingebaut wird, die eine validere, weil kontextorientierte Interpretation der Daten ermöglichte. Auch Bungard votiert für diese Option und fügt hinzu, daß damit das „Agieren der Probanden in Abhängigkeit von kogniszierten Bedeutungsinhalten konzipiert [wird]. Die größe-

---

[16] Es soll an dieser Stelle nicht auf die unzähligen, teilweise außerordentlich differenzierten Verfahren eingegangen werden, paradigmainterne Konsistenzprobleme zu lösen (z.B. interne und externe Validität, Konstruktvalidität etc.). Sie finden sich in jedem Lehrbuch quantitativer Methoden. Stellvertretend soll hier das selbstkritische Werk von Cook und Campbell (1979) genannt werden.

re Komplexität und Reichweite dieser theoretischen Ansätze wird zwar auf Kosten der Präzision erreicht, aber für die Analyse dieser vielfältigen Wechselwirkungen erscheint uns dieser Weg vorläufig fruchtbar zu sein“ (1984, S. 133). Anzumerken wäre hierzu: auf Kosten der *scheinbaren* Präzision.

Zu den erwähnten Dimensionen der Reaktivität zwischen Subjekten und Objekten experimenteller Forschung kommt schließlich noch die Frage hinzu, wie weit die Vpn überhaupt motiviert sind, das Experiment in einer der Forschungsintention adäquaten Weise zu absolvieren (vgl. Witte 1994²).[17] Nimmt man diese Faktoren zusammen, so ist die Schlußfolgerung unausweichlich, daß szientistische Forschung im Bereich der Sozialwissenschaften in hohem Maße kontextabhängig ist und zwar in einer Weise, die experimentell kaum zu kontrollieren ist. Der spezifische Objektivitätsanspruch des Szientismus läßt sich somit nicht rechtfertigen. Darüber hinaus sind die Untersuchungen allenfalls in den Bereichen kommensurabel, in denen wiederholt mit exakt dem gleichen Forschungsdesign dieselben Fragen untersucht werden. Ich möchte meine bisherige Kritik an dem szientistischen Paradigma damit zusammenfassen, daß dieses Paradigma *die epistemische, d.h. erkenntnisbegründende Bedeutung der Experimentalsituation nicht wirklich expliziert hat.*

Abschließend möchte ich den erkenntnistheoretischen und historischen Hintergrund, der das Sinn-Paradigma und das szientistische Paradigma geprägt hat, etwas genauer beleuchten. Ich beziehe mich dabei auf Foucaults epistemische Untersuchungen, genauer auf die „episteme“ der Ähnlichkeit und der Repräsentation. Die „episteme“ der „Ähnlichkeit“ galt Foucault zufolge bis zum Ausgang der Renaissance.[18] Die „Ähnlichkeit“, die die Dinge epistemisch miteinander verband, war auf den Modi der Ähnlichkeiten, der „convenientia“, der „aemulatio“, der „Analogie“ und der „Sympathie“ aufgebaut (Foucault 1971, S. 46ff.). Sie waren „Zeichen“ der Dinge, aber zugleich auch Teil der Dinge selbst, durch Beobachtung oder Intuition wahrnehmbar (so reflektiert innerhalb der „aemulatio“ der menschliche Intellekt die „göttliche Weisheit“, a.a.O., S. 49). Im Prozeß einer im Prinzip unendlichen Interpretation ergibt sich so der Zusammenhang der Dinge, eine Interpretation, die selbst wiederum auf einen göttlichen „Kontext“, die Erschaffung der Welt durch Gott, verweist. Die Signifikation durch die Zeichen bringt das Wesen der Dinge zum Ausdruck, sie ist Form und Inhalt zugleich und

[17] Cook und Campbell (1979), die zu den anerkannten Autoritäten auf dem Gebiet experimenteller Forschung gehören, sind hier anderer Ansicht. Zu der Kategorie „evaluation apprehension“ (als mögliche Bedrohung von Konstruktvalidität) notieren sie, daß „unklar“ sei, wie weit die Tendenz, sich dem Versuchsleiter in positiver Weise zu präsentieren, die Forschungsergebnisse verzerrt.

[18] Daß diese Datierung nicht ganz korrekt ist und vermutlich eher für die Situation in Frankreich galt, hat Winziger in „Die Ordnung der Bilder bei Leonardo da Vinci“ (Dipl.-Arbeit, Frankfurt 1994) gezeigt. Leonardo ist bereits ein Vertreter der „Repräsentation“.

die (geschriebene oder gesprochene) Sprache drückt dieses Verhältnis noch einmal aus.

Dies ändert sich radikal im Zeitalter der „Repräsentation", dem „klassischen" Zeitalter der neueren philosophischen Methodendiskussion und der sich etablierenden Naturwissenschaft. An die Stelle der Ähnlichkeiten (die gleichsam „gestaltförmig" war), tritt die präzise empirische Wahrnehmung und die Aufteilung der Welt nach „Maß" und „Ordnung". „Danach wird jede Ähnlichkeit dem Beweis des Vergleichs unterworfen, das heißt, sie wird nur noch anerkannt, wenn die gemeinsame Einheit durch das Maß oder, noch radikaler, durch die Ordnung, durch die Identität und die Serie der Unterschiede gefunden ist" (a.a.O., S. 88). Das Denken tritt in das Zeitalter der Analytik, des Messens und der Taxonomie (d.h. der Ordnung zwischen den festgestellten Maßen) ein. Die Sprache reflektiert nicht mehr das Wesen der Welt, sie wird zu einem Instrument zum Erfassen des Maßes und der Ordnung.[19] „Die gleichzeitig unbegrenzte und geschlossene, volle und tautologische Welt der Ähnlichkeit findet sich dissoziiert und wie in ihrer Mitte geöffnet. Auf der einen Seite wird man die zu analytischen Instrumenten gewordenen Zeichen als Markierung der Identität und des Unterschieds, als Prinzipien des Ordnens, als Schlüssel für eine Taxonomie finden; auf der anderen Seite die empirische und murmelnde Ähnlichkeit der Dinge, jene stumme Ähnlichkeit, die unterhalb des Denkens die unbegrenzte Materie der Trennungen und Distributionen liefert. Auf der einen Seite steht die allgemeine Zeichentheorie, die Theorie der Einteilungen und der Klassifizierungen, auf der anderen Seite das Problem der unmittelbaren Ähnlichkeiten, das der spontanen Bewegungen der Vorstellungskraft, die Wiederholungen in der Natur" (a.a.O., S. 91).

Mit „Maß" und „Ordnung" ist der Bezug auf Descartes' „mathesis universalis" (der diese auch mit den genannten Kategorien definiert) deutlich. Deutlich wird aber auch, daß an die Stelle einer expliziten Metaphysik eine nunmehr implizite Metaphysik tritt. Im methodisch richtig angeleiteten Denken und Sprechen wird uns die Welt ohne Trübung zugänglich und verfügbar. Oder, um es mit Heidegger zu sagen, die konstitutive Differenz zwischen Sein und Seiendem ist negiert. Dem Sein als „Gedanken" wird, ganz im Sinne der traditionellen Metaphysik, das Seiende bruchlos subsumiert, das „Seiende geht im Begriff auf" (Heidegger 1957). Horkheimer und Adorno haben in ihrer Kritik der Aufklärung bzw. der instrumentellen Vernunft das Problem ähnlich gesehen.

In welcher Weise hilft uns diese epistemologisch-historische Diskussion weiter? Zunächst einmal ist deutlich zu erkennen, daß der ältere und neuere Szientismus

[19] Es ist nicht uninteressant, darauf hinzuweisen, daß der Prozeß der Instrumentalisierung und Operationalisierung der Sprache, den Horkheimer/Adorno (1955) in die magischen und mythischen Anfänge der Geschichte zurückverlegen, von Foucault explizit als „Episteme" der Moderne bezeichnet wird.

ein legitimer Abkömmling des Paradigmas der Repräsentation ist. Wie aber könnten wir uns heute noch in sinnvoller Weise auf das metaphysisch-substantialistische Paradigma der „Ähnlichkeit“ beziehen?

Hier ist zunächst zu berücksichtigen, daß wir heute zumindest in den Sozial- und Geisteswissenschaften Sprache anders verstehen als innerhalb der Episteme der Ähnlichkeit. Wir betrachten Sprache nicht mehr als Weg zu einem metaphysischen „Wesen“ der Dinge, letztlich als Ausdruck eines göttlichen „Urtextes“, den es zu verstehen gilt. In der Regel gehen wir davon aus, daß unsere Alltagswelt und unsere Erfahrungen, kulturelle oder soziale Phänomene durch unsere Sprache konstituiert sind. Diese veränderte, antimetaphysische Sprachauffassung („Welt“ ist durch menschliche Sprache konstituiert, das An-sich-Sein der Dinge wird durch diese, letztlich auf Kant zurückgehende transzendentallogische Wende geradezu ausgeschlossen) verleiht auch der Episteme der „Ähnlichkeit“ eine neue Bedeutung. (Sprachliche) Zeichen werden nunmehr als konventionell begriffen und nicht mehr als Ausdruck eines „Wesens“ der Welt von letztlich göttlichem Ursprung. Übrig bleibt das Problem der „Ähnlichkeit“ unter Abzug eines metaphysischen Sprachverständnisses. Während es - worauf auch Foucault hinweist - auch in den Naturwissenschaften noch gewissermaßen eine Restproblematik der „Ähnlichkeit“ gibt (etwa in der biologischen Morphologie), konstituiert sich unsere Erfahrung hier primär „digital“ und wird auch so erlebt.

Umgekehrt ist es im Bereich dessen, was ich die Welt des „Symbolischen“ bzw. des „Sinns“ nennen möchte. Im Bereich des Symbolischen konstituiert sich unsere Erfahrung zwar ebenfalls „digital“ (im Modus der Differenz), erlebt wird sie jedoch „analog“, gestaltförmig. Wir erfahren gefühlsmäßig - und beschreiben sprachlich - einen anderen nicht in erster Linie als groß oder klein, als unterschieden von Tier und Pflanze, sondern z.B. in seiner Persönlichkeit als „schroff“, „verbindlich“, „intelligent“, „sympathisch“ etc. Oder, um unser Beispiel weiterzuführen: wir beschreiben die politische Einstellung eines anderen (oder unsere eigene) etwa als „links“, „rechts“, „grün“ etc. Selbst wenn wir diese Statements diskursiv weiter ausführen, etwa: „Ich wähle CDU, weil mir diese Partei in unserer unruhigen Zeit als Garant für Stabilität erscheint.“, ändert dies prinzipiell nichts an diesem Bild. Versuchen wir nämlich, diese einzelnen Statements gewissermaßen auszubuchstabieren, so führt dies nicht nur zu einer prinzipiell unendlichen Menge von Einzeldaten, sondern zugleich zu mehr als nur einer Ansammlung von Daten. Alle Daten, die zu derartigen Statements gehören, sind miteinander „vernetzt“, sie bilden eine Sinnstruktur oder Sinnfigur. Eine derartige Sinnfigur ist ein „Muster“ (in der Sprache des symbolischen Interaktionismus), genauer: eine Gestalt oder, in der Terminologie von Searle, eine Ausdrucksgestalt. Erst wenn wir diese Gestalt, die sich durch eine Reihe von Kontexten bzw. Diskursebenen hindurch konstituiert, erfaßt und verstanden haben, haben wir auch die

Bedeutung der Einzeldaten verstanden. Wenn wir uns z.B. der Methode der „dokumentarischen Interpretation“ oder der psychoanalytischen „Befragung“ bedienen, verstehen wir die Daten aus dem Gesamtzusammenhang ihrer Kontexte, in die sie verwoben sind, durch ihre Gestalt.

Eingebettet in ein neues, nicht-metaphysisches Sprachverständnis ist mit der Denkfigur der Gestalt (wir werden im folgenden auch den Searleschen Begriff der Ausdrucksgestalt verwenden) ein Stück aus der Episteme der Ähnlichkeit erhalten geblieben. Die Gestalt, sei sie eine Institution, eine Person, eine Situation oder auch nur ein einzelner Satz, ist das stillschweigend vorausgesetzte Fundament aller Versuche, die Gestalt wiederum reduktionistisch zu erfassen. Am Rande sei hier noch vermerkt, daß Luhmanns Systemtheorie, trotz seiner stellenweise szientistischen Terminologie, diesem Gedankengang wesentlich näher steht als dem Geist empirisch-szientistischer Forschung. Auch Lévi-Strauss verweist nachdrücklich auf die Gestalttheorie.

Wie für die Dimension des Sinns gelten diese Überlegungen auch für die Dimension der Zeit und damit verbunden der Kausalität. Zunächst kurz zur Kausalität. Entsprechend der Kategorie des Sinns haben wir es bei Motiven, Kommunikation und Handlungen (a) nicht mit naturwissenschaftlicher Kausalität, sondern mit sinnhafter Determination und (b) nicht mit einer linearen, sondern mit einer nichtlinearen, rekursiven oder selbstreferentiellen Logik zu tun. Am ehesten noch folgen „Um-zu-Motive“ - im Sinne von Schütz - einer linearen Logik, für „Weil-Motive“ gilt bereits der Modus einer nichtlinearen Logik. Ich möchte eine derartige nichtlineare Logik im folgenden als rekursiv oder selbstreferentiell bezeichnen (vgl. auch Clemenz 1986).

Auch die Dimension der Zeit läßt sich nicht linear festlegen. Aus der Diskussion der Theorie Meads und Freuds haben wir erfahren, daß sich der Sinn von Handlungsketten immer erst nachträglich, also *zeitlich rekursiv und damit retroaktiv* entfaltet, so daß die Frage stets lauten muß: an welchem Punkt einer Handlungskette nehmen wir eine Untersuchung vor. Generell konstituiert sich „Sinn“ zeitlich, wie wir am Beispiel von Derridas Freud-Rezeption gesehen haben („Spur“ und „Aufschub“). Interessant ist in diesem Zusammenhang auch, daß die neuere kognitive Psychologie die Bedeutung des Zeitfaktors etwa am Beispiel der Wahrnehmung gezeigt hat. Die Schemata der Wahrnehmung arbeiten nicht nur selektiv, sondern auch zeitorientiert, d.h. Wahrnehmung braucht Zeit, wie sich am Beispiel des Kunstwerks verdeutlichen läßt. Darüber hinaus werden die Schemata wiederum durch das Wahrgenommene modifiziert oder verändert (Neisser 1979). Schließlich werden wir später, bei einer noch ausführlicheren Betrachtung der Freudschen Theorie, die enorme Bedeutung der Nachträglichkeit aus der Perspektive des Unbewußten kennenlernen. Abgekürzt bedeutet diese Form von Nachträglichkeit, daß bestimmte „unbewußte Erinnerungen“ sich in ihrer Wirksamkeit und Bedeutung erst nachträglich (häufig erst nach sehr langen Zeiträumen) entfalten, d.h. daß ihre Existenz sich zu einem früheren Zeitpunkt gar nicht feststellen ließe. Es gibt keinen präsenten „Ur-Text“, sondern jeweils immer nur Nachträglichkeit. Oder, um Derrida zu variieren: Das „Ursprüngliche“ ist das Nachträgliche.

Noch eine abschließende Bemerkung zur Zeit: In der Zeit finden wir nicht nur ein Determinationsverhältnis durch die Vergangenheit, sondern, wie unsere Überlegungen zeigten, zugleich auch Freiheitsspielräume. Neuinterpretationen und Phantasien, bei denen das Vergangene in neuem Licht erscheint, bewegen sich zwangsläufig in der Dimension der Zeit. Zeit ist, wie Frank es in Anlehnung an Hegels Enzyklopädie formuliert, der „daseiende Widerspruch“ (1983, S. 101). Sie ist als Prinzip der Veränderung, als Verhältnis von Endlichkeit und Unendlichkeit, wobei sich das Endliche stets rekursiv neu konstituiert, letztlich die logische Tiefenstruktur von Sinn.

Gestalt, sinnhafte Determination, rekursiv-selbstreferentielle Logik, eingebettet in die Dimensionen von Sinn und Zeit sind somit Kontexte, innerhalb derer Kommunikation und Handeln zu interpretieren sind, sofern nicht willkürlich aus dem Zusammenhang gerissene Bedeutungssegmente zur Grundlage der weiteren wissenschaftlichen Bearbeitung gemacht werden sollen. Auch wenn wir, mit Hilfe standardisierter Verfahren, noch so valide Daten erhalten, Konstrukt- und innere Validität nach allen Regeln der Kunst geprüft haben, so hilft uns dies wenig, wenn, wie wir anhand der oben skizzierten empirischen Beispiele gezeigt haben, die Kontextbedingungen nicht berücksichtigt werden. Diese Bedingungen sind jedoch nicht nur diejenigen des konkreten empirischen Kontexts, sondern, wie ich zu zeigen versuchte, diejenigen einer erkenntnistheoretisch-philosophischen Reflexion.

Um hier noch einen Hinweis auf den klassischen Methodologen neuzeitlicher Wissenschaft, Descartes, einzufügen: Von seinen drei zentralen Kriterien, Intuition, Deduktion, Maß und Ordnung, wären bei einer technisch gut durchgeführten standardisierten Untersuchung des oben geschilderten Typs die beiden letzten Kriterien erfüllt. Fraglich wäre jedoch, wie weit sich die Untersuchung von den Kriterien „gewisser“ und „evidenter“ Intuition leiten ließe. Der Satz, daß die Gestalt mehr ist als die Summe ihrer Teile, besitzt ein so hohes Maß an Evidenz (Popper und K. Lorenz, um nur zwei Beispiele zu nennen, stimmen ihm vorbehaltlos zu), daß bei der Hypothesenbildung notwendig von ihm ausgegangen werden muß.

Um noch einmal auf das szientistische Modell des Interviews zurückzukommen: Wir verstehen die Bedeutung der einzelnen operationalisierten Daten erst dann, wenn wir bei den jeweiligen Befragten die Dimension der Gestalt, der sinnhaften

Determination, der nichtlinearen Logik und der Zeit, in die sie eingebettet sind, verstanden haben. Wenn wir im Rahmen dieses Modells (a) Fragen und Antworten in eine operationalisierte Sprache kleiden und (b) aus Gestalt, Logik und Zeit bestimmte Ausschnitte „herausschneiden" und sie als repräsentativ, aussagekräftig etc. betrachten, dann müssen diese Operationalisierungen methodologisch begründet werden. Allgemein kann gesagt werden: je höher der Grad der Operationalisierung, desto höher die Notwendigkeit dieser Legitimation. Diese Legitimation betrifft nicht nur das (Cicourelsche) „Bindeglied" zwischen „Input" und „Output" des szientistischen Vorgehens, sondern das Unterfangen insgesamt. Die Durchführung qualitativer „pretests" ändert nichts an diesem Problem: es legt allenfalls das Ausmaß des Reduktionismus bloß.

Ich möchte den Paradigmenvergleich nunmehr folgendermaßen zusammenfassen:

1. Das Problem der *Reaktivität*, d.h. der Selbstpräsentation im weiteren Sinne, zu dem u.a. die Auswirkungen unterschiedlicher Merkmale von Vpn und VL, „impression management", „hypothesis guessing", „Glaubwürdigkeit", experimentkonforme Motivation der Vpn und nicht zuletzt die Probleme von Übertragung und Gegenübertragung zählen, sind beiden Paradigmen notwendig immanent. Es ist nicht zu erkennen, wie dieses Problem innerhalb der szientistischen Logik lösbar ist. Es handelt sich hier um ein ähnliches Problem, wie es Heisenberg mit der „Unschärferelation" für die moderne Physik formuliert hat, d.h. des Einflusses der Untersuchung auf den Gegenstand der Untersuchung. Mit der systematischen Thematisierung des Verhältnisses von Forscher und Proband sowie der Ebene latenter Sinnstrukturen hat das Sinn-Paradigma zumindest einen Weg gezeigt, wie dieses Problem angegangen werden kann. Ich sehe allerdings auch für das Sinn-Paradigma keine Via regia zur Lösung dieses Problems, sondern nur die Notwendigkeit, sich diesem Problem erkenntnistheoretisch, methodologisch und methodisch zu stellen.

2. Die sprachliche und theoretische Operationalisierung und der entsprechende *Reduktionismus* innerhalb des szientistischen Paradigmas birgt eine weitere Gefahr von Forschungsartefakten, ja macht sie im Grunde unausweichlich. Das Sinn-Paradigma kann selbstverständlich auch nur eine verkürzte Gestalt aus dem im Prinzip unbegrenzten Material herausarbeiten. Es kann jedoch diese Verkürzung sowie die theoretische und methodische Konstitution dieser Gestalt nachvollziehbar offenlegen. Damit wird allerdings auch deutlich, daß eine bestimmte Gestalt auf mehr beruht als auf einem intuitiven Gestaltverstehen. Theoretische Analytik, wissenschaftliche Methodik und intersubjektiv nachvollziehbare, auf den sprachlichen und sozialen Regeln fundierte Interpretation konstituieren die wissenschaftliche Darstellung dieser Gestalt.

3. Das Argument der größeren Repräsentativität im Rahmen des szientistischen Paradigmas kann logischerweise nur relativ zu den oben geschilderten Problemen gelten. Eine noch so große Repräsentativität ist wertlos, wenn die Untersuchung nur Forschungsartefakte liefert. Der statistischen Repräsentativität stellt das Sinn-Paradigma eine theoretische oder typologische Repräsentativität entgegen.[20]

Obwohl beide Paradigmen ihre spezifischen Gefahren und Fehlerquellen aufweisen und beide Paradigmen sich partiell auch der Methoden des anderen Modells bedienen, wird nunmehr deutlich, daß sich hier, um mit Kuhn zu sprechen, „zwei (Wissenschafts-)Welten" letztlich inkommensurabel gegenüber stehen:

1. Auf der einen Seite steht ein Maschinen- oder Objekt-Modell des Menschen, in dem dieser mit Hilfe eines Stimulus gewissermaßen in Bewegung gesetzt wird und dessen operationalisierter und gemessener „Response" mit dem Anspruch (quasi-)naturwissenschaftlicher Präzision und Objektivität auf der „photographischen Platte" der Meßergebnisse festgehalten wird. Der Forscher, ebenso seine Sprache (im Idealfall eine wissenschaftlich genormte Sprache), fungiert als im Prinzip neutrale Vermittlungsinstanz. Zugespitzt ausgedrückt: der Forscher betätigt den Auslöseknopf einer photographischen Apparatur, so daß sich die Realität gewissermaßen von selbst auf die Photoplatte bannt. Entsprechend der Episteme der Repräsentation, wonach der Gegenstand der Forschung in eine Reihe immer weiter vereinfachbarer Maßeinheiten aufgeteilt werden kann, werden diese Maßeinheiten im Experiment aktiviert und mit Hilfe der Meßergebnisse zu einer digitalen Ordnung zusammengesetzt. Die Logik der Gestalt, der Verweiszusammenhang der Daten, der mehr ist als die Summe seiner Teile, wird damit zerstückelt. Die Differenz zwischen Sein und Seiendem (Heidegger) wird negiert.

2. Auf der anderen Seite steht das Modell einer sinnhaft-zeitlich konstituierten „Ausdrucksgestalt": einer Handlung, eines Subjekts oder einer Institution. Der Zugang des Forschers zu dieser Ausdrucksgestalt besteht in der Regel in „Beobachtung" und Interpretation oder in „Dialog" und Interpretation. Der Forscher und seine Sprache sind keine neutrale Vermittlungsinstanz. Dies ist auch nicht anders möglich, da das adäquate Verstehen einer komplexen Realität die Generierung eines vergleichbar komplexen Textprotokolls erfordert. Selbst bei sog. „natürlichen Protokollen" (d.h. bei Protokollen ohne spezifische Befragungstechniken) ist der Einfluß des Beobachters nur scheinbar gering. Es hängt von seinem Interesse, seiner Sensibilität und von seinem Geschick ab, welche Interaktionssequenzen ihm zugänglich werden. Der Befragte oder Beobachtete ist keine Stimulus-Response-Apparatur, sondern Informant oder Dialogpartner. Der

---

[20] Auf das verbreitete, aber - wie angerissen - m.E. falsche Argument, nur im Rahmen des szientistischen Modells könnten „Ursachen" festgestellt werden („Verstehen vs. Erklären"-Kontroverse), werde ich später im Zusammenhang der Forschungslogik der Psychoanalyse noch einmal näher eingehen.

Text des Subjekts konstituiert sich somit im Wechselspiel zwischen der Subjektivität des Forschers und der Subjektivität seines Gegenübers. Das Erfassen der jeweiligen Ausdrucksgestalt und das Verstehen von Bedeutung erfolgt, wie erwähnt, nicht intuitiv, sondern umfaßt das Spektrum eines gegenstandsangemessenen wissenschaftlichen Vorgehens: theoretische Analytik, spezifische Methodik des Zugangs zum Forschungsgegenstand und intersubjektive Nachprüfbarkeit der Interpretation. Der Forscher bleibt sich der konstitutiven Differenz zwischen Sein und Seiendem bewußt.

3. Das Maschinen- (oder Objekt-) Modell der Forschung orientiert sich an einem formalen Wahrheitsbegriff. Ein deduktives Aussagesystem und die darauf bezogene Widerspruchsfreiheit der Sätze (bei gegebenen Aussagebedingungen müssen die prognostizierten Ereignisse mit den beobachteten Basissätzen übereinstimmen) konstituieren demzufolge „Wahrheit". Auf die Problematik des Kriteriums der „Widerspruchsfreiheit" der Sätze habe ich bereits zu Beginn der vorliegenden ausführlichen Paradigmendiskussion bei der Erörterung des logischen Positivismus hingewiesen (ich werde später anläßlich des Popperschen Falsifikationismus noch einmal darauf zurückkommen): die Vorstellung einer unmittelbaren Überprüfung „an der Natur" verkennt die Konstitutionsbedingungen von Wissenschaft.

4. Das Gestaltmodell der Forschung orientiert sich an einem erkenntniskritischen Begriff von Wahrheit. Erste Voraussetzung dafür ist, daß die Forschung sich mit erkenntniskritisch überprüften, nichtreduktionistischen Kategorien ihrem Gegenstand nähert. Es geht darum, wie Adorno es einmal formulierte, anstelle der logischen Widerspruchsfreiheit der Sätze sich an der „Logizität des Substrats" zu orientieren. Am Beispiel der Psychoanalyse wäre die erkenntnistheoretische Frage nach der „Wahrheit" z.B., ob es „wahr" ist, daß Fehlleistungen, Träumen und psychopathologischen Symptomen unbewußter Sinn zugrunde liegt. Das Beispiel Psychoanalyse zeigt aber auch, daß ein erkenntniskritischer Wahrheitsbegriff nicht die „Faktizität" noch einmal verdinglicht, sondern zugleich die Kategorie des „Möglichen" oder „Neuen" denkt. Hier geht es darum, daß Strukturen und Determinanten von Handeln und Denken aufgeklärt werden, letztlich mit dem Ziel, Handlungsspielräume und Autonomie der Subjekte (und ihrer Institutionen) zu erweitern. Allgemeiner formuliert: sozialwissenschaftliche Sachverhalte müssen aus der Perspektive ihrer möglichen Veränderbarkeit analytisiert werden. Wie die Psychoanalyse, aber auch z.B. Piagets Untersuchungen der moralischen Entwicklung (von der heteronomen zur autonomen Moral) gezeigt haben, geschieht dies im Nachweis der Verbindung von determinierenden Strukturen und der Emergenz des Neuen. Erkenntniskritischer Wahrheitsbegriff bedeutet damit auch, daß das Ziel und letztes Kriterium von Wahrheit ihre Bewährung in der Praxis des sozialen Lebens ist.

Erst wenn vor dem Hintergrund der erkenntnistheoretischen Kategorien der Gestalt, der Kontextualität, der Reaktivität und des (unvermeidlichen und deshalb zu reflektierenden) Reduktionismus eine Erhebung und Organisation des Materials vorgenommen wurde, die sich der erkenntnistheoretisch naiven Position einer abbildhaften, „objektivistischen" Erkenntnis widersetzen, kann der nächste und in der Regel letzte Schritt sozialwissenschaftlicher Erkenntnis in Angriff genommen werden. Bei ihm geht es darum, übergreifende Struktur- oder Reproduktionsgesetzlichkeiten des Psychischen oder Sozialen zu erarbeiten, letztlich auf die Ebene vorzudringen, die Lévi-Strauss die „Ordnung des Geistes" nennt und die ich selbst als „die Struktur" bezeichnet habe. Diese erkenntniskritische Position ist gleichermaßen von einem szientistischen Reduktionismus wie von einer bewußtseinszentrierten Oberflächenbeschreibung entfernt.

Diese Überlegungen machen auch deutlich, daß das *Gestalt- bzw. Strukturmodell der Forschung* durchaus mit einer spezifischen experimentellen Einstellung (die nicht verwechselt werden darf mit dem Monopolanspruch eines experimentellen Kausalverständnisses) vereinbar ist. Wie ich später am Beispiel der Überlegungen Poppers zeigen werde, finden Experimente häufig unter Bedingungen statt, die gemessen an den Kriterien des szientistischen Modells erheblich „zu wünschen übrig lassen" (Popper 1966, S. 97). Entsprechend den Kriterien eines erkenntniskritischen Wahrheitsbegriffs können sie jedoch dazu beitragen, das Wissen über Grenzen und Möglichkeiten unseres Handelns und damit über die Möglichkeiten der Veränderung zu erweitern.

Aus diesem Vergleich der erkenntnistheoretischen Prämissen des szientistischen und des Sinn-Paradigmas ergibt sich m.E.: Keines der beiden Paradigmen kann die Probleme der Kontextualität, des Reduktionismus und der Reaktivität vollständig lösen. Der entscheidende Vorteil des Sinn-Paradigmas ist jedoch, daß es die konstitutiven, ja transzendentallogischen Probleme des Forschungssettings reflektiv in die Forschung einbezieht, statt sie, wie im szientistischen Paradigma, weitgehend zu verschweigen. Demgegenüber beharrt das szientistische Paradigma auf einem Objekt- bzw. Maschinenmodell des Untersuchungsgegenstandes (und entsprechenden Erhebungstechniken), auf einer neutralen Beobachtersprache und einem kontextfreien, formalen Wahrheitsbegriff (Widerspruchsfreiheit der Aussagesätze). Das Objekt- bzw. Maschinenmodell, anders gesagt, die Reduktion des Untersuchungsgegenstandes auf die Descartessche „res extensa" ist die *Metaphysik des Szientismus*. Scheinbare numerische Präzision wird inhaltlichen, insbes. erkenntniskritischen Gesichtspunkten übergeordnet. Das Sperrige, Irreduzible des Seienden im Sinne der Heideggerschen „Differenz" bzw. der Adornoschen „Nichtidentität" wird ignoriert.

Die Frage ist damit letztlich nicht, welches Paradigma seine Probleme besser löst, sondern welchen Problemen größere Wertigkeit zugemessen wird. Ich möchte zu diesem Punkt noch einmal Kuhn zitieren: „In diesem Maße ... in dem die Auffassungen zweier wissenschaftlicher Schulen darüber, was ein Problem und was eine Lösung ist, auseinandergehen, werden sie zwangsläufig aneinander vorbeireden, wenn sie über die relativen Vorteile ihrer Paradigmen diskutieren. In den sich regelmäßig ergebenden, teilweise im Kreis laufenden Argumenten wird für jedes Paradigma gezeigt, daß es mehr oder weniger den Kriterien, die es sich selbst zuschreibt, gerecht wird und einigen jener Kriterien, die ihm von seinen Gegnern zudiktiert werden, nicht völlig genügt ... Da beispielsweise kein Paradigma jemals alle von ihm definierten Probleme löst und da keine zwei Paradigmata genau dieselben Probleme ungelöst lassen, bringen Paradigmadiskussionen immer die gleiche Frage mit sich: die Lösung welcher Probleme ist bedeutsamer?“ (1976, S. 122).

Ich möchte dabei nicht verschweigen, daß ich - mit Adorno und Popper - der Ansicht bin, daß derjenigen Forschungsarbeit die größere Bedeutung zukommt, die (a) sich erkenntniskritisch mit Wahrheitsproblemen beschäftigt und (b) die „Übel“ unserer Gesellschaft: Ungerechtigkeit, Ausbeutung und vermeidbares Leiden, thematisieren (Popper 1966, S. 31), Probleme, die sich einem strikt szientistischen Verfahren in der Regel nicht oder nur oberflächlich erschließen. Darüber hinaus bin ich der Ansicht, daß sich, wie ich zu zeigen versuchte, die grundlagentheoretischen Probleme einer Wissenschaft des Sozialen adäquater, d.h. gegenstandsangemessener im Rahmen des Sinn-Paradigmas lösen lassen.

Zur weiteren Klärung dieser Paradigmendiskussion möchte ich im folgenden Abschnitt die Kritik aufgreifen, wie sie gewissermaßen in umgekehrter Richtung vorgebracht wird: d.h. am Beispiel der Überlegungen von Grünbaum zur Psychoanalyse möchte ich auf die Kritik des Szientismus am Sinn-Paradigma noch einmal eingehen, da m.E. Grünbaum am präzisesten die Argumente gegenüber der Psychoanalyse aus der Perspektive eines naturwissenschaftlichen Kausalbegriffs vorgetragen hat.

4.3 Die Ätiologie der Neurose aus szientistischer Sicht: Grünbaums Kritik an der Psychoanalyse

Unsere bisherigen Überlegungen haben deutlich gemacht, daß der Ausgangspunkt der psychoanalytischen Argumentation „Sinnrekonstruktion“ ist. Ohne Rekonstruktion der jeweiligen symbolischen Transformationen läßt sich, wie gerade Grünbaums Paranoia-Beispiel zeigt, das spezifische „Pathogen“ (Grünbaum) der Paranoia, z.B. die Abwehr eines ursprünglich homosexuellen Wunsches, überhaupt nicht feststellen. Man stelle sich vor, wir hätten lediglich das paranoide Symptom: phantasierte Verfolger, Stimmen etc. Ohne die vorliegenden psychoanalytischen Rekonstruktionen (oder auch nur „Konstruktionen") hätten wir nicht die geringsten Anhaltspunkte, auf ein spezifisches Pathogen zu schließen, außer vielleicht auf biologische Ursachen. Wir blieben auf eine bloße Klassifikation von Symptomen beschränkt. Wie ich bereits mit Searles Parteipräferenzbeispiel (bestimmte objektive Faktoren sollen angeblich die Parteipräferenz bedingen, während tatsächlich nur eine Korrelation vorhanden ist), aber auch unter Bezug auf Max Weber (vgl. Kap. 3.7) deutlich gemacht habe: zwischen postulierten Ursachen und „beobachteten" Wirkungen hätten wir lediglich statistische Zusammenhänge, etwa derart, daß in der Mehrzahl der Fälle eine Kränkung oder Zurückweisung vorlag. Darüber hinaus könnten wir ohne psychoanalytisches Verstehen weder Ursachen noch Wirkungen „beobachten", d.h. wir könnten, wenn wir der von Grünbaum herangezogenen Theorie folgen würden, auch keine homosexuellen Neigungen feststellen, da es sich in der Regel um eine *latente* Homosexualität handelt. Was Grünbaum mit seiner „Anzeichen"-These der Symptome möglicherweise zum Ausdruck bringen will ist, daß wir nur unter der Annahme der psychoanalytischen Ätiologie der Symptome in der Tat eine derartige sinnhafte Verknüpfung vornehmen können, eine Annahme, die, wie wir gesehen haben, von ihm allerdings aus methodologischen Gründen bestritten wird. Ohne Sinnrekonstruktion würde sich auch Grünbaums Vorschlag einer methodisch korrekten Kausalüberprüfung der Psychoanalyse ad absurdum führen, da - wie wir ebenfalls sehen werden - Grünbaum als Minimalvoraussetzung einer derartigen Überprüfung akzeptiert, daß mit psychoanalytischen Mitteln, z.B. im Rahmen der von ihm vorgeschlagenen prospektiven Untersuchungen, festgestellt wird, ob Neurosen bzw. Abwehrstrukturen vorliegen. Dies erfordert aber logischerweise wiederum, daß wir mit dem Konstrukt „Abwehr" psychoanalytisch operieren, d.h. mit „Verstehen" und Sinnrekonstruktion. Ich werde auch zeigen, daß prospektive Untersuchungen, wie Grünbaum sie vorschlägt, den Gegenstand der Psychoanalyse notwendig verfehlen.

Grünbaum hat methodologisch gesehen zweifellos recht mit seiner Behauptung, daß die bloße Feststellung einer Abwehrstruktur (einer „angeblich pathogenen Erfahrung", wie Grünbaum betont) noch nichts über deren kausale Relevanz aussagt (Grünbaum 1988, S. 421, sowie S. 397ff.). Wir müssen somit zunächst von der sinnhaften Struktur der Abwehrmechanismen (deren Existenz im Sinne der psychoanalytischen Theorie von Grünbaum, soweit ich sehen kann, auch gar nicht bestritten wird) ausgehen und die Frage stellen, ob sich die Wissenschaftlichkeit der Psychoanalyse aus der Doppelperspektive eines sinnrekonstruktiven und zugleich kausalanalytischen Verfahrens bestätigen läßt. Soweit dies gelingt, hätten wir mit der Psychoanalyse paradigmatisch eine Theorie gefunden, in der Sinnverstehen und kausale Begründung miteinander verbunden sind.

Grünbaums Argumente beruhen im wesentlichen auf zwei Gruppen von Einwänden:

1. Die Psychoanalyse sei aufgrund einer irrigen Forschungslogik in die „Inferenzfalle“ des „post hoc ergo propter hoc“ gegangen, d.h. sie habe nie wirklich überprüft, ob das zeitliche Nacheinander von Abwehr und Symptom bzw. Neurose auch tatsächlich einen Kausalzusammenhang darstellt und nicht etwa ein kausal zufälliges und irrelevantes Nacheinander.

2. Die Psychoanalyse habe ihre Wirksamkeit nie methodisch überzeugend dargelegt.

Grünbaum betont in kritischer Auseinandersetzung mit Popper, daß die Psychoanalyse sehr wohl empirisch überprüfbar sei - freilich in der erklärten Absicht, der Psychoanalyse dann nachzuweisen, daß sie diese Überprüfung nie durchgeführt habe (was einige Psychoanalytiker dann zu der treffenden Bemerkung führte, ob die Psychoanalyse noch Feinde brauche, wenn sie „Freunde“ wie Grünbaum habe). Zum Zwecke seiner Beweisführung unternimmt Grünbaum eine Operationalisierung der Psychoanalyse, wobei sich seine Überlegungen auf drei zentrale Aussagen konzentrieren:

1. Die psychoanalytische Theorie der Abwehrmechanismen (wobei er sich auf Freuds Aussage bezieht, die Lehre von der Abwehr sei der „Grundpfeiler“ des psychoanalytischen Theoriegebäudes).

2. „Richtige Einsicht des Analysanden in die Ätiologie seines Leidens und in die unbewußte Dynamik seines Wesens ist ihrerseits kausal notwendig für die therapeutische Überwindung seiner Neurose“ (a.a.O., S. 232).

3. „Nur die psychoanalytische Interpretations- und Behandlungsmethode kann dem Patienten die richtige Einsicht in die unbewußten Pathogene seiner Psychoneurose gewähren oder vermitteln“ (ebd.). Grünbaum operationalisiert die Theorie der Abwehrmechanismen folgendermaßen: Ein psychischer Konflikt wird erst dann zu einem pathologischen, Neurosen erzeugenden Konflikt, wenn er abgewehrt wird, was sich in folgende logische Form bringen läßt: jedes N (Neurose) setzt P (ein abwehrbedingtes Pathogen) voraus. Freud habe P den Status einer notwendigen, allerdings nicht ausreichenden Ursache gegeben (da Freud zufolge beim Zustandekommen von N auch hereditäre und akzidentelle Faktoren eine Rolle spielen). „Notwendige Ursache“ ist kausalanalytisch gesehen eine stärkere Aussage als „kausalrelevant“ (in diesem Fall könnte N auch ohne P entstehen) und eine schwächere als „notwendige und ausreichende Ursache“ (in diesem Falle würde P und nur P stets N produzieren). Als „strenger Determinist“ habe Freud damit „falsifizierbare Universalaussagen“ gemacht, nämlich (1) die „Uni-

versalvorhersage", daß jeder Fall von Nicht-P auch ein Nicht-N wird, und (2) die „Universalretrodiktion", daß jedem N ein P vorhergeht (a.a.O., S. 186).

Annahme 2 und 3 faßt Grünbaum zur sog. „Necessary-Condition-Thesis" (in der deutschen Übersetzung: TNB) zusammen,[21] was in komprimierter Form gleichbedeutend mit der Aussage ist: Nur die durch die psychoanalytische Methode vermittelte Einsicht kann P und damit N beseitigen. Darüber hinaus, so konzediert Grünbaum, erhöhen die von Freud rekonstruierten spezifischen Ätiologien die Chance und damit auch die Gefahr der Falsifikation. Dies mindert freilich nicht den aus seiner Sicht grundlegenden kausalanalytischen Trugschluß der Psychoanalyse, da er davon ausgeht, daß letztlich nur außerklinische, d.h. epidemiologische Untersuchungen eine wirklich stichhaltige Theorie, z.B. der Paranoia, liefern könnten. Auf die dazu spiegelbildliche *ätiologische* „These der notwendigen Bedingung", d.h. jedes N setzt ein P voraus, werde ich anschließend eingehen. Wir müssen somit also genau genommen von einer ätiologischen und einer therapeutischen TNB sprechen, also von TNB1 und TNB2.

Ausgehend von diesem vereinfachten „Modell" der Psychoanalyse und der psychoanalytischen Psychotherapie versucht Grünbaum nunmehr zu zeigen, daß die Psychoanalyse in die Inferenzfalle des „post hoc ergo propter hoc" gegangen ist. Zwar könne die Psychoanalyse, sieht man von den innerklinischen Problemen eines derartigen Nachweises einmal ab, zu einer retrodiktiven Universalaussage (jedem N geht ein P voraus) gelangen, was aber wieder nur die universelle Existenz, nicht aber die kausale Relevanz von P beweisen würde. Sie könne jedoch nicht, jedenfalls nicht mit klinischen Mitteln, die prognostische Universalaussage begründen, daß jedes Nicht-P auch zu einem Nicht-N führt. Damit könne die Existenz von P im Sinne einer kausalen Relevanz auch rein zufällig sein. „Kurzum, der freudianische klinische Rahmen besitzt nicht die epistemischen Mittel, zu gewährleisten, daß P neurotogen ist" (a.a.O., S. 414). Unter den Prämissen seines Modells hätte Grünbaum somit eine vernichtende epistemische Kritik an der Psychoanalyse geübt. Die Annahmen 1 und 2 wären schon aus allgemeinen kausalanalytischen Erwägungen nicht haltbar.

Den Möglichkeiten und Ergebnissen klinischer Forschung hat Grünbaum dagegen kaum mehr als Randbemerkungen gewidmet. Allerdings gibt Grünbaum selbst einen entscheidenden Hinweis in dieser Richtung (den er allerdings nicht weiter verfolgt). Wenn es neben der Klasse der Neurotiker im herkömmlichen Sinne (für die P eine notwendige Voraussetzung für N ist) auch eine Klasse von psychisch Erkrankten gäbe, die nicht durch P bestimmt wäre, dann würde diese klinische

[21] Ich habe die Reihenfolge der Annahmen 2 und 3 hier in eine gegenüber Grünbaums Reihenfolge (3/2) stringentere Form gebracht, wobei 2/3 gegenüber 3/2 logisch äquivalent ist. „TNB" bedeutet in diesem Zusammenhang: „These der notwendigen Bedingung".

Differenzierung zumindest die „Hypothese glaubwürdig erscheinen lassen, daß innerhalb der Klasse der Neurotiker P ätiologisch relevant ist für N“ (a.a.O., S. 415). Damit wäre der Verdacht der „Zufälligkeit“ nicht völlig aus der Welt geschafft, jedoch wäre die Möglichkeit wechselseitiger Falsifizierbarkeit gegeben: P1 könnte nicht zu N2 und P2 nicht zu N1 führen. Aus der Sicht von Grünbaum ist natürlich auch der Hintergedanke dieses Zugeständnisses evident: Damit wäre die von der Psychoanalyse behauptete notwendige Ätiologie (N setzt notwendig P voraus, wenn auch nicht jedes P zu N führt) erschüttert, damit auch der Status der Psychoanalyse als „Einsichtstherapie“.

Die zweite Annahme der TNB (d.h. der therapeutischen TNB) versucht Grünbaum dadurch zu widerlegen, daß Freud die Möglichkeit von Spontanremissionen zugab und im Alter zunehmend skeptisch gegenüber der Behauptung dauerhafter Heilerfolge der Psychoanalyse war, ja sogar darauf hinwies, daß die Psychoanalyse wahrscheinlich eher Heilungen beschleunige, „die sich sowieso schon abzeichneten“ (Grünbaum 1991, S. 16). Da dies, allein genommen, nur ein unvollständiger „Sieg“ über die zweite Annahme der therapeutischen TNB wäre, benötigt Grünbaum ein weiteres Argument. Während er in seiner früheren Veröffentlichung pauschal davon ausging, daß Heilerfolge der Psychoanalyse nicht bewiesen sind, konzediert er später zumindest, daß nicht gezeigt werden könne, „daß die psychoanalytisch orientierte Psychotherapie einer der anderen Therapien, die die spontane Remissionsquote bei unbehandelten Kontrollgruppen überschreiten, überlegen ist“ (a.a.O. , S. 17). Damit sei es „vernünftig - wenn auch nicht zwingend - ihre therapeutischen Leistungen als Placeboeffekt zu interpretieren ... Ähnlich hat Frank (1973) behauptet, daß sowohl Analytiker als auch ihre Konkurrenten Neurotiker dadurch heilen, daß sie als Stütze dienen, nicht aber dadurch, daß sie Verdrängungen aufheben. Tatsächlich erlaubt Franks Hypothese sogar, daß Konkurrenztherapien unterschiedlich wirksam sind, weil sie in unterschiedlichem Maße Placebo als Effekte aufweisen“ (ebd.).

Ziel dieses doppelten Angriffs auf die Psychoanalyse - mittels formaler kausalanalytischer Argumente und mittels des Hinweises auf die problematische therapeutische Effizienz der Psychoanalyse - ist letztlich, das sog. „Übereinstimmungsargument“ Freuds zu entkräften. Freud habe die empirische Gültigkeit der Psychoanalyse auf das Argument gegründet, daß die psychoanalytische Deutung mit der Wirklichkeit des Patienten übereinstimme, unzutreffende Deutungen aus dem therapeutischen Prozeß gewissermaßen herausfallen. Genauer gesagt, Freud vertritt die Ansicht, daß man den Kranken zwar intellektuell beeinflussen könne, ihm z.B. bestimmte Vorstellungen suggerieren könne, die Krankheit selbst aber nur durch Deutungen heilen könne, die mit der (unbewußten) „Wirklichkeit“ im Patienten übereinstimmen. Wenn es in bedeutendem Maße Spontanremissionen gibt, wenn keine Überlegenheit der Psychoanalyse gegenüber anderen Therapieformen festzustellen ist (also keine Überlegenheit der Verdrängungen aufdeckenden „Einsichtstherapie“) und Therapieerfolge möglicherweise Placeboeffekte sind, könne das Übereinstimmungsargument nicht länger aufrechterhalten werden. Mit dem Übereinstimmungsargument bricht auch die TNB zusammen. Grünbaums Schlußfolgerung: „Ohne Ersatz für die TNB gibt es offensichtlich keine Möglichkeit, klinische Daten von der möglichen Kontamination durch Suggestion freizuhalten“ (a.a.O., S. 18). M.E. ist Grünbaum hier - vor dem Hintergrund seiner eigenen Prämissen - nicht konsequent. Rein logisch gesehen wäre, selbst bei empirischer Bestätigung des „Übereinstimmungsarguments“, die Möglichkeit von Suggestivheilungen nicht ausgeschlossen. Wir werden uns deshalb später noch ausführlich damit beschäftigen müssen, ob und wie es möglich ist, die therapeutische Wirksamkeit der Psychoanalyse nachzuweisen.

Beide Argumente Grünbaums, das epistemisch unzulässige Vorgehen der Psychoanalyse und fehlende Effizienzprüfungen, so können wir jetzt erkennen, beruhen somit ausschließlich auf dem Argument einer spezifischen empirischen Evidenz der Psychoanalyse, einer Evidenz, wie sie Grünbaum zufolge nur durch außerklinische Mittel erbracht werden könnte. Ich möchte zeigen, daß beide Argumente falsch sind.

4.4 Zur Problematik retrodiktiver Kausalanalysen; Kritik des experimentalistischen Kausalbegriffs

Nachdem die Problematik der von der Psychoanalyse behaupteten Ätiologie aus der Sicht der Grünbaumschen Kritik dargestellt wurde, ist zu fragen, wie weit das Grünbaumschen Kritikmodell zutreffend ist bzw. wie weit es speziell für die Psychoanalyse Gültigkeit beanspruchen kann. Der folgende Exkurs in den Bereich formaler Logik hat neben dem unmittelbaren Zweck der Überprüfung der Grünbaumschen Argumente noch eine weiterreichendere Absicht: es sollen Argumente bereitgestellt werden, die die logische Unhaltbarkeit eines rein experimentalistischen Kausalbegriffs zeigen.

Wir haben gesehen, daß die Psychoanalyse in doppelter Hinsicht mit der kausalanalytischen Argumentation der „notwendigen“ Bedingungen operiert: in ätiologischer und therapeutischer Hinsicht. „Verdrängung“ (oder genauer gesagt: Abwehr) ist damit ebensowenig eine notwendige *und hinreichende* Bedingung für die Neurose wie die psychoanalytische Therapie für die Heilung. Theoretische bzw. kausalanalytische Aussagen dieser Art eignen sich nur bedingt, gewissermaßen „indirekt“ für Prognosen (v. Wright 1974, S. 42) - wie auch Grünbaum konzediert. Ihr Kausalmodus lautet: immer wenn q, muß p vorausgegangen sein, bzw. q tritt nur dann auf, wenn p vorangegangen ist. Derartige Theorien folgen nicht dem „Wenn-dann"-, sondern dem „Wie-möglich"-Modus. Sie erlauben, wie gesagt, „indirekte" Prognosen, sind aber auch retrodiktiv, z.B. in Biologie, Geologie oder Archäologie, von großer Bedeutung. So kann sich z.B. ein Archäologe die Frage stellen, wie es den Bewohnern einer antiken Stadt möglich war, bestimmte Bauwerke (Stadtmauern o.ä.) zu errichten. Funde oder Überlieferungen, die darauf hinweisen, daß die Bewohner bestimmte technische Hilfsmittel hatten, liefern eine „echt kausale" Erklärung des „Möglichkeitsmodus" (a.a.O., S. 126f.).

Die Frage ist in diesem Falle auch nicht, welche zusätzlichen (bzw. hinreichenden) Bedingungen noch auftreten mußten oder ob p (die technischen Hilfsmittel) etwa „Ausdruck" oder selbst Folge anderer Bedingungen waren, sondern ausschließlich die Frage, ob die Bauwerke auch ohne diese Hilfsmittel hätten errichtet werden können. Die Frage, die dabei empirisch zu stellen ist, lautet: Finden wir diese Bauwerke *dann und nur dann, wenn wir auch die entsprechenden Hilfsmittel finden*?

Entsprechend dürfen wir diese Bauwerke nicht finden, wenn die entsprechenden Hilfsmittel nicht vorhanden sind. Dies bedeutet auch, daß wir uns aktiv auf die Suche nach derartigen Bauwerken begeben müssen. Ein Fund dieser Art wäre eine eindeutige Falsifizierungschance für die entsprechende Theorie. In Anlehnung an v. Wright möchte ich dieses Vorgehen „retrodiktive Kausalanalyse" nennen, die entsprechende Variable „notwendige Antecedensbedingung".

Vor diesem Hintergrund verliert das „post hoc ergo propter hoc"-Argument erheblich an Bedeutung. Selbst wenn sich z.B. herausstellen sollte, daß eine bestimmte politische Situation der Bewohner verbunden mit einer bestimmten Einstellung derselben eine höhere Erklärungskraft hätte als das Vorhandensein der Hilfsmittel (also gewissermaßen „prognostisch" zuverlässiger wäre), bliebe dennoch die „notwendige" kausale Relevanz dieser Hilfsmittel bestehen. Ich möchte diesen kausallogischen Exkurs hier beenden und festhalten, daß die vorgeschlagene empirische Überprüfung einer „Wie-möglich"-Aussage empirisch ebenso zuverlässig sein kann wie eine strikt experimentell-prognostische Überprüfung (deren Schwierigkeiten, auf die ich später noch eingehen werde, Grünbaum bezeichnenderweise vollkommen ignoriert).

Gegen die bisherigen Überlegungen könnte nun ein möglicherweise folgenschwerer Einwand vorgebracht werden, der, wenn er stichhaltig wäre, unsere ganzen Bemühungen, im Bereich von Sinnphänomenen eine kausalanalytische Rekonstruktion vorzunehmen, zunichte machen könnte. Dieser Einwand lautet, verknappt formuliert: wir hätten uns mit den Überlegungen im Hinblick auf eine „bedingte Prognose" bzw. eine „retrodiktive Kausalanalyse" unbemerkt wieder auf das Terrain eines naturwissenschaftlichen Kausalbegriffs begeben, ein Terrain, das wir ja gerade mit dem Begriff „sinnhafter“ oder „psychischer Determination“ verlassen wollten.

Ich glaube nicht, daß dieser Einwand stichhaltig ist. Zwar hatte ich weiter oben betont, daß sinnhafte Determination jeweils im Kontext eines Einzelfalles rekonstruiert werden muß („Individualgesetzlichkeit“, anders formuliert: „autopoietisch-selbstreferentielle“ Reproduktion). Ich hatte aber auch darauf hingewiesen, daß im Rahmen von Einzelrekonstruktionen Generalisierungen möglich sind. Wenn wir nun im Falle der Psychoanalyse zu dem Ergebnis gelangen, daß jeder Neurose ein Verdrängungsprozeß vorangeht (wobei dies, wie wir später sehen werden, auf „Übertragungsneurosen“ wie Hysterie, Zwangsneurosen etc. beschränkt ist), so können wir diesen Zusammenhang ohne weiteres in Form einer bedingten Prognose bzw. einer Universalretrodiktion ausdrücken, daß nämlich jedem N zwangsläufig ein P im Sinne von Grünbaum vorangeht. Wir werden später sehen, daß Adorno, eindeutig ein Vertreter des Sinn-Paradigmas, die Dichotomie von „ideographischem“ und „nomothetischem“ Vorgehen, wie sie von der „südwestdeutschen Schule“ der Erkenntnistheorie entwickelt wurde, verwirft und auf der Notwendigkeit sozialer „Gesetze“ beharrt. Im Falle der Psychoanalyse können wir m.E. dadurch, daß wir Einzelfallrekonstruktionen unter Berücksichtigung des Prinzips der retrodiktiven Kausalanalyse generalisieren, d.h. ohne daß wir auf den experimentellen Kausal- und Gesetzesbegriff des Szientismus rekurrieren, von „Gesetzmäßigkeiten“ sprechen.

Es wird mittlerweile deutlich, daß Grünbaums Argumentation nur dadurch einen Anschein von Plausibilität gewinnen konnte, daß er gewissermaßen eine Reihe von Nebenkampfplätzen eröffnete (gegen die psychoanalytische Hermeneutik, gegen fehlende experimentelle Überprüfung der Psychoanalyse, gegen den möglichen Placeboeffekt der Psychoanalyse etc.). Demgegenüber wurde die zentrale Behauptung von Grünbaum, daß es nur ein *experimentalistisches Verständnis von Kausalität* geben könne, implizit und ohne weitere Begründung eingeführt.

Sieht man einmal davon ab, daß auch die Psychoanalyse mittlerweile ihre Ätiologie differenzierte, d.h. eine nicht mehr ausschließlich auf Verdrängung basierende Ätiologie entwickelt hat (vgl. das anschließende Kapitel), so sieht die empirische Situation folgendermaßen aus:

1. Der von der Psychoanalyse aufgedeckte Zusammenhang zwischen der „Sinnhaftigkeit“ der psychoneurotischen Symptome und der biographischen Vorgeschichte wird von allen wichtigen therapeutischen Theorien und Methoden mittlerweile akzeptiert (z.B. auch von der Verhaltenstherapie).[22] In diesem er-

---

[22] Kontroversen gibt es hier allerdings zwischen verschiedenen Versionen der systematischen Therapie. Während z.B. Selvini-Palazzoli die Bedeutung des „biographischen Paradigmas“ anerkennt, ist es für Watzlawick, jedenfalls in therapeutischer Hinsicht, von geringer Relevanz.

weiterten Sinne ist die Universalretrodiktion zentraler Bestandteil therapeutischen Denkens geworden.

2. Um die Möglichkeit auszuschalten, daß es sich bei diesem Zusammenhang lediglich um die Feststellung einer „universellen Existenz“ krisenhafter biographischer Faktoren handelt, also z.B. eine kausal irrelevante Korrelation mit anderen relevanten Kausalfaktoren, muß die Frage gestellt werden, ob psychoneurotische Symptome auch ohne diese biographischen Faktoren auftreten. Dies wäre z.B. der Fall, wenn derartige Symptome auch aufgrund von organischen Defekten (hormoneller, hirnphysiologischer o.ä. Natur) entstünden. Alle Versuche, Ätiologien dieser Art zu konstruieren, sind jedenfalls für den Bereich der Neurosen (schwieriger ist die Situation im Bereich der Psychosen) bisher gescheitert. Eine derartige alternative Ätiologie wäre eine klare Falsifizierungschance für die „biographische Ätiologie“, ohne daß eine derartige Falsifizierung bisher stattgefunden hätte. Im Sinne der Popperschen Falsifikationslogik wäre es entscheidend, daß es keine Klasse von Basissätzen gibt, die mit der biographischen Ätiologie in Widerspruch stehen, während es andererseits eine Klasse von „zulässigen“ Basissätzen gibt (vgl. Kap. 5.2.)

3. Der Einwand, es handle sich hier - im Gegensatz etwa zu dem geschilderten archäologischen Beispiel - um „weiche Daten“, Selbstbeschreibungen der Patienten, die darüber hinaus durch suggestive Einwirkungen des Therapeuten verzerrt sein können, ist angesichts des geschilderten empirischen Sachverhalts wenig stichhaltig. Da der „biographisch-therapeutische Ansatz“ eindeutig falsifizierbar ist, aber bisher nicht falsifiziert worden ist, der Ansatz sich auch praktisch bewährt hat (s.u.), muß er nach den allgemeinen Regeln wissenschaftlicher Überprüfung als bewährte Theorie gelten. Eine andere Frage ist allerdings, welche relative Gültigkeit die einzelnen therapeutischen Theorien innerhalb dieses „biographisch-therapeutischen“ Ansatzes beanspruchen können.

Damit dürfte die Argumentationsstrategie von Grünbaum deutlich geworden sein. Erstens wird von ihm dogmatisch ein experimentalistisches Kausal- und Prüfkriterium eingeführt, ohne die alternative Möglichkeit einer retrodiktiven Kausalanalyse und deren empirische Kriterien zu überprüfen. Nachdem er auf diese Weise zunächst die mangelnde kausale Relevanz der psychoanalytischen Erklärungen (und damit indirekt auch deren „Unwissenschaftlichkeit“) „nachgewiesen“ hat, konzentriert er sich im folgenden - und vor dem Hintergrund seines „Beweises“ - nur noch auf die Psychoanalyse, ohne deren Stellenwert im Kontext eines seit nahezu einem Jahrhundert gesammelten therapeutischen Erfahrungsmaterials auch nur ansatzweise zu berücksichtigen. Zweitens wird das wichtigste Faktum des Scheiterns anderer Erklärungsansätze von ihm systematisch ignoriert. Drittens schließlich werden die faktisch durchgeführten Überprüfungen im Rahmen von Evaluationsstudien mit der falschen Behauptung zurückgewiesen, es gebe keine ausreichenden Evaluationsstudien bzw. da wo sie vorlägen, könne der Verdacht von Suggestions- oder Placeboeffekten nicht ausgeschlossen werden (vgl. auch unten 4.5).

Es erübrigt sich vor diesem Hintergrund fast, noch auf ein spezifisches Mißverständnis der Psychoanalyse (das allerdings nicht nur Grünbaum unterläuft) hinzuweisen. Ein experimentalistisch-prognostisches Vorgehen, wie es Grünbaum mit seiner Langzeitstudie zur empirischen Erhärtung der Psychoanalyse vorschlägt (da die klinischen Daten für ihn „unzuverlässig" sind), scheitert an dem von der Psychoanalyse als Erklärungsmoment in Anspruch genommenen Phänomen der „Nachträglichkeit". Selbst wenn wir, wie Grünbaum annimmt, die Anwesenheit oder das Fehlen von Abwehrstrukturen bei Kindern und Jugendlichen feststellen könnten und deren weitere Entwicklung im Erwachsenenalter (bzw. bis zum „Ausbruch" der Neurose) verfolgen könnten, würde dies keinerlei gesicherte Aussage über das Verhältnis von Abwehr und Neurose ermöglichen. Ob nämlich derartige frühe Abwehrphänomene (einmal unterstellt, wir könnten sie zuverlässig feststellen) zur Neurose führen oder nicht, hängt von einer völlig anders gelagerten Konstellation, eben der der Nachträglichkeit bzw. nachträglich eingreifender Faktoren, ab.

Es könnte, so gesehen, gerade zu der von Grünbaum u.a. vermuteten empirischen Widerlegung der Psychoanalyse kommen, weil wir wahrscheinlich erkennen könnten, daß es auch ohne feststellbare frühe Abwehr zur Neurose kommt, also die oben skizzierte Falsifikationsmöglichkeit eintritt. Der Begriff der Abwehr wird von Freud gerade so nicht verstanden: Abwehr kann sich gewissermaßen stumm, d.h. ohne symptomatische Manifestation vollziehen. Erst die spätere Aktivierung der verdrängten Vorstellungen, Wünsche etc. durch neue Erfahrungen, neue Interpretationsmöglichkeiten, Versagungen etc. führt dann zu einem zweiten Verdrängungsschub und zur Manifestierung der Neurose.

Es bleibt abschließend noch ein Punkt zu klären: Ich hatte oben die Psychoanalyse in den umfassenderen Kontext „biographisch-therapeutischer Ansatz" eingegliedert. Dies bedeutet, daß sich die Psychoanalyse mit der unbequemen Tatsache beschäftigen muß, daß sie möglicherweise nur in Konkurrenz und relativ zu anderen therapeutischen Theorien ihre Gültigkeit beanspruchen kann. Dies würde weiterhin bedeuten, daß sie sich mit Fragen bzw. Alternativen folgender Art beschäftigen muß: (1) Gibt es bestimmte Krankheitsbilder, für die bestimmte Therapien besser geeignet sind als andere (z.B. die Frage: ist für bestimmte Phobien Verhaltenstherapie „besser" als psychoanalytische Therapie)? (2) Ist der therapeutische Erfolg sehr unterschiedlicher Therapien möglicherweise darauf zurückzuführen, daß die Patienten jeweils konzeptneutral (d.h. durch allgemeine therapeutische Faktoren, die in jeder Form von Therapie wirksam sind) zu weniger destruktiven Interpretationen ihrer Biographie gelangen und auf diese Weise eine partielle Veränderung ihres Verhaltens und ihrer Persönlichkeit stattfindet? Ich kann diese Fragen an dieser Stelle noch nicht beantworten und möchte statt dessen auf die kurze Darstellung empirischer Therapieforschung im nächsten Abschnitt verweisen.

In methodologischer Hinsicht möchte ich noch einmal betonen, daß die Psychoanalyse eine spezifische Verbindung von Sinnrekonstruktion und Kausalanalyse darstellt, d.h. Strukturen sinnhafter Determination untersucht. Diese Form von Kausalanalyse wird, wie ich zeigte, von den Argumenten eines prognostisch-experimentalistischen Kausalverständnisses in doppelter Hinsicht, d.h. logisch und gegenstandsspezifisch, nicht tangiert. Sie repräsentiert eine *Kausalanalyse sui generis: die der sinnhaften Determination*.

Darüber hinaus besteht auch noch die Möglichkeit, diesen Kausalbegriff in einer weiteren Hinsicht für die Überprüfung des wissenschaftlichen Status der Psychoanalyse in Anspruch zu nehmen: im Rahmen von Evaluationsstudien. Ich möchte im nächsten Abschnitt auf dieses Problem eingehen.

4.5 Die klinische Überprüfung der Psychoanalyse durch Evaluationsstudien und die Weiterentwicklung der psychoanalytischen Ätiologie

Spätestens mit der Behauptung, es gäbe keine Möglichkeit, „klinische Daten von der möglichen Kontamination durch Suggestion freizuhalten“, zeigt sich auch auf empirischer Ebene die Fragwürdigkeit des Grünbaumschen Vorgehens. Von einer Rezeption der empirischen Therapieforschung kann bei ihm nämlich kaum gesprochen werden. Angesichts der Zielrichtung seiner Kritik ist eine derartige Rezeption jedoch unabdingbar. Erinnern wir uns: In „Grundlagen der Psychoanalyse“ (1988) hatte er noch pauschal davon gesprochen, daß die Wirksamkeit der Psychoanalyse nicht nachgewiesen sei. In der Zusammenfassung seiner Argumente (die dem Diskussionsband „Kritische Betrachtungen zur Psychoanalyse“, 1991, vorangestellt sind) verweist er ebenfalls lapidar, aber bereits differenzierend, auf einige wenige Untersuchungen (ohne deren Ergebnisse detailliert wiederzugeben), in denen festgestellt wird, daß auch andere Therapieformen erfolgreich und daß nicht nur „deutende“ sondern auch „stützende“ Verfahren in der Psychoanalyse erfolgreich sind. Dies ist, pointiert gesagt, das empirische Fundament seiner Kritik an der Psychoanalyse. Nach einer fast fünfhundert Seiten umfassenden Kritik der Psychoanalyse bleibt dem Leser am Ende ein fast unentwirrbares Gestrüpp aus Auslassungen, Halbwahrheiten und unbewiesenen Behauptungen.

Die neuere Therapieforschung (zusammenfassend: Grawe 1994) hat freilich gezeigt, daß „Einsicht“, d.h. das Aufheben von Verdrängung durch Deutung, lediglich einen der in der Psychoanalyse wirkenden Faktoren darstellt, aufgrund der am besten validierten Untersuchungen wahrscheinlich sogar einen zweit- oder drittrangigen. Darüber hinaus hat die vergleichende Psychotherapieforschung (und zwar jeweils im Vergleich zu unbehandelten Kontrollgruppen) gezeigt, daß psychoanalytische Therapie erfolgreich ist, allerdings nicht wesentlich erfolgreicher als andere Therapieformen. Damit ist der Vorwurf des „post hoc ergo propter hoc“ auch von der Seite der empirischen Evaluationsforschung im Prinzip entkräftet: behandelte Gruppen weisen ein signifikant niedrigeres Ausmaß an neurotischen Symptomen auf als unbehandelte Kontrollgruppen (wobei P natürlich therapiespezifisch unterschiedlich konzeptualisiert wird). Übrig bleibt dabei das Argument, daß die Beseitigung von N gar nicht auf die Beseitigung von P zurückzuführen ist, sondern auf mögliche andere Ursachen, z.B. auf Suggestion (so der Vorwurf von Grünbaum; ich werde darauf noch zurückkommen). „Zusammengebrochen“ ist damit psychoanalysespezifisch in der Tat die *therapeutische* TNB (TNB2), da die Differenzierung der kausalrelevanten Faktoren und die dadurch bedingte Differenzierung der psychoanalytischen Vorgehensweise, die Tatsachen der Spontanremissionen, insbes. aber die Tatsache der Erfolge anderer Therapieformen nicht mit der strikten Fassung der TNB vereinbar sind (außer vielleicht mit Hilfe der spekulativen These, daß andere Therapieformen wider ihr Selbstverständnis auch Abwehr aufheben). Ich möchte im folgenden aber zeigen, daß die Psychoanalyse diese Veränderungen teilweise selbst initiiert, teils darauf reagiert hat.

Wenn Grünbaum noch 1988 behauptet, daß die Wirksamkeit der Psychoanalyse nicht untersucht sei, kann er sich dabei allenfalls auf sehr langfristige Psychoanalysen beziehen. In der Tat gibt es in diesem Bereich nur eine Untersuchung, die strengen empirischen Kriterien standhält, die an der Menninger-Klinik in Topeka durchgeführte Untersuchung, über die Wallerstein bereits 1986 berichtet hatte (eine ausführliche Würdigung dieser Untersuchung findet sich in Grawe 1994). Ein erstes wichtiges Ergebnis dieser Untersuchung ist, daß die Langzeitpsychoanalyse nicht effektiver ist als die psychoanalytische Psychotherapie (wobei letztere im Rahmen dieser Untersuchung mit durchschnittlich 300 Stunden fast schon den Umfang einer klassischen Psychoanalyse hatte). Gute bis mäßige Verbesserungen ihres Zustandes erreichten 60 % der Patienten. Grawe weist darauf hin, daß diese Ergebnisse u.U. zu optimistisch sind, weil zwei von fünf Patienten (aus einer Gesamtzahl von 42) zu „Erfolgen“ gerechnet wurden, obwohl sie dauerhaft von therapeutischer Hilfe abhängig blieben. Problematisch ist darüber hinaus, daß drei Patienten im Rahmen des gesamten Untersuchungszeitraums von zwanzig Jahren Selbstmord begingen, drei weitere wurden als „indirekte Selbstmorde“ eingestuft (Grawe 1994, S. 180)

Mindestens ebenso wichtig ist die Menninger-Studie im Hinblick auf die Effizienz bestimmter Veränderungsfaktoren im Rahmen des therapeutischen Prozesses. Es zeigte sich nämlich, daß „Übertragungshandeln“ (der Patient ändert sich, weil er dadurch vom Therapeuten Wertschätzung erhält), „korrigierende emotionale Erfahrung“, Ermunterungen und Ratschläge des Therapeuten für reale Lebenssituationen sowie Maßnahmen, die darauf zielen, den Patienten von schädigenden Lebenssituationen fernzuhalten, zu den wirkungsvollsten dieser Faktoren zählen. „Die Hauptschlußfolgerung der Untersucher aus diesen Ergebnissen ist, daß Einsichten in unbewußte Konflikte sich zwar auch empirisch als wichtige Veränderungsfaktoren erwiesen haben, daß dieser Faktor aber in der psychoanalytischen Theorie zu sehr verabsolutiert worden sei“ (Grawe 1994, S. 185). Aus einer etwas anderen Perspektive weist Kächele (1992, S. 269ff.) darauf hin, daß der beste prognostische Faktor für den Verlauf der Therapie die „Ich-Stärke“ des Patienten war und damit auch unterschiedliche Formen der Ich-Stärkung in Betracht kommen. Bedenkt man ferner, daß keiner der Therapeuten wußte, daß er in die Untersuchung einbezogen wurde (Therapiematerial in dieser Hinsicht auch nicht „beschönigt“ wurde) und zieht man weiter die außerordentlich kritische Analyse der unabhängigen „rater“ im Hinblick auf das traditionelle Verständnis von Psychoanalyse in Betracht, so gibt es in dieser Untersuchung zumindest keine Anhaltspunkte dafür, daß die Therapieerfolge auf einer wie immer gearteten „Suggestion“ beruhten. Allerdings ist zu vermuten, daß Grünbaum derartige, aus traditioneller psychoanalytischer Sicht „unorthodoxe“ therapeutische Vorgehensweisen als „Placebotherapien“ einstufen würde.

Die psychoanalytische Theorie und Praxis hat seit einigen Jahrzehnten die Konsequenz aus den hier angeschnittenen Problemen gezogen, eine Konsequenz, die Cremerius (1979 in einem außerordentlich informativen Übersichts-Referat) zu der provokativen Frage verdichtete: „Gibt es zwei psychoanalytische Techniken?“ (und entsprechend auch: zwei psychoanalytische Theorien). Die Frage wird von Cremerius im wesentlichen bejaht, allerdings warnt er auch vor der Polarisierung in eine „paternistische Vernunfttherapie“ und eine „mütterliche Liebestherapie“ (a.a.O., S. 595). Für den Zweck unserer Argumentation genügt es, auf einen wesentlichen Aspekt der Überlegungen von Cremerius hinzuweisen. Während die „paternistische Vernunfttherapie“ vorwiegend mit dem Aufdecken und Durcharbeiten unbewußter Widerstände und Abwehrstrukturen beschäftigt ist (und insoweit im wesentlichen mit dem von Grünbaum skizzierten TNB-Modell der Psychoanalyse übereinstimmt), liegen die Verhältnisse bei der „mütterlichen Liebestherapie“ fast umgekehrt. Sie ist keine auf „Einsicht“, sondern auf einer neuen „emotionalen Erfahrung“ basierende Therapie: „Deuten“ ist dabei, nach Ansicht vieler Autoren, „unwichtig“, ja u.U. „schädlich“. Winnicott, als einer der Hauptrepräsentanten dieser Therapierichtung, stellt dabei fest (so Cremerius), „daß es nicht um Deutung von Verdrängtem gehe, sondern um Entwicklung und

Pflege von noch nie Repräsentiertem an einem guten mütterlichen Objekt" (a.a.O., S. 588).

Faßt man die Ergebnisse der empirischen Psychotherapieforschung und die von Cremerius zitierte Entwicklung einer „zweiten" psychoanalytischen Theorie und Technik (der Technik der korrigierenden oder neuen „emotionalen Erfahrung"), so ergeben sich eine Reihe von Forschungsperspektiven, mit denen die Psychoanalyse derzeit beschäftigt ist.

1. Es könnte sein, daß Abwehrmechanismen nicht mehr ein kausal notwendiger, sondern nur noch ein kausal relevanter Faktor neben anderen sind.

2. Es könnte sein, daß Abwehrmechanismen selbst die Folge von tieferliegenden strukturellen Problemen (z.B. lt. Kächele „Ich-Schwäche") sind oder diese zumindest verfestigen.

3. Es könnte sein, daß bestimmte psychopathologische Krankheitsbilder mehr oder weniger unabhängig von Abwehrmechanismen in Erscheinung treten.

Unsere Überlegungen haben gezeigt, daß die von Grünbaum aufgeworfenen Fragen mittlerweile in das Selbstverständnis und in die Forschungspraxis der Psychoanalyse eingegangen sind. Zusammenfassend läßt sich diese Forschungspraxis folgendermaßen skizzieren:

1. Sorgfältige vergleichende Studien mit Patienten und Kontrollgruppen haben die Wirksamkeit der psychoanalytischen Therapie nachgewiesen. Damit ist das „post hoc ergo propter hoc"-Argument weitgehend erschüttert (therapeutische Erfolge könnten allerdings noch immer auf Suggestion oder sonstige, noch unbekannte Faktoren rückführbar sein).

2. Neue theoretische Ansätze und entsprechende „Techniken" (Theorie der „emotionalen Erfahrung") haben neuartige ätiologische Annahmen ergeben, bei denen es weniger um Abwehr (entsprechend der TNB-These Grünbaums) als vielmehr um psychische (Nach-)Entwicklung bzw. um Entwicklung von psychisch noch nicht Repräsentiertem geht. Im Sinne des von Grünbaum selbst angeregten nicht-prospektiven, sondern *vergleichenden* Falsifikationsmodells wird damit postuliert, daß auch Nicht-P zu N führt und damit auch neuartige Krankheitsbilder und deren Ursachen in Betracht gezogen werden müssen. Bezeichnet man pathologische Strukturen, die Nicht-P sind, als S1, S2 etc., so wäre die Formel für ein vergleichendes Falsifikationsmodell: P→N, S1→N1, S2→N2 etc.

3. Differenzierte Untersuchungen über die Veränderungsfaktoren innerhalb des therapeutischen Prozesses (und die darin deutlich gewordene Kritik an der Verar-

beitung von Deutung bzw. „Einsicht") entkräften den Einwand bloßer Suggestionserfolge.

Warum diese langen Ausführungen zur Psychoanalyse? Die bisherigen Überlegungen sollten zwei Punkte klären: zum einen den wissenschaftlichen Status der Psychoanalyse; zum anderen sollte gezeigt werden, daß Kritik aus szientistischer Perspektive (wie sie z.B. Grünbaum vorträgt), Gegenstand und spezifische Methode der Psychoanalyse verfehlt. Kritik an der Psychoanalyse ist nur möglich, wenn man sich auf das für sie spezifische Sinn-Paradigma einläßt.

5 Reflexion über die Methodologie der Sozialwissenschaften (II): Das Beispiel des „Positivismusstreits“ - Annäherung an das Problem „Theorie, Methode und Wahrheit“

5.1 Adornos Verständnis „kritischer“ soziologischer Theorie

Der Begriff „Theorie“ legt nicht a priori eine bestimmte Methode nahe: Er beinhaltet zunächst nicht mehr als eine Aussage über die notwendige oder wahrscheinliche Verbindung von Phänomenen. Der Universalsatz: „Wenn die Sonne aufgeht, wird es hell“, wird uns nicht bewegen, entsprechende experimentelle Vorkehrungen anzustellen. Allenfalls würden wir zu einer Präzisierung im Sinne einer ceteris-paribus-Klausel greifen, d.h. wir würden z.B. eine gewisse Einschränkung für den Fall einer Sonnenfinsternis vornehmen. Um ein etwas komplexeres Beispiel anzuführen: Wenn wir feststellen wollten, wer in Deutschland zur Zeit Bundeskanzler ist, würden wir wahrscheinlich keine entsprechende statistische Umfrage machen. Nicht Theorie „als solche“, wohl aber eine jeweils inhaltlich bestimmte Theorie sollte uns also Hinweise liefern, welches methodische Vorgehen angemessen ist, und uns so vor methodischen Verabsolutierungen schützen. Szientistisches und Sinn-Paradigma, so lautete meine Behauptung, folgen notwendig zwei verschiedenen theoretischen und methodologischen Argumentationslinien. Ich möchte zur weiteren Klärung dieses Problems den Theoriebegriff zweier Denktraditionen, der (älteren und neueren) „kritischen Theorie“ und des „Kritizismus“ (wie er insbes. von Popper und Albert vertreten wird), überprüfen. Mein Anspruch ist keineswegs eine erschöpfende Darstellung dieser beiden Denktraditionen, vielmehr soll am Beispiel einiger ausgewählter Arbeiten die generelle Sichtweise beider Traditionen verdeutlicht werden.

Ich möchte mich dabei weitgehend auf die Positionen von Adorno und Popper beschränken, wie sie im Kontext des sog. „Positivismusstreits“ Ende der 60er und zu Beginn der 70er Jahre vorgetragen wurden. Um den Zugang zu der Kategorie der „Theorie“ einigermaßen breit anzulegen, möchte ich mich gleichzeitig auf die Kategorien „Kritik“ und „Wahrheit“ beziehen, die bei beiden Autoren mit der Kategorie der Theorie verbunden sind.

Obwohl Adorno und Popper in ihrer gemeinsamen Betonung des Vorrangs des sachlichen „Problems“ in der Sozialforschung[23] und in ihrem Festhalten an dem

[23] Insbes. in seiner Arbeit „The Poverty of Historicism“ (1966², dt.: Das Elend des Historizismus, 1965) macht Popper klar, daß er die vornehmste Aufgabe der Sozialwissenschaften in der

Begriff der „Wahrheit" scheinbar große Gemeinsamkeiten aufweisen, lösen sich diese Gemeinsamkeiten bei genauerer Betrachtung teilweise wieder auf. Dies läßt sich, gewissermaßen als Einstieg, an der Kategorie der „Totalität" zeigen, die in dieser Form lediglich für Adorno von Bedeutung ist (anders formuliert ließe sich auch sagen, daß die theoretischen Ausführungen Adornos um die Kategorie der Totalität zentriert sind, sich ohne sie gar nicht verstehen ließen). Totalität behauptet die „Abhängigkeit eines jeglichen sozialen Phänomens von der Totalität" (Adorno 1969, S. 133f.), damit z.B. auch der Motive der Subjekte oder der Forschungskonzeptionen der Wissenschaft. Zugleich sei „Abhängigkeit des sozial zu Beobachtenden von der Gesamtstruktur real gültiger als irgendwelche am Einzelnen unwiderleglich verifizierbare Befunde, und alles eher denn bloßes Gedankengespinst" (a.a.O., S. 134). Totalität, so Adorno, ist eine „kritische Kategorie" oder, wie er es selbst „provokatorisch" formuliert, „die Gesellschaft als Ding an sich, mit aller Schuld von Verdinglichung" (a.a.O., S. 19).

In Entgegnung auf Einwände, wie sie z.B. von Popper und Albert vorgetragen wurden, wird von Adorno nicht die Möglichkeit einer Explikation von Totalität, nur ihre „Verifizierbarkeit nach dem Faktenkriterium, das durch die Bewegung der Totalitätskategorie transzendiert wird" (ebd.) bestritten. Es sei hier angemerkt, daß sich bei Adorno hier erste Mißverständnisse der Popperschen Position einschleichen: (1) Trivialerweise ist entscheidend für Popper nicht das Verifikations-, sondern das Falsifikationskriterium. (2) Wenn der Nachsatz auf Popper gemünzt sein sollte (und ich die Kritik richtig verstanden habe), ist zu betonen, daß Popper eben gerade kein Faktenfetischist ist, sondern vielmehr seinerseits die Faktengläubigkeit des logischen Positivismus kritisiert. Alle singulären Aussagen der logischen Positivisten, so lautet kurz gesagt seine Kritik am logischen Positivismus, sind theoretische Sätze, insbes. sind aus solchen singulären Aussagen streng logisch und „induktionistisch" keine theoretischen Aussagen ableitbar.

Aber zurück zu Adorno. Die zwangsläufige Frage lautet nunmehr, welche Argumente Adorno für die „Gültigkeit" oder „Explikation" von Totalität vorbringt. Adornos Antwort scheint mir auf zwei Dimensionen zu liegen. Zum einen wird, insbes. in seiner Einleitung zum „Positivismusstreit" (gewissermaßen seinem soziologischen Vermächtnis) klar, daß Adornos Bezugnahme auf die Marxsche Wert- und Tauschlehre, verbunden mit der Vorstellung von der „Allgemeinheit des Monopolkapitalismus" (a.a.O., S. 13) ungebrochen ist. „Der totale Zusammenhang hat die konkrete Gestalt, daß alle sich dem abstrakten Tauschgesetz unterwerfen müssen, wenn sie nicht untergehen wollen" (a.a.O., S. 21).[24] Zum

---

Bekämpfung der großen „Übel" unserer Zeit sieht: Armut, Ausbeutung, Ungerechtigkeit etc. (a.a.O., S. 91).

[24] Wir stoßen hier auf eine Argumentationsfigur, die bereits in Adornos Verständnis von Psychoanalyse vorhanden ist: ebenso wie die gesellschaftliche Totalität der gewissermaßen trans-

anderen versucht er mit einem kurz gefaßten Beispiel, den „Berliner Ausschreitungen gegen Studenten 1967“ (wer erinnert sich noch daran?) den Zusammenhang zu verdeutlichen. Als erfahrener Vorurteilsforscher rekurriert er natürlich zuerst auf bekannte Phänomene wie „Antiintellektualismus“, „Projektion der Unzufriedenheit mit fragwürdigen Zuständen auf diejenigen, die diese Fragwürdigkeiten aussprechen“, Strukturen, die sich hinter den gängigen „Stereotypien“ gegenüber den Studenten („demonstrieren statt zu arbeiten“ etc.) verbergen. Dies sind bekanntlich Zusammenhänge, die er selbst als empirischer Forscher untersucht hatte. Aufschlußreich ist der weitere Schritt: Hier schlägt er den Bogen von der „Berliner Situation“ zur „internationalen Situation“. „Aus der sog. Berliner Situation abzuleiten, was von Machtkämpfen herrührt, die sich im Berliner Konflikt aktualisieren, ist borniert. Verlängert führen die Linien auf das soziale Geflecht“. Eliminiert man derartige Faktoren aus der Analyse, „so werden die Phänomene falschen Ursachen zugerechnet, regelmäßig profitiert davon die vorwaltende Ideologie“ (a.a.O., S. 18).

Während Adorno im ersten Schritt seiner Argumentation auf traditionelle Bestandteile der empirischen Vorurteilsforschung rekurriert, fällt bei seinem zweiten Schritt auf, daß Vermittlungsschritte (die Kategorie der Vermittlung spielt bekanntlich für die Kategorie der Totalität eine entscheidende Rolle) kaum erwähnt werden. Es könnte bzw. müßte z.B. gefragt werden: Waren die Ausschreitungen im Interesse bestimmter Gruppen oder gar gesteuert, welche besonderen Zusammenhänge bestimmen die „Berliner Situation“ etc.? Dies wären „teleologische“ bzw. „quasi-kausale“ Vermittlungsschritte, wie sie z.B. ein Historiker für seine Analyse verwenden würde. Erst im dritten Schritt gelangt Adorno zu einem wichtigen theoretisch-methodischen Postulat: Ohne weitere theoretische Reflexion bleiben die etwa zu ermittelnden irrationalen Stereotypien gewissermaßen ein Oberflächenphänomen.

Bemerkenswert ist auch, daß Adorno in seinen Beispielen die Kategorie des sozialen „Gesetzes“, auf die er sich ansonsten affirmativ bezieht, hier nicht heranzieht: „die südwestdeutsche Unterscheidung des Nomothetischen und Ideographischen darf dabei um so eher außer Betracht bleiben, als eine unverkürzte Theorie der Gesellschaft auf Gesetze, die ihrer strukturellen Bewegungen, nicht verzichten kann“ (a.a.O., S. 22). Während die Kategorie der Totalität dem Sozialwissenschaftler gewissermaßen ein „Vermittlungsgebot“ auferlegt, wobei diese Vermittlung für Adorno zugleich eine Kategorie der „immanenten Kritik“ darstellt und zugleich „Objektivität“ gewährleistet (a.a.O., S. 74), bedürfe die Kategorie des „Gesetzes“ anderer methodischer Operationen. Adorno führt dies nicht aus. Immerhin, so muß festgehalten werden, steht Adorno (wie im übrigen auch Ha-

---

zendentalen Gesetzmäßigkeit des Tauschgesetzes folgt, interpretiert Adorno das Unbewußte der Psychoanalyse als eine „transzendentale Gesetzmäßigkeit“.

bermas) quantifizierenden Verfahren im Prinzip positiv gegenüber (vgl. a.a.O., S. 59).

Diese Überlegungen leiten über zum Adornoschen Begriff der „Kritik". „Kritik" umfaßt m.E. mindestens drei miteinander verbundene Schritte. „Kritik" ist für Adorno (1) Theoriekritik, (2) Aufzeigen der gesellschaftlichen Widersprüche, z.B. von Wesen und Erscheinung, Anspruch und Wirklichkeit etc. (immanente Kritik) und (3) Kritik der Gesellschaft insgesamt. Ich möchte diese drei Begriffe von Kritik im folgenden näher erläutern.

1. Theoriekritik ist zunächst immanente Kritik. So weist Adorno (im übrigen durchaus übereinstimmend mit Popper) darauf hin, daß falsifizierende oder bestätigende Basissätze keine definitiven Entscheidungen über Theorien fällen. Sie sind stets problematisch, sie können selbst falsch sein oder können, wie Adorno meint, wahr und falsch zugleich sein (wenn sie etwa wie in der „Messung" demokratischer Einstellungen nur die Oberfläche des Phänomens treffen). Weiterhin können theoretische „Koordinatensysteme" oberflächlich bzw. ideologisch sein, z.B. „gewisse Phänomene unter Begriffe wie Prestige und Status zu bringen" statt sie aus „objektiven Herrschaftsverhältnissen abzuleiten" (a.a.O., S. 14). Schließlich - und dies dürfte vielleicht die wichtigste Dimension theoretischer Kritik sein - dürfen Theorien nicht bei einzelnen Phänomenen stehenbleiben, sie müssen den gesellschaftlichen Vermittlungszusammenhang, die gesellschaftliche Konstitution des Phänomens, mit anderen Worten „Totalität", berücksichtigen.

2. Dieser theoriebezogene Verweis auf Vermittlungszusammenhänge bzw. immanente Kritik impliziert zugleich den Übergang zur immanenten Kritik der Gesellschaft. „Die Vermittlungskategorie ist immanente Kritik" (a.a.O., S. 74). Derartige immanente Kritik ist bei Adorno mit der Wertproblematik verbunden - und zwar interessanterweise mit der „Wertfreiheit". „Immanente Kritik enthält das Moment der Wertfreiheit in Gestalt ihrer undogmatischen Vernunft, pointiert in der Konfrontation dessen, als was eine Gesellschaft auftritt und was sie ist" (ebd.). Es ist, wie Adorno an anderer Stelle formuliert, das Urteil der „Sache über sich selbst", m.a.W. „die Sache sei an ihrem Begriff zu messen" (a.a.O., S. 139). Dem habe z.B. Weber nur die „subjektiv irrationale Entscheidung" entgegenzusetzen.

Schwierig erscheint das Verhältnis der Sache zu ihrem Begriff einerseits, von Wesen und Erscheinung andererseits. Während die Differenz von Sache und Begriff noch einigermaßen klar als Widerspruch zwischen den Postulaten der bürgerlichen Gesellschaft (Freiheit, Gleichheit etc.) und ihrer Wirklichkeit zu verstehen ist, scheint in der Dialektik von Wesen und Erscheinung diese Spannung ausgeschaltet zu sein. Im Zusammenhang mit der Dialektik von Wesen und Erscheinung verweist Adorno auf die „entscheidenden Strukturen des sozialen Prozesses“, z.B. auf das Tauschgesetz, sowie darauf, daß das „verborgene Wesen das Unwesen“ sei (a.a.O., S. 18f.). Daran ändert sich m.E. auch wenig, wenn Adorno auf die Differenz zwischen einer „präindividuellen“ und einer „postindividuellen“ Gesellschaft hinweist. Totalität sei keine Kategorie „unmittelbarer Herrschaft und Unterwerfung“, es gäbe auch nicht-kapitalistische Enklaven. Nur, so spitzt Adorno das Problem weiter zu, sei die Frage, ob die „industrielle Tauschgesellschaft“ (in seiner Einleitung zum „Positivismusstreit“ spricht Adorno ohne Umschweife vom „Monopolkapitalismus“, a.a.O., S. 13) nicht derartiger Enklaven zu ihrer Selbstperpetuierung bedürfe (a.a.O., S. 127). Gehören diese Enklaven somit zum Wesen (und damit zum „Unwesen“) oder „nur“ zur Erscheinung?

Zu Adornos Theorieverständnis und -kritik gehört somit wesentlich der Bezug auf derartige philosophisch-theoretische Fragen wie „Begriff der Sache und Sache selbst“, „Wesen und Erscheinung“, die sich für ihn keinesfalls in falsifizierbare Hypothesen und entsprechende Basissätze auflösen lassen. Adorno verwendet in diesem Zusammenhang auch den Begriff des „strukturellen Moments“, wobei allerdings deutlich geworden sein dürfte, daß „strukturell“ für Adorno nur eine sehr vage Beziehung zum Strukturalismus im engeren Sinne besitzt. „Strukturalität“ ist für ihn eindeutig durch den Bezug zur Marxschen Wertlehre bzw. das Tauschgesetz und einen dadurch konstituierten Begriff von Totalität gesetzt. „Ohne die Antezipation jenes strukturellen Moments, des Ganzen, das in Einzelbeobachtungen kaum je adäquat sich umsetzen läßt, fände keine einzelne Beobachtung ihren Stellenwert“ (a.a.O., S. 127). Adorno drückt diesen Gedanken auch so aus, daß es soziologische Theoreme gäbe, die „den Erscheinungen so sehr widersprechen, daß sie von diesen her gar nicht zureichend kritisiert werden können“, und, so fährt er fort, „nicht alle Theoreme sind Hypothesen; Theorie ist das Telos, kein Vehikel von Soziologie“ (a.a.O., S. 132ff.). Adornos Bezug auf das Wertgesetz und die dadurch bedingten ideologischen „Verblendungen“ dürften deutlich machen, was Adorno mit derartigen Aussagen meint. Allerdings scheint Adorno zu übersehen, daß das Wertgesetz durchaus auf der Ebene ökonomischer Daten kritisierbar ist und kritisiert worden ist. Während Popper den zweiten Teil der Aussage Adornos (Theorie als Telos) im wesentlichen zustimmen würde, fände der erste Teil (nicht alle Theoreme sind Hypothesen) mit Sicherheit Widerspruch bei ihm. Mit einer derartigen Behauptung wäre Adornos soziologische Theorie für Popper als „Metaphysik“ disqualifiziert (obwohl Popper andererseits die Bedeutung metaphysischer Reflexionen schätzt, jedenfalls dann, wenn es nicht unmittelbar um Wissenschaft geht). Bestenfalls könnte sie als eine soziologische Variante des physikalischen „Konventionalismus“ à la Poincaré und Duhem gelten (vgl. Popper 1982[7]).

3. Kritik nach Adorno geht jedoch über immanente Kritik hinaus, Kritik muß „übergehen zur Kritik des soziologischen Objekts“ (1969, S. 135), also letztlich

Kritik der Gesellschaft sein. Diesen Übergang verbindet Adorno mit der Wertproblematik. Erinnern wir uns: Immanente Kritik war für Adorno „wertfrei". Das „Wertmoment" sei dagegen eine „praktische Aufforderung", die aus der Situation „herauszulesen" sei (a.a.O., S. 74). Wie begründet Adorno diese starke, in der verkürzten Darstellung fast naiv anmutende These? Es sind m.E. zwei zentrale Argumente, die Adorno weniger ausführt als vielmehr andeutet: (a) Gesellschaft ist ein „Funktionszusammenhang menschlicher Selbsterhaltung", er bezweckt „objektiv die dem Stand ihrer Kräfte adäquate Reproduktion des Lebens". Ist dies nicht gewährleistet, wäre „Vergesellschaftung selbst im einfachen kognitiven Verstande widersinnig" (a.a.O., S. 75). (b) Menschliche Selbsterhaltung ist im bestehenden gesellschaftlichen Zusammenhang bedroht. Unter Verweis auf Poppers Verständnis von „Problem" betont Adorno: „Gesellschaft, die sich und ihre Mitglieder am Leben erhält und zugleich mit dem Untergang bedroht, ist Problem im emphatischen Sinne" (a.a.O., S. 128f.). An anderer Stelle schreibt Adorno, daß die gegenwärtige „Krisis" nicht nur eine der bürgerlichen Gesellschaft sei, sondern daß der „physische Fortbestand der Gesellschaft insgesamt" bedroht sei (a.a.O., S. 142).

Adornos Argumentation ist also zum einen nicht so naiv, daß er, wenn er sich an der „Sache selbst" orientiert, sich zugleich auch an bestimmten, in der Gesellschaft geltenden Werten orientieren müsse, wie etwa Ritsert (1994, S. 82f.) meint. Adorno bezieht sich vielmehr auf den Wert menschlicher *Selbsterhaltung*, worin ihm möglicherweise auch Verfechter der Wertfreiheit folgen würden. Der Pferdefuß seiner Argumentation liegt jedoch im zweiten Teil des Arguments. Die Annahme, daß die Selbsterhaltung der Subjekte und der Gesellschaft tatsächlich bedroht ist, beruht auf Adornos Theorie - und dies dürfte für viele Theoretiker, Anhänger oder Gegner der Wertfreiheit, umstritten sein. Ebenso umstritten dürfte sein, was die „adäquate Reproduktion des Lebens" ist. Andere, ähnliche Argumente, die Adorno vorbringt, z.B. daß die Existenz des „Hungers den Eingriff in die Produktionsverhältnisse erfordere" (1969, S. 74) sind schwächer und lediglich in Bezug auf den Kern seiner Argumentation stichhaltig.

Adornos weitere Schlußfolgerung, daß angesichts der von ihm geschilderten Situation die subjektive, auf die Zweck-Mittel-Relation beschränkte Vernunft in objektive Vernunft „umschlüge", würde sie nicht durch „gesellschaftliche oder szientifische Machtgebote" aufgehalten werden (a.a.O., S. 75), leitet unmittelbar zu seinem Verständnis von „Wahrheit" über. „Objektive Vernunft", so dürfen wir hier ergänzen, wäre diejenige Vernunft, die nicht nur auf Zweck-Mittel-Relationen, sondern auf die vernünftige Gestaltung des Ganzen gerichtet wäre.

Die bisherigen Ausführungen dürften deutlich gemacht haben, daß Adorno mit diesen Überlegungen keine „Konsenstheorie der Wahrheit" anstrebt (wie sie z.B. später Habermas entwickeln wird und wie sie in gewissem Sinne auch Popper vertritt). Zwar impliziert auch bei Habermas die Konsenstheorie der Wahrheit die Idee des „wahren Lebens“ (Habermas 1971, S. 155), sie besitzt jedoch bei Adorno einen anderen Stellenwert. Das „wahre Leben“, das in diesem Zusammenhang nur negativ, als Kritik der bestehenden Gesellschaft (Abschaffung der Bedrohung der „menschlichen Selbsterhaltung“, damit auch der Unterdrückung, des Hungers, letztlich des Klassenverhältnisses) formuliert werden kann, bemißt sich an den Prämissen und Schlußfolgerungen einer Theorie, die im wesentlichen auf der Marxschen Theorie des Wertgesetzes und des Klassenverhältnisses beruht. „Im emphatischen Begriff der Wahrheit ist die richtige Einrichtung der Gesellschaft mitgedacht, so wenig sie als Zukunftsbild auszupinseln ist“ (1969, S. 143). Mitgedacht ist dabei eigentlich zu schwach ausgedrückt, da es nirgendwo einen anderen Bezugspunkt für einen „emphatischen Begriff der Wahrheit“ gibt als die negativ, als Kritik konzipierte Vorstellung einer „richtigen Einrichtung einer Gesellschaft“. Das Verhältnis von Wahrheit, Kritik und Theorie drückt Adorno nochmals in Bezugnahme auf Horkheimers Konzeption traditioneller und kritischer Theorie (die bekanntlich ebenfalls auf einer kaum modifizierten Übernahme der Marxschen Theorie beruht) aus: „Kritische Soziologie ist, wenn ihre Begriffe wahr sein sollen, ihrer eigenen Idee nach Kritik der Gesellschaft, wie Horkheimer in der Abhandlung über traditionelle und kritische Theorie es entfaltete“ (a.a.O., S. 135). Da, wie wir gesehen haben, Kritik auf einer bestimmten Theorie, nämlich der marxistischen Theorie, beruht und durch diese legitimiert wird, läßt sich dieser Satz Adornos auch so formulieren: Weil die Begriffe der kritischen Theorie wahr sind, müssen sie zugleich Kritik der Gesellschaft ist.

Theoretisch wäre noch eine „schwächere“ Form des Wahrheitsbegriffs bei Adorno möglich: Der Bezug auf das „Ganze“, auf „Totalität“ unabhängig von einer spezifischen theoretischen Orientierung. Abgesehen davon, daß bei Adorno das Ganze auch wiederum das „Unwahre“ wäre, wäre diese Version von Wahrheit nicht mit Adornos Theorie vereinbar. Die Notwendigkeit von Kritik resultiert für ihn inhaltlich letztlich daraus, daß die Selbsterhaltung der Gesellschaft und ihrer Subjekte nicht gewährleistet ist.

Zusammenfassend läßt sich Adornos soziologische Theorie und Methodologie folgendermaßen bilanzieren: Plausibel erscheint sein Argument, daß alle materialen Ergebnisse soziologischer Forschung auf ihre gegenständlichen und theoretischen Vermittlungen zu hinterfragen sind. Sonst besteht die Gefahr, daß „die Phänomene falschen Ursachen zugerechnet“ werden (a.a.O., S. 18). Problematisch ist jedoch der in den Vermittlungsschritten und der damit verbundenen Kritik implizierte theoretische Dogmatismus. Daran ändert sich prinzipiell auch nichts, wenn Adorno auf die Gefahren „hypostasierter Dialektik“ hinweist: „Hypostasierte Dialektik wird undialektisch und bedarf der Korrektur durch jenes fact finding, dessen Interesse die empirische Sozialforschung wahrnimmt“

(a.a.O., S. 35). Es bleibt die Tatsache, daß sich Adorno mit dem Problem der „Hypostasierungen“ durch die marxistische Theorie nicht auseinandersetzt. Da die „Vermittlungsschritte“ stets auf eine bestimmte Theorie bezogen sind, die ihrerseits als gültig unterstellt wird, beruht Adornos Wahrheitsbegriff auf einer Konzeption objektiver Vernunft, die sich im Verhältnis von „wahrer“ Theorie und der von ihr kritisierten gesellschaftlichen Realität manifestiert. Der Wahrheitsbegriff Adornos impliziert somit doch wieder die Frage: Wie und durch welche Kriterien kann gewährleistet werden, daß die „kritischen“ Begriffe und damit die Kritik der Gesellschaft wirklich „wahre“ Begriffe sind? Auf diese transzendentallogische Dimension des Wahrheitsbegriffes geht Adorno jedenfalls in seinen soziologischen Schriften nicht ein; sein Begriff von Wahrheit ist letztlich am Wert des Überlebens - allerdings nicht eines Überlebens um jeden Preis, sondern gemäß dem utopischen Konzept des „richtigen Lebens“ - orientiert. Wir werden später sehen, daß der Habermassche Wahrheitsbegriff implizit an diesem Schwachpunkt der älteren kritischen Theorie ansetzt.

5.2 Poppers „kritischer Rationalismus“

Aus der Perspektive von Poppers „Kritizismus“ (1969, S. 116) scheinen sich alle diese Probleme (insbes. das Problem der Theorieentwicklung) wesentlich einfacher zu gestalten. Ähnlich wie Adorno postuliert Popper die Bedeutung des „Problems“ (ich habe bereits oben darauf hingewiesen, daß beide im Ausgang von Problemen wie der Armut, der politischen Unterdrückung etc. durchaus Gemeinsamkeiten besitzen - dies wären auch für Adorno Probleme im „emphatischen Sinne“). „Beobachtung“ des Problems ist dabei nicht Beobachtung an sich, sondern „problemerzeugende Beobachtung“ (die Kritik am logischen Positivismus ist auch hier deutlich). Für diese Probleme entwickelt der Sozialwissenschaftler „Lösungsversuche“ in Gestalt von Theorien. Auch hier sind sich Adorno und Popper sowohl in der Ablehnung des Induktionismus bzw. Naturalismus im Kontext des logischen Positivismus als auch in der Betonung der die Einzelbeobachtung überschreitenden theoretischen Konstruktion einig. Darüber hinaus dürfte, jedenfalls in einem sehr allgemeinen Sinne, auch über die Bedeutung praktischer Kritik weitgehendes Einverständnis bestehen: Lösungsvorschläge für Probleme zu entwickeln ist eine Form von praktischer Kritik.

Diese Übereinstimmungen finden freilich ihre Grenze, wenn Popper das Kernstück seiner theoretischen Kritik, sein Falsifikationskonzept, entwickelt. Lösungsversuche in Form von Theorien sind „deduktive Systeme“, mit denen ein „Explikandum“ erklärt wird: „Eine völlig explizite Erklärung besteht immer in der logischen Ableitung (oder Ableitbarkeit) des Explikandums aus einer Theorie, zusammen mit den Anfangsbedingungen. Das logische Grundschema jeder Erklärung besteht also in einem logischen, deduktiven Schluß, dessen Prämisse aus Theorie und den Anfangsbedingungen besteht und dessen Konklusion das Explikandum ist". Mit logisch-deduktiven Schlüssen wird nicht nur die „Übertragung der Wahrheit" von den Prämissen (Theorie und Anfangsbedingung) auf die Konklusion möglich, sondern ebenso auch umgekehrt von der Falschheit der Konklusion auf wenigstens eine der Prämissen. Deduktive formale Logik ist somit das „Organon der Kritik" (a.a.O., S. 116).

Nach dem oben Gesagten leuchtet ein, daß Adornos Kritik besonders an diesem Punkt einhaken muß. Adorno moniert, daß Poppers „Kritik" ihr „Wesen" in der Beseitigung der logischen Widersprüche sehe, d.h. der Widersprüche theoretischer Aussagensysteme im Verhältnis zu falsifizierbaren Basissätzen oder, anders formuliert, der Widersprüche zwischen theoretischer Konklusion und in Basissätzen ausgedrückten Erfahrungen. Kritik müsse jedoch zu den „Widersprüchen" in „der Sache" fortschreiten (Adorno 1969, S. 23). Kritik, so Adorno, sei Aufgabe konsequenter Theorie: sie sei nicht nur auf die „Konfrontation mit Protokollsätzen" zu beschränken (a.a.O., S. 132). Obwohl Adorno sich an dieser Stelle (es handelt sich um sein Ko-Referat zu Poppers „Logik der Sozialwissenschaften" auf der Tübinger Arbeitstagung der Deutschen Gesellschaft für Soziologie 1961) nicht direkt auf Popper bezieht, unterläuft Adorno in seiner Popper-Kritik ein schwerwiegender Fehler. Zwar ist „deduktive Logik" für Popper „Organon" wissenschaftlicher Kritik, sie erschöpft sich jedoch nicht darin. Daß Popper logische Widersprüche in theoretischen Aussagesystemen beseitigen will, schließt keineswegs aus, daß er sich mit „Widersprüchen in der Gesellschaft" beschäftigt, wie seine kurze Aufstellung von Problemlagen zeigt. Es wäre allenfalls die Frage, ob Popper derartige Probleme auch als „Widersprüche" bezeichnen würde. Auch Adornos Hinweise auf die „Logizität des gesellschaftlichen Substrats" (a.a.O., S. 34) ist zwar im Prinzip richtig, erweist sich jedoch im Hinblick auf Popper nicht gerade als Volltreffer. „Logizität des Substrats" wäre für Popper selbstverständlich eine inhaltlich-theoretische Frage, während sich sein Kriterium der Kritik auf die Möglichkeit der *Geltung* der daraus abgeleiteten Theorie bezieht.[25] Und so ist es schließlich auch nicht überraschend, daß Adorno zu der Schlußfolgerung gelangt, daß beide Formen von Kritik, die formallogische à la Popper (Adorno nennt sie „subjektive Kritik") und die objektive Kritik der dialektischen Theorie, notwendig sind.

Daß sich wissenschaftliche Kritik nicht auf das „Organon" deduktiver Logik beschränkt, zeigt das Poppersche Verständnis der sog. Basissätze. Basissätze dienen bekanntlich der Falsifizierung von Theorien. Genauer gesagt ist eine Theorie dann falsifizierbar bzw. „empirisch", wenn es zwei mögliche Teilklassen von Ba-

---

[25] Daraus läßt sich allerdings nicht ableiten, daß Popper Fragen der *Entstehung* und der *Geltung* von Theorien radikal trennt.

sissätzen gibt: solche, mit denen sie in Widerspruch steht, und solche, die sie erlaubt. Dies bedeutet für Popper zugleich, daß die Theorie etwas über die Klasse der Falsifikationsmöglichkeiten aussagt (sie „behauptet die Falschheit aller ihrer Falsifikationsmöglichkeiten"). Über die „erlaubten Basissätze" sagt sie dagegen nichts aus, insbes. nicht, daß diese „wahr" seien (1982, S. 53ff.). Diese scheinbare Klarheit der Falsifizierung durch Basissätze wird von Popper zunehmend problematisiert. Ich möchte hier nur die wichtigsten Aspekte aufzählen: (1) Nicht ein einmaliges Ereignis falsifiziert eine Theorie (es könnte zufällig, nicht reproduzierbar sein), sondern eine „empirische Hypothese von niedrigerer Allgemeinheitsstufe", die der Theorie widerspricht (a.a.O., S. 54). (2) Basissätze werden durch „Beschluß, durch Konvention anerkannt". Diese Festsetzung erfolgt „anläßlich einer Anwendung der Theorie und ist Teil dieser Anwendung" (a.a.O., S. 71). (3) Es gibt keine reinen Beobachtungen und damit keine „reinen Basissätze", sie sind vielmehr von Theorien durchsetzt und werden von Problemen und Theorien geleitet. (4) Basissätze sind damit selbst „Hypothesen, fast wie allgemeine Sätze" (a.a.O., S. 76).

Zusammenfassend und selbstkritisch bemerkt Popper zu dieser Problematik, daß der Ausdruck „Basissätze" einen „ironischen Beiklang" habe („die Basis schwankt"): „die Wissenschaft baut nicht auf Felsengrund. Es ist eher ein Sumpfland, über dem sich die kühne Konstruktion ihrer Theorien erhebt" (a.a.O. S. 75ff.). Damit wird, so nehme ich an, hinreichend deutlich, daß zwar deduktive Logik das Organon „wissenschaftlicher Kritik" für Popper ist, die Implikationen und praktischen Anweisungen für die Falsifikation sich jedoch keineswegs in formaler Logik erschöpfen. Es dürfte deshalb zumindest nicht auf Popper zutreffen, wenn Adorno den Positivismus dadurch charakterisiert, daß er eine „letzte Zuflucht in Ontologie" suche, „wäre es auch nur die gänzlich formalisierte, inhaltslose des Deduktionszusammenhangs von Sätzen an sich" (1969, S. 33). Wir gelangen über die Reflexion des Popperschen „Falsifikationismus" vielmehr zu einem methodologischen Axiom, das wir bereits oben, im Kontext der Paradigmendiskussion betont hatten: zum *Axiom der relativen Zirkularität von empirischen Geltungsansprüchen einer Theorie*. Basissätze sind Basissätze stets nur aus der Perspektive einer bestimmten Theorie.

Dennoch hält auch Popper am Begriff der „Wahrheit", ebenso wie Adorno, fest (auch dies ist ein Punkt der Übereinstimmung, den Adorno bei aller Kritik an Popper immer wieder positiv hervorhebt). Poppers Wahrheitsbegriff erscheint auf den ersten Blick paradox. Einerseits können wir die Wahrheit, wie Popper immer wieder betont, nicht erkennen, andererseits ist doch eine „Annäherung an die Wahrheit" gegeben (1969, S. 118). „Da wir die Wahrheit nicht kennen, so ist es klar, daß wir bestenfalls immer nur die relative Wahrheitsnähe zweier oder mehrerer Theorien vergleichen können" (1982, S. 433). Der Widerspruch läßt sich jedoch auflösen, wenn wir uns vergewissern, was Falsifikation bedeutet. Falsifikation bedeutet ja nicht automatisch, daß eine Theorie überhaupt keine zutreffenden Prognosen liefert, sie kann vielmehr auch bedeuten, daß eine Reihe von Prognosen zutreffen, andere wiederum nicht. Die Theorie ist dann für einen bestimmten Bereich falsifiziert, wie Popper dies im Fortschreiten von der geozentrischen zur heliozentrischen Theorie des Sonnensystems bzw. bis zu Einsteins Relativitätstheorie zeigt. Obwohl alle diese Theorien sich logisch widersprechen, lieferten die meisten von ihnen eine Reihe zutreffender Prognosen, was, so Popper, nicht auf „Zufall" zurückgeführt werden kann. Die beste Theorie, d.h. die Theorie, die der „Wahrheit" am nächsten kommt, ist diejenige, die die meisten zutreffenden Prognosen liefert. Sie kommt der Wahrheit „nahe", zumindest „näher als die Theorie mit weniger zutreffenden Prognosen" (ebd.).

Logisch beweisbar ist diese „relative Wahrheitsnähe" freilich nicht. Popper weist deshalb auch zurecht darauf hin, daß wir „unsere Theorien nicht rational rechtfertigen und nicht einmal als wahrscheinlich erweisen können". Wir können sie jedoch „rational kritisieren" und „bessere von schlechteren unterscheiden" (1969, S. 12). Es sei in diesem Zusammenhang auch noch darauf hingewiesen, daß für Popper - wiederum in Übereinstimmung mit Adorno - das Postulat der „Wertfreiheit" des Wissenschaftlers „gänzlich verfehlt" ist (a.a.O., S. 112). Wissenschaftliche Objektivität ist keine Qualität, die durch irgendwelche subjektiven Einstellungen des Forschers, sondern ausschließlich durch wissenschaftliche Überprüfungsverfahren und durch die „kritische Tradition" (ebd.) hergestellt wird.

Vor diesem Hintergrund liegt es nahe, bei Popper gewissermaßen eine pragmatische Theorie der Wahrheit mit transzendentem Hintergrund zu konstatieren. Für Popper sind bessere oder schlechtere Theorien, im Sinne besserer oder schlechterer Prognosen, nicht deshalb schon „wahr". Wir können diese Prognosen allenfalls als Indizien für das Erkennen objektiver Strukturen und damit als Indizien für die Wahrheit betrachten. Das Reich des kantianischen „An sich" ist uns nicht unmittelbar zugänglich. Wir folgen mit Popper somit einer metaphysischen Idee der Wahrheit, die er ebenfalls kantianisch als „regulative Idee der Wahrheit" bezeichnet. Hier zeigt sich nun in aller Schärfe der Unterschied (letztlich aber wieder auch eine Verwandtschaft) zwischen dem Adornoschen und dem Popperschen Wahrheitsbegriff. Letztlich folgt Adorno einem substantialistischen Wahrheitsbegriff, der darüber hinaus immanent expliziert wird. Über wahre Begriffe und Aussagen verfügen wir bei Adorno deshalb, weil wir eine „wahre" Theorie besitzen. Poppers Theorie der Wahrheit wird in Bezug auf Transzendenz expliziert. Da Häufung und Steigerung zutreffender Prognosen nicht einfach Zufall sein kann, dürfen (oder müssen?) wir von der regulativen Idee einer „an sich" existierenden *transzendenten* Wahrheit ausgehen.

Bemerkenswert ist weiterhin, daß Popper sein Argument der „Annäherung an die Wahrheit" auf das Problem der „Situationsanalyse" in den Sozialwissenschaften überträgt, ja es hier geradezu für „unentbehrlich" hält (1969, S. 121). „Situationsanalysen" sind qualitative Vorgehensweisen, die der Logik einer „objektiv-verstehenden" Methode folgen (a.a.O., S. 120). Es handelt sich dabei um eine teleologische Argumentation, wonach ein Subjekt (ein Individuum oder eine Gruppe) ein „bestimmtes" Ziel verfolgt und zu diesem Zweck bestimmte Handlungsmaximen (z.B. „Theorien") verwendet. Obwohl sie schematisiert und häufig falsch sind, können sie „im streng logischen Sinne gute Annäherungen an die Wahrheit sein ... Vor allem aber sind die Situationsanalysen rational und empirisch kritisierbar und verbesserungsfähig" (a.a.O., S. 121).

Nachdem wir gesehen haben, daß Popper qualitative Verfahren in die Sozialwissenschaft einführt, nämlich „objektives" Verstehen und teleologische Erklärungen (und sich damit implizit von dem üblichen positivistischen Vorurteil gegen angeblich bloß „intuitives" Verstehen absetzt), überrascht es uns nicht mehr so sehr, wenn wir in einem anderen Text, in „Das Elend des Historizismus" (1966^2), eine Erweiterung des Experimentbegriffs finden, die so erstaunlich ist, daß sie hier kurz skizziert werden soll. Erstaunlich ist dieser Experimentbegriff nicht zuletzt deshalb, weil Popper häufig von Vertretern „harter" experimenteller Methoden als Gewährsmann in Anspruch genommen wird und in der „Positivismus"-Debatte von den Vertretern der „kritischen" Theorie auch als solcher verstanden wurde.

Popper bereitet sein zentrales Argument dadurch vor, daß er die Unmöglichkeit betont, a priori zu messen, auf welche Störvariablen wir bei einem (kontrollierten) Experiment stoßen bzw. wo wir identische experimentelle Bedingungen finden. Wir können dies stets nur durch Experimente und somit a posteriori feststellen. Von diesem Punkt aus wendet er sich gegen die „historistische" Position, daß die unterschiedlichen sozialen Bedingungen keine Experimente erlauben würden. Anschließend gelangt er zu der verblüffenden Schlußfolgerung, daß wir unser historisches Wissen ebenfalls „experimentell", nämlich durch „Gedankenexperimente" erlangen: „In other words, the doctrine of the difference between historical periods far from making social experiments impossible, is merely an expression of the assumption that, if shifted into another period, we should continue to make our piecemeal experiments, but with surprising or disappointing results. In fact, if we know anything about different attitudes in different historical periods, then it is from experiments, carried out in our imagination" (a.a.O., S. 95). Auch der Anthropologe, so Popper, arbeitet in seiner Feldarbeit mit Gedankenexperimenten: er vergleicht seine Erwartungen mit den realen Bedingungen, die er in Gesellschaften vorfindet, die ihm unter Umständen „so fern sind wie die der Steinzeit" (a.a.O., S. 96).

Von hieraus entwickelt Popper eine methodologische Position, die geradezu als Kampfansage gegenüber den Vertretern „harter" experimenteller Methoden zu werten ist. Ich möchte die wichtigsten Punkte dieser Position kurz skizzieren:

1. Popper geht von einem Vorrang des Problems gegenüber der Methode aus. Anstatt zu untersuchen, was sich mit bestimmten Methoden untersuchen läßt, müsse sich die Methode von den praktischen Problemen „inspirieren" lassen: „The more fruitful debates on method are always inspired by certain practical problems which face the research worker; and nearly all debates on method which are not so inspired are characterized by that atmosphere of futile subtlety which brought methodology into disrepute with the practical research worker" (a.a.O., S. 57). Adorno würde in diesem Punkte nachdrücklich zustimmen. Statt „bewährte" Methoden immer wieder anzuwenden, sei es fruchtbarer, ja „revolutionär, neue Methoden zu erfinden und anzuwenden".

Die von ihm propagierte Methode, die „Stückwerkmethode" („piecemeal method") ist ein Sammelbegriff für ein methodisches Vorgehen, das sich praktisch auf alle Probleme anwenden läßt (wie wir gesehen haben, per Gedankenexperiment sogar auf die Vergangenheit) und das letztlich auf zwei einfachen Grundannahmen beruht: (a) der Formulierung von Hypothesen; und (b) der Überprüfung dieser Hypothesen durch - in höchst unterschiedlichem Maße - kontrollierte Beobachtung. Die „piecemeal method" läßt sich auf die großen und dringenden Probleme der Gesellschaft anwenden: „This method can be used, more particularly, in order to search for, and fight against, the greatest and most urgent evils of society, rather than to seek, and to fight for, some ultimate good ... But a systematic fight against definite wrongs, against concrete forms of injustice or exploitation, and avoidable sufferings such as poverty and unemployment, is a very different thing from the attempt to realize a distant ideal blueprint of society" (a.a.O., S. 91).

Dieses Zitat wirft ein weiteres Licht auf eine bereits angesprochene „Kontroverse" zwischen Popper und Adorno. Obwohl auch Popper hier, ähnlich wie Adorno, von der Vorstellung der „richtigen Einrichtung einer Gesellschaft" ausgeht, operiert Popper nicht wie Adorno mit einem substantialistischen Wahrheitsbegriff („Wahrheit" erschließt sich im Rahmen dieses substantialistischen Wahrheitsbegriffs erst in der Kritik an den gesellschaftlichen Einrichtungen, einer Kritik vor dem Hintergrund einer bestimmten Theorie und der darauf bauenden Annahme, daß das Überleben der Gesellschaft und der Individuen gefährdet ist, s.o.), wohl aber hält er die Frage der „gerechten Einrichtung" der Gesellschaft für wahrheitsfähig. M.a.W.: es läßt sich empirisch überprüfen, ob und wie weit sich Armut, Ausbeutung und Ungerechtigkeit abschaffen lassen. Andererseits gerät auch Adorno nicht in den Verdacht, eine „ideal blueprint of society" zu vertreten, sein Ansatz ist nicht affirmativ, sondern „kritisch". Als Nachtrag zu dem Adorno-

Popper-Vergleich läßt sich vor dem Hintergrund der Popperschen „piecemeal method“ somit noch einmal unterstreichen, daß Adorno zunächst in dem Punkt einem Irrtum unterliegt, wenn er der vermeintlichen Priorität des „logischen Widerspruchs“ bei Popper die „Logizität“ des gesellschaftlichen Substrats entgegenhält. Für Popper haben, ebenso wie für Adorno, die „größten und dringendsten Übel der Gesellschaft“ (ohne Zweifel also Probleme im „emphatischen Sinne“) Vorrang. Die Methode muß sich an ihnen orientieren.

Poppers „piecemeal method“ lehnt die scharfe Trennung eines „vorwissenschaftlichen“ und eines „wissenschaftlichen“ experimentellen Ansatzes ab. Entscheidend sind vielmehr die beiden oben genannten Grundannahmen (Hypothesenbildung und Beobachtung), allgemeiner „Versuch und Irrtum“ (a.a.O., S. 87). Die oben genannten gesellschaftlichen Probleme lassen sich nur durch „Versuch und Irrtum“ lösen, unter Bedingungen, die in der Regel alles andere als „wissenschaftlich“ kontrollierbar sind. Popper faßt sein unkonventionelles Verständnis von Experiment und wissenschaftlicher Methode folgendermaßen zusammen: der Vertreter der „piecemeal method“ „must rely often on experiments carried out mentally, and on an analysis of political measures carried out under conditions, and in a manner, *which leave much to be desired from the scientific point of view*“ (a.a.O., S. 97, hvg. M.C.).

2. Poppers „Stückwerkmethode“ propagiert keineswegs den Vorrang des Experiments (bzw. der Methode im engeren Sinn) vor der Theorie, im Gegenteil. Priorität hat für ihn die Theorie, genauer: die Weiterentwicklung der Theorie und damit des Verständnisses der Gesellschaft: „I believe that theories are prior to observations as well as to experiments, in the sense that the latter are significant only in relation to theoretical problems“ (a.a.O., S. 98). Beobachtung und Experiment gehen weder inhaltlich der Theorie voraus (Poppers bekanntes Argument gegen Induktionismus und Positivismus), noch dürfen sie bestimmen, welche Gegenstände untersucht werden. Sie haben lediglich die „bescheidenere“ („more modest“) Funktion der Überprüfung von Theorie.

Ziel der Popperschen „Stückwerkmethode“ ist, neben der bereits erwähnten „Situationsanalyse“, die Entwicklung theoretischer Modelle, mit deren Hilfe gesellschaftliche und politische Prozesse verstanden und gesellschaftliche Veränderungen sinnvoll angestrebt werden können. „In other words, our individualistic and institutional models of such collective entities as nations, or governments, or markets, will have to be supplemented by models of political situations as well as of social movements such as scientific and industrial progress“ (a.a.O., S. 149).

Letztlich strebt Popper einen Typ „soziologischer Theorien“ an, der für alle „gesellschaftlichen Perioden“ Gültigkeit besitzt (a.a.O., S. 101). Das „historistische Argument“, daß die Unterschiedlichkeit sozialer und historischer Verhältnisse dies kaum ermögliche, wird von ihm mit dem (einheitswissenschaftlichen) Argument abgewehrt, daß auch die Naturwissenschaftler Gesetze formuliert hätten, die unter den unterschiedlichsten Bedingungen Gültigkeit besitzen (Unterschiede des Klimas, der Gravitation etc.). Allerdings ist hier wiederum zu beachten, daß Poppers Wahrheitsbegriff prognostisch orientiert ist und zuverlässige Aussagen ausschließlich über die methodische Operation der Falsifikation zu erlangen sind.

3. Im Kontext der bereits oben erörterten „Situationsanalyse“ wird ein teleologischer Begriff von Kausalität und ein „objektiver“ Begriff von Verstehen eingeführt. Die Vielfalt der von Popper diskutierten Problemstellungen und Theoriekonzepte zeigt, daß diese Konzepte nicht nur auf „Situationsanalyse“ beschränkt sind, sondern daß derartige „qualitative“ Vorgehensweisen konstitutiv für Poppers „Stückwerkmethode“ sind.

5.3 Habermas: Konsenstheorie der Wahrheit und das „regulative Prinzip“ vernünftiger Rede

Im Anschluß an die Tradition der älteren kritischen Theorie entwickelt Habermas einen Wahrheitsbegriff, der versucht, die problematischen Implikationen des Adornoschen Wahrheitsbegriffs zu vermeiden. Da es an dieser Stelle unmöglich ist, das umfangreiche Werk Habermas' auch nur ansatzweise zu resümieren, möchte ich mich auf eine kurze Skizze des Grundgedankens des Habermasschen Wahrheitsbegriffs beschränken.

Habermas benutzt diesen Begriff u.a. in Auseinandersetzung mit einem universalistischen und damit Habermas zufolge „ontologischen“ Hermeneutikverständnis, wie er es z.B. bei Gadamer findet. Gegen die Idee gesellschaftsfundierender sprachlicher und sozialer Regeln in dem Sinne, daß „soziale Gemeinschaft bei allen Spannungen und Störungen immer wieder auf ein soziales Einverständnis zurückführt“ (Gadamer, zit. bei Habermas 1971, S. 158), sieht Habermas ein Konzept radikaler Aufklärung: „Nun haben wir aber Veranlassung, anzunehmen, daß der Hintergrundkonsens eingelebter Traditionen und Sprachspiele nicht nur im pathologischen Einzelfall gestörter Familiensysteme, sondern auch in gesamtgesellschaftlichen Systemen ein zwangsintegriertes Bewußtsein, ein Ergebnis von Pseudokommunikation“ sein kann (ebd.). Aufklärung als „radikales Verstehen“ sei somit „stets politisch“ (ebd.). Einschränkend fügt er hinzu: „Freilich bleibt Kritik an dem Überlieferungszusammenhang, den sie reflektiert, gebunden. Gegenüber einer monologischen Selbstgewißheit, die Kritik sich bloß anmaßt, behält Gadamers Einwand recht“ (ebd).

„Radikales Verstehen", das nicht vor der möglichen Pseudo-Rationalität tradierter Sprachspiele und sozialer Regeln haltmacht, bedarf der Theorie, für die Habermas stellvertretend die Psychoanalyse nennt. Welches sind nun die Kriterien, an denen sich eine kritische Theorie bestehender Verständigungsverhältnisse bemißt? Unter Bezugnahme auf K.O. Apels „regulatives Prinzip" einer „unbegrenzten Interpretationsgemeinschaft" gelangt Habermas zu einem Wahrheitsbegriff, der sich „an der idealisierten, in unbegrenzter und herrschaftsfreier Kommunikation erzielten Übereinstimmung bemißt". Wahrheit ist somit gebunden an wechselseitige Anerkennung und damit an „eine ideale Sprechsituation, und das heißt Lebensform, in der zwanglose Verständigung möglich ist. Insofern muß sich kritisches Sinnverstehen die formale Antizipation richtigen Lebens zumuten" (a.a.O., S. 155). Die „regulative Idee der Wahrheit", der Habermas wie Popper folgt, wird von Habermas präzisiert durch das „regulative Prinzip vernünftiger Rede" (ebd.).

Auf den ersten Blick zeigt sich hier eine Differenz zwischen Habermas' kommunikativem Wahrheitsbegriff und den verschiedenen Varianten des Strukturalismus. Während der Strukturalismus Vernunft und Wahrheit in den konstitutiven sprachlichen und sozialen Regeln inkorporiert sieht, müssen sich für Habermas diese Regeln gemäß der Kriterien „vernünftiger Rede" in ihrer Vernünftigkeit legitimieren und stehen prinzipiell unter dem Verdacht falschen Bewußtseins. Bei genauerer Betrachtung verschwindet diese Differenz jedoch wieder: die Habermassche „Kritik" bezieht sich auf das, was wir oben als „Strukturen" (im Plural) oder als soziale Praxis bezeichnet haben. Die Vernunft der Sprache muß Habermas im Kriterium „vernünftige Rede" jedoch ebenso unterstellen, wie es der Strukturalismus tut.

Gegen Adornos quasi-monologischen Wahrheitsanspruch - in dem Sinne, daß es zumindest explizit bei Adorno keine Ebene gibt, auf der Wahrheitsansprüche kommunikativ ausgehandelt werden (ich werde später noch einmal auf diesen Punkt zurückkommen) - als auch gegen Poppers „relativen" Wahrheitsbegriff, bei dem letztlich die Forschergemeinschaft über das notwendige Ausmaß zutreffender Prognosen und die adäquate Anwendung des Prüfverfahrens „entscheidet", setzt Habermas somit als Konstitutionsbedingung der Wahrheit das „letzte tragende kontrafaktische Einverständnis", wie es in der Antizipation des „idealisierten Gesprächs" denkbar ist. Mittels des regulativen Prinzips der „vernünftigen Rede" kann somit jedes faktische Einverständnis als mögliches „falsches Bewußtsein" kritisiert werden.

5.4 Resumée: Wissenschaft und Wahrheit

Der Vergleich dieser drei unterschiedlichen Ansätze zur Frage der „Wahrheit" hat eine Reihe von Übereinstimmungen erbracht, die es verdienen, festgehalten zu werden. Sie mögen teilweise selbstverständlich erscheinen, bilden jedoch im Hinblick auf das wechselseitige Verhältnis von Gegenstand, Theorie und Methode - gewissermaßen das „magische Dreieck", die „Triangulierung" der Methodologie - die metatheoretische Basislinie, auf der sich Methodologie und Methode einer kritischen Sozialpsychologie aufbauen lassen.

1. Alle Autoren gehen von einer Position aus, die man als „ontologischen Realismus" bezeichnen kann. D.h. unabhängig von der Frage der Erkenntnismöglichkeit und der Frage der wechselseitigen Konstitution von erkennendem Subjekt und erkanntem Objekt unterstellen die Autoren eine dem Subjekt gegenüberstehende „objektive" Realität. Bei dieser Position wird nicht zwangsläufig, wie in der Polemik Maturanas gegenüber „herkömmlicher" Erkenntnistheorie angenommen wird, zugleich auch eine „objektive" Erkenntnis dieser Realität unterstellt, sondern lediglich, daß es überhaupt eine derartige „objektive" Realität gibt.

2. Von dieser Frage strikt zu trennen ist die Frage eines „erkenntnistheoretischen Realismus", d.h. die Frage, ob uns die Realität selbst die Kategorien und Kriterien der Erkenntnis vorgibt. Diese Frage, die der frühere logische Positivismus noch bejahte (etwa in Gestalt „sinnlicher" Gewißheit, wobei allerdings schnell die Frage auftaucht, welcher Art diese „Sinnlichkeit" denn sei, etwa bei der Frage der sog. „Protokollsätze"), wird von allen drei Autoren eindeutig verneint. Erkenntnis ist für sie nicht denkbar ohne die subjektspezifischen Erkenntnismöglichkeiten. Am eindeutigsten ist diese Antwort bei Popper ausgefallen. Orientiert an der Kantschen Kategorienlehre postuliert seine Erkenntnistheorie, wie wir gesehen haben, daß wir stets nur pragmatisch (sprich: „prognostisch") erfolgreiche Theorien haben können, wobei dieser Erfolg nur ein *Indiz* für „objektive" Erkenntnis sein kann. Alle unsere Begriffe, selbst „Tatsachenfeststellungen", sind unvermeidlich theoretischer Natur, ihre „Wahrheit" ist nicht beweisbar. Ähnlich wie Kant geht Popper davon aus, daß Erkenntnis stets nur im Rahmen der menschlichen Erkenntniskategorien möglich ist, Erkenntnis „an sich" bleibt uns verschlossen - mit der kleinen, aber wesentlichen Ergänzung, daß wir uns (angeblich) dieser Wahrheit annähern können.

Auch Adorno, der mit seinem substantialistischen Wahrheitsbegriff der Vorstellung einer „objektiven" Wahrheit am nächsten kommt (obwohl diese wiederum dadurch gebrochen ist, daß wir „Wahrheit" immer nur negativ oder kritisch feststellen können, d.h. wir können mit Hilfe einer bestimmten Theorie sagen, was „falsch" ist, oder biblisch gesprochen: wir können uns kein „Bild" oder „Gleichnis" der Wahrheit machen), nennt unseren begrifflichen Apparat

„Projektionen" (1972, S. 221ff.). Allerdings unterstellt Adorno für diese Projektionen wiederum ein objektives Wahrheitskriterium: sie können zutreffend oder weniger zutreffend sein. Für Habermas schließlich ist Wahrheit nur im Rahmen des regulativen Prinzips einer „idealen Sprechsituation" bzw. der „vernünftigen Rede" denkbar, d.h. untrennbar mit einer kontrafaktisch unterstellten Konsensbildung verbunden. Erkenntnis und Wahrheit können sich a priori nur im Rahmen kommunikativer Kategorien konstituieren.

3. Alle drei Autoren halten, wie wir gesehen haben, in unterschiedlicher Weise an dem Begriff der „Wahrheit" fest. Für Popper ist Wahrheit eine „regulative Idee", die transzendentallogisch damit begründet wird, daß die Akkumulation zutreffender Prognosen kein Zufall sein kann, die Welt mithin objektiv strukturiert ist, eine Objektivität, der wir uns mit Hilfe der „Indizien" zutreffender Prognosen allenfalls annähern können. „Beweisen" können wir diese Annäherung nicht. Auch für Habermas ist „Wahrheit" eine „regulative Idee", der wir uns mit Hilfe des kontrafaktisch unterstellten (regulativen) Prinzips der „vernünftigen Rede" annähern können. Ähnlich wie bei Adorno gilt auch bei Habermas: da wir die „vernünftige Rede" oder das „idealisierte Gesprächs" nicht wirklich antizipieren können, können wir nur sagen, wo die tatsächliche „Rede" gestört, korrumpiert ist. Für Adornos Wahrheitsbegriff gilt, wie oben festgestellt, daß trotz der Vorstellung einer „wahren" Theorie, der aufgrund dieser Theorie feststellbaren Zustände existentieller Bedrohung und der damit notwendigen Kritik, daß diese Kritik nur „negativ" sein kann. Nur in dieser Negation kann sie, wie bei Habermas, Antizipation des „wahren Lebens" sein.

Auch bei Popper taucht die Vorstellung des „wahren Lebens" auf, allerdings in einer anderen erkenntnistheoretischen Konstellation. Es handelt sich bei ihm um die subjektive Überzeugung, daß Armut, Ausbeutung und Ungerechtigkeit zu den „größten und dringendsten Übeln" unserer Zeit gehören. Ob und wie weit diese Übel abschaffbar sind, fällt in den Bereich wahrheitsfähiger Theorien. Die empirische Überprüfung dieser Theorien verändert unser Wissen und den Stand (relativer) „Wahrheit", sie ist zugleich Kritik am bestehenden Zustand - aber, und dies ist der entscheidende Punkt, derartige Kritik ist nur dann konstitutiv für Wahrheit im Bereich sozialer Phänomene, wenn sie praktisch erfolgreich durchgeführt wurde. Theorie und Wahrheit ist notwendig an Praxis gebunden. An diesem Punkt wird m.E. die Differenz, aber auch die Nähe zwischen dem utopischen Marxisten Adorno und dem planungsoptimistischen Sozialdemokraten Popper, der zugleich an dem marxistischen Postulat der Verbindung von Praxis und Erkenntnis festhält, deutlich.

4. Es läßt sich nunmehr zeigen, daß alle drei Wahrheitsbegriffe, ihrer immanenten Logik nach, letztlich *kommunikativ* fundiert sind. Dies wird von Habermas explizit in Anspruch genommen, bei Popper und Adorno wird es an der logischen

Struktur ihres Wahrheitsbegriffes ersichtlich. Für Popper ist, wie gezeigt, das zentrale Kriterium der Falsifikation keineswegs logisch eindeutig. Über die adäquate Anwendung des Prüfverfahrens, über das, was ein zulässiger Basissatz ist oder nicht und schließlich über das notwendige Ausmaß „zutreffender" Prognosen, also über alles, was Prüfung „im Lichte einer Theorie" bedeutet, entscheidet der Diskurs der Forschergemeinschaft. Prüfung im „Lichte" einer Theorie heißt dabei dreierlei: (a) Es wird davon ausgegangen, daß ein bestimmter Typ von Theorie einen bestimmten Gegenstandsbereich konstituiert (z.B. Theorien der Mechanik den Gegenstandsbereich mechanischer Phänomene). (b) Es wird nicht erwartet (weil letztlich auch logisch unmöglich), daß bestimmte Phänomene und Daten „im Lichte" aller denkbaren Theorien überprüft werden. Und (c) werden zur Überprüfung herangezogene Daten damit faktisch auch nur „im Lichte" der betroffenen Theorie interpretiert (z.B. werden Daten im Bereich der Theorie der Mechanik nicht „im Lichte" der Atomphysik interpretiert). Wir können, um Poppers Position zusammenzufassen, einen anderen mit strikt logischen Argumenten nicht von der Richtigkeit unserer Theorie überzeugen, wir können uns lediglich dahingehend einigen, welche Theorie die besseren Prognosen ermöglicht bzw., noch schärfer formuliert: ab welchem Punkt des „Experimentierens" (in erweitertem Popperschen Sinne) wir bereit sind, Prognosen als aussagekräftige Prognosen zu akzeptieren. Die Geschichte der Theorien war, wie Popper (in Übereinstimmung mit Kuhn) betont, stets die Geschichte begrenzter Reichweite von Theorien.

Schließlich kann auch Adornos Wahrheitsbegriff nicht von einer kommunikativen Dimension absehen. Wenn es keinen wie immer rudimentären Konsens über die existentielle Bedeutung menschlichen und gesellschaftlichen Überlebens gäbe, wären Adornos Argumente haltlos. Das Fundament der Begründung von Wahrheit ist somit die kommunikative Dimension menschlichen Handelns. Es handelt sich gewissermaßen um eine transzendentalpragmatische Begründung von Wahrheit (während sie bei Popper gleichermaßen transzendentalpragmatisch wie an einer transzendenten objektiven Wahrheit orientiert sein soll).

5. Für unsere speziell methodisch-methodologische Diskussion ist festzuhalten, daß keiner der Autoren einen irgendwie gearteten methodologischen Monismus propagiert. Adorno betont explizit die Bedeutung spezialwissenschaftlicher Methoden und quantitativ-experimenteller Verfahren, Poppers „Stückwerkmethode" kann in weiten Bereichen gar nicht anders als qualitativ operieren. Sie votiert explizit für Methodenpluralismus: wissenschaftliche Theoriebildung und Überprüfung an der Realität durch Beobachtung, in welcher Form auch immer, auch durch „Gedankenexperiment".

Am Schluß unserer Überlegungen stoßen wir auf ein Problem der „Wahrheit", das den bisherigen Stand unserer Reflexion wieder in Frage stellt. Wir sind auf das basale Phänomen des Konsenses gestoßen, es scheint aber, als ob die „Konsenstheorie“ das Problem der „Wahrheit“, das wir in Angriff genommen haben, im Ernst doch nicht lösen kann. Das Problem stellt sich dabei in den Naturwissenschaften noch etwas anders als in den Sozialwissenschaften. Im „Normalfall“ der routinisierten Anwendung und Überprüfung von Theorien in den Naturwissenschaften bildet sich ein faktischer Konsens über das Ausmaß der Bewährung einer Theorie (wie riskant ein derartiger Konsens ist habe ich oben im Abschnitt über Popper geschildert). Dies gilt zumindest für die Zeit, in der innerhalb eines relativ unangefochtenen Paradigmas „normale Wissenschaft“ betrieben wird. Der „Normalfall“ in den Sozialwissenschaften ist anders gelagert:

1. Sehr häufig bleiben Theorien im Status einer „Modellkonstruktion“ (im Popperschen Sinne). Obwohl sie im strengen Sinne nicht experimentell überprüft werden, erfüllen derartige Theorien dennoch wichtige Funktionen: sie lenken unseren Blick auf interessante Phänomene, sie liefern neue Erklärungsansätze oder systematisieren vorhandenes Wissen auf neue Weise. D.h. sie sind heuristisch fruchtbar und tragen zur Entwicklung neuer, überprüfbarer Hypothesen bei.

2. Der „Normalfall“ ist in den Sozialwissenschaften nicht die routinemäßige Anwendung und Überprüfung von Theorien (Ausnahmen sind hier bestimmte Tests, einige wenige Theoriebereiche, nicht zuletzt auch der Psychotherapie). In der Regel werden Theorien sporadisch und eher zufällig überprüft, der wahrscheinlich größere Teil aller Theorien wird - wenn überhaupt - nur einmalig empirisch überprüft.

3. Wo Theorien empirisch überprüft werden, sind die entsprechenden „Basissätze“ - aufgrund ihrer generellen Interpretierbarkeit, der Reaktivität von Subjekt und Objekt der Forschung und der Interessengebundenheit beider Seiten - in weit höherem Maße als in den Naturwissenschaften Zweifeln ausgesetzt. Um hier noch einmal einige Beispiele Poppers anzuführen: ob eine Reform des politischen oder juristischen Systems, eine Steuerreform oder eine Reform der Gefängnisse zu einer Bestätigung oder Widerlegung der jeweils zugrundeliegenden theoretischen Annahmen führt, ist in hohem Maße von interessegeleiteten Einschätzungen (und das heißt auch von „Konsens“) abhängig. Während es in der Physik wenig Sinn macht, Experimente im Bereich der Mechanik auf der Ebene atomarer Physik zu kritisieren, ist es im Bereich der Sozialwissenschaften durchaus sinnvoll, Ergebnisse vor dem Hintergrund von Machtverhältnissen neu zu interpretieren (z.B. Ergebnisse von Intelligenztests mit Angehörigen unterprivilegierter Gruppen) oder manifeste Ergebnisse auf ihren latenten Sinn hin zu befragen - generell: die Kontextgebundenheit der jeweiligen Untersuchung zu hinterfragen. Ich hatte oben darauf hingewiesen, daß bereits die unterschiedliche Thematisierung der Phänomene der Kontextualität sozialwissenschaftlicher Forschung zu zwei unterschiedlichen Paradigmen dieser Forschung geführt hat.

Ich möchte damit auf folgendes Dilemma der „Konsenstheorie der Wahrheit" hinweisen. Zum einen wird in der Empirie, insbes. aber in der Theorie der Sozialwissenschaften Konsens häufig unterstellt (ich als Forscher X gehe davon aus, daß meine theoretische Konstruktion, jedenfalls bis zu einem bestimmten Punkt, von allen kompetenten Lesern nachvollzogen werden kann oder daß mein einmalig durchgeführter Versuch/Test/Befragung etc. beweiskräftig ist). Zum anderen sind Konsense da, wo sie faktisch zustande kommen, häufig interessenförmig, „schulförmig", „theorieförmig" polarisiert oder zersplittert (ich als Angehöriger der „Schule X" interpretiere das Ergebnis vollständig anders als mein Kontrahent der „Schule Y").

Dies ist nicht mehr Wissenschaftstheorie, sondern Wissenschaftspragmatik, hat aber erhebliche Konsequenzen für die Konsenstheorie. Ich arbeite als Wissenschaftler somit mit teilweise unterstellten, teilweise fragmentierten Konsensen. Dort, wo ansatzweise ein Konsens zustande kommt, handelt es sich a priori um einen faktischen Konsens. Sollte dieser Konsens nun, entsprechend der Apel/Habermasschen Konsenstheorie Wahrheitsanspruch besitzen, müßte er noch einmal, und zwar in einem infiniten Regreß auf seine Konstituierung hin, d.h. auf sein Zustandekommen unter der Annahme einer idealen Sprechsituation untersucht werden. Dies für eine Forschergemeinde auszumalen, könnte Gegenstand einer Wissenschaftssatire sein. Man stelle sich eine Forschergemeinde vor, die gerade glücklich einen Konsens über die Annahme einer Theorie erzielt hat. Sie würde nunmehr beginnen, sich Gedanken über das pragmatische und transzendentallogische Zustandekommen dieses Konsenses zu machen, z.B. die Begrenztheit des Wissens, die unterschiedlichen Interessenlagen, die in diesen Konsens eingegangen sind. Dies würde dann zu der Diskussion führen, wie denn ein Konsens über die Beurteilung dieser Faktoren zu erreichen sei usw. usw.

So sehr sich die Apel/Habermassche Konsenstheorie für die kritische Hinterfragung von repressiven Kommunikations- und Konsensstrukturen eignet, so wenig kann sie über ihren eigenen transzendentallogischen Schatten springen. Sie beruht stets - günstigstenfalls - auf *faktischer* Konsensbildung und gewissermaßen der allgemeinen Empfehlung, diesen Konsens rational zu begründen und reflexionsfähig zu halten. Diese Analyse beleuchtet jedoch keineswegs nur eine spezifische Schwachstelle dieser Theorie, sie beleuchtet meines Erachtens generell den Status von Wissenschaft. Wissenschaftliche Erkenntnis, so meine These, ist nicht objektiver Wahrheitsbeweis, sondern *faktische Konsensbildung* innerhalb und gelegentlich auch außerhalb der Forschergemeinschaft, ein Konsens, der - und das ist der springende Punkt - abweichend von den meisten anderen Praxissituationen durch *rationale, d.h. wissenschaftlich begründete Argumente* zustande kommt. Dies ist allerdings „nur" die logische oder, wenn man will, idealtypische Struktur von Wissenschaft. Daß faktische Konsense in der Praxis auch anders zustande kommen, nämlich „interessenförmig“, „schulförmig“ oder schlicht „machtförmig“, wurde bereits erwähnt.

Das Medium und Kriterium von Wissenschaftlichkeit ist somit nicht „Wahrheit“, sondern rational begründeter Konsens, was nicht bedeutet, daß auf „Wahrheit“ als regulative Idee verzichtet werden sollte, sondern vielmehr, daß man das Erreichen dieser Wahrheit in die Dimension des rationalen Diskurses verlagern muß. Mit anderen Worten: es gibt kein prä- oder metadiskursives Kriterium von „Wahrheit“. Auch das regulative Prinzip der kritischen Theorie, die vernünftige Einrichtung des Ganzen, kann sich dieser Konsenstheorie der Wahrheit nicht entziehen. Dies ist schließlich, wie wir gesehen haben, schon deshalb der Fall, weil bereits der Begriff „Wahrheit“ keineswegs ohne weiteres konsensfähig ist, sondern eine historisch und individuell spezifische „Theorie“ bzw. philosophische Konstruktion ist. Wahrheitsbegriffe sind im strikten Sinne autopoietische Konstruktionen. Damit bildet Wissenschaft eine gesellschaftliche Institution sui generis, sie ist ausgerichtet an der Institutionalisierung des rationalen Diskurses. Ziel der wissenschaftlichen Arbeit, theoretischer wie empirischer - und ich spreche jetzt speziell von den Sozialwissenschaften -, ist somit die Herstellung rationalen Diskurses und rationalen Konsenses. Dies ist, aus meiner Sicht, keine Relativierung von wissenschaftlicher Erkenntnis, sondern der Versuch, Erkenntnis radikal im Bereich menschlicher Kommunikation und nicht metaphysisch zu verankern. Konsensbildung kann jedoch nur dann verhindern, selbst wieder einen absoluten Wahrheitsanspruch zu postulieren, wenn sie sich ihrer spezifischen Konsenshaftigkeit und prinzipiell revidierbaren Faktizität bewußt bleibt. Anderenfalls würde sich Lyotards Verdacht, auch der Konsens sei letztlich Instrument eines „terroristischen“ Wahrheitsanspruchs, bestätigen (Lyotard 1994).

Während Übereinstimmung und Differenz meiner Perspektive zu Habermas und Adorno deutlich geworden sein dürfte, bedarf das Verhältnis zu Poppers Position noch einer abschließenden Bemerkungen. Ich stimme mit Poppers „ontologischem Realismus“ überein, d.h. mit der Aussage, daß die Akkumulation „guter“ Prognosen nicht etwa Zufall ist. Daß wir uns damit jedoch, per Indizienbeweis, einer „objektiven Wahrheit“ annähern, erscheint mir spekulativ. Poppers Geschichte der physikalischen Theorie kann auch so gelesen werden, daß es jederzeit wieder eine neue wissenschaftliche Revolution geben kann, die unser bestehendes Wissen umstürzt. Ein transzendenter Bezugspunkt ist, und sei es auch nur mit der Hilfskonstruktion von „Indizien“, logisch und wissenschaftlich nicht begründbar. *Die Forscher sind ausschließlich auf sich selbst gestellt, ein metaphysischer Halt, sei es nur eine metaphysische Hilfskonstruktion, ist nirgendwo in Sicht.*

Das Ziel der Sozialwissenschaften wird damit bescheidener: in einer Welt der Gewalt und der technischen Funktionalität das Medium des rationalen Diskurses zu erhalten - und ihn gegebenenfalls gegen beide zu wenden. Einen ähnlichen Gedanken finde ich auch bei Geertz, der, am Beispiel der Ethnologie, die Bedeutung von Wissenschaft kultur- bzw. gesellschaftstheoretisch begründet. Notwendig sei nicht „die Konstruktion einer universellen, esperantoartigen Kultur", sondern vielmehr die „Erweiterung der Möglichkeit eines intelligiblen Diskurses zwischen Menschen, die voneinander in ihren Interessen und Ansichten, in Reichtum und Macht ganz verschieden und doch in einer Welt beheimatet sind, in der es ... zunehmend schwieriger wird, sich aus dem Wege zu gehen" (1990, S. 142).

6 Das Unbewußte und die Konstituierung des „Neuen“; Begründung und Beispiele methodischen Vorgehens

6.1 Der konstitutive Zusammenhang von Theorie, Methode und Daten am Beispiel der Psychoanalyse; das Unbewußte als transzendentale Kategorie (Freud, Adorno, Laplanche)

„Der Traum will niemandem etwas sagen, er ist kein Vehikel der Mitteilung, er ist im Gegenteil darauf angelegt, unverstanden zu bleiben.“ (Freud 1917, S. 234)

Es mag verwundern, die Diskussion sozialpsychologischer Methoden mit einem Zitat aus jenem Teil von Freuds „Vorlesungen zur Einführung in die Psychoanalyse“ zu beginnen, der sich mit dem Traum beschäftigt. Wie ich jedoch oben (4.1) zu zeigen versuchte, hat Freud bereits im 1. Teil der „Vorlesungen“, in dem er sich mit den Fehlleistungen beschäftigt, zentrale konstitutive Kategorien entwikkelt, mit denen er das Sinn-Paradigma der Psychoanalyse gegenüber dem szientistischen Paradigma der experimentellen bzw. psycho-physiologischen Psychologie seiner Zeit abgrenzt und damit eine neue theoretische Dimension erschließt. Er führt diese Arbeit im 2. Teil, über den Traum, weiter, z.B. in Auseinandersetzung mit der experimentellen Traumforschung, und präsentiert uns auf diese Weise die m.E. ausführlichste Darstellung der methodologischen Position der Psychoanalyse. Insbesondere macht Freud deutlich, daß ohne bestimmte methodische Operationen (eines „bestimmten Verfahrens“) die Psychoanalyse nicht den Status einer Wissenschaft beanspruchen könnte.

Zur Klärung dieser Frage muß, über die bisher diskutierten theoretischen Kategorien hinaus, untersucht werden, welchen epistemischen Status innerhalb des Sinn-Paradigmas die Psychoanalyse beansprucht. Freud weist in der Einleitung zu seinen „Vorlesungen“ darauf hin, daß - im Gegensatz zu den üblichen wissenschaftlichen Annahmen seiner Zeit - „die seelischen Vorgänge an und für sich unbewußt sind“, ja daß mit dieser Annahme unbewußter Seelenvorgänge die „entscheidende Neuorientierung in Welt und Wissenschaft angebahnt ist“ (a.a.O., S. 47). Bereits in der „Traumdeutung“ hatte Freud klargestellt, daß dies für ihn mehr ist als eine rhetorische Floskel: „Das Unbewußte ist das eigentlich reale Psychische, uns nach seiner inneren Natur so unbekannt, wie das Reale der Außenwelt“ (1900, S. 617).

Später wird Freud dieser ersten Positionsbestimmung eine wichtige Erläuterung hinzufügen. Daß das Psychische „an sich" unbewußt ist, erlaubt es der Psychoanalyse „die Psychologie auf einer ähnlichen Grundlage aufzurichten wie jede andere Naturwissenschaft, z.B. die Physik" (1938, S. 126). Zuvor hatte er im selben Text sogar betont, daß es möglich sei, die Psychologie mit Hilfe der Psychoanalyse „zu einer Naturwissenschaft wie jede andere" auszugestalten (a.a.O., S. 80). Die Freud-Interpreten haben sich bei diesen Stellen m.E. zu sehr mit der Betonung der Naturwissenschaftlichkeit und zu wenig mit der Bedeutung des „an sich" (Freud variiert im übrigen zwischen dem „an sich" und dem „an und für sich" des Unbewußten der seelischen Vorgänge) beschäftigt. Alle Verbesserungen unserer technischen Hilfsmittel können nichts daran ändern, daß uns in den Naturwissenschaften das „an sich" der entsprechenden Vorgänge unerkennbar bleibt: „Das Reale wird immer 'unerkennbar' bleiben" (a.a.O., S. 127). Was wir hingegen erreichen können ist, daß wir Einsicht in „Zusammenhänge und Abhängigkeiten" erhalten, eine Kenntnis, die uns „befähigt, etwas in der Außenwelt zu verstehen, es vorauszusehen und möglicher Weise abzuändern" (ebd.). Ebenso verfahre die Psychoanalyse: sie habe „technische Mittel" gefunden, derer sie sich in ähnlicher Weise bediene, wie der Physiker des „Experiments". Wir haben schon auf die „Prototypen" dieser technischen Mittel hingewiesen: „einfache" Befragung und assoziative Mitteilungen des Träumers (bzw. von Mitteilungen, die zu den „Tagesresten" gehören). Die Anwendung der technischen Hilfsmittel bedeutet also zunächst nicht mehr, als daß wir „Zusammenhänge und Abhängigkeiten" erkennen können.

Die entscheidende Passage, in der Freud das „an und für sich" des Unbewußten der seelischen Vorgänge und das „Unerkennbare" auf dieselbe Ebene bringt, folgt anschließend: „Wir erschließen auf diesem Wege eine Anzahl von Vorgängen, die an und für sich 'unerkennbar' sind, schalten sie in die uns bewußten ein und wenn wir z.B. sagen, hier hat eine unbewußte Erinnerung eingegriffen, so heißt das eben: Hier ist etwas für uns ganz Unfaßbares vorgefallen, was aber, wenn es uns zu Bewußtsein gekommen wäre, nur so und so hätte beschrieben werden können" (ebd.). Ähnlich formuliert Freud es in seiner Arbeit „Das Unbewußte": „Die psychoanalytische Annahme der unbewußten Seelentätigkeit erscheint uns ... als die Fortsetzung der Korrektur, die Kant an unserer Auffassung der äußeren Wahrnehmung vorgenommen hat. Wie Kant uns davor gewarnt hat, die subjektive Bedingtheit unserer Wahrnehmung nicht zu übersehen und unsere Wahrnehmung nicht für identisch mit dem unerkennbaren Wahrgenommenen zu halten, so mahnt die Psychoanalyse, die Bewußtseinswahrnehmung nicht an die Stelle des unbewußten psychischen Vorgangs zu setzen, welches ihr Objekt ist" (1913, S. 270).

Wir gelangen somit zu der Schlußfolgerung, wonach es zumindest *eine* Lesart der Freudschen Texte gibt, wonach das Unbewußte an und für sich „unerkennbar" ist. Was wir erkennen können, sind „Zusammenhänge und Abhängigkeiten", wie wir sie in den Kategorien des Bewußten und Vorbewußten beschreiben können. Hier stoßen wir somit auf den oft erwähnten Kantianismus Freuds (Loch 1990, Zizek 1990): das für unser Erkenntnisvermögen transzendente Kräftespiel des Unbewußten wird in den Kategorien empirischer, bewußter und vorbewußter Bedingtheit von Zusammenhängen wahrgenommen. Daß es nur „so und so" beschrieben werden kann, bedeutet, daß die Wissenschaftlichkeit der Psychoanalyse aus der Sicht Freuds auf seinem Kantianismus aufbaut.

Parallel zu dieser Kantianischen Lesart Freuds können wir in seiner Theorie drei Dimensionen erkennen, die unser Erleben und damit auch unser Erkennen bestimmen und die ich in Anlehnung an Foucault empirische Transzendentalien nennen möchte. Vor dem Hintergrund unserer bisherigen Diskussion können wir zunächst so viel sagen, daß diese drei Dimensionen konstitutiv sind für alle Phänomene sinnhafter Determination:

1. *Transzendentalität des Leibes*: Wir erfahren unsere Welt in den Modi leibgebundener Wahrnehmung und Affektivität.

2. *Transzendentalität der Sprache*: Wir erfahren unsere Welt und uns selbst, unsere Affektivität und Kognition in der Dimension der Sprache.

3. *Transzendentalität des Sozialen*: Wir erfahren unsere Welt in der Dimension sozialer Regeln.

Wenn Freud, jedenfalls gemäß der oben zitierten Passagen, nunmehr betont, daß das Unbewußte für ihn „an und für sich unbewußt" ist, „immer" oder „an und für sich" „unerkennbar" ist, d.h. analog dem Kantschen „an sich" gebildet, d.h. transzendent ist, so würden sich nunmehr zwei Lesarten des Unbewußten und damit letztlich der Freudschen Theorie anbieten: (1) die „traditionelle" kantianische Version, wonach die genannten Transzendentalien konstitutiv dafür sind, daß es ein „an sich" des Unbewußten gibt; (2) die gewissermaßen „moderne" konstruktivistische Version, wonach die genannten Transzendentalien ebenfalls konstitutiv für Erfahrung und Erkenntnis sind, die darüber hinausgehende Annahme eines transzendenten „an sich" jedoch eine entbehrliche, wenn nicht in sich widersprüchliche philosophische Spekulation darstellt. Das Unbewußte wäre entsprechend dieser Version eine Erfahrungstatsache wie jede andere: es konstituiert sich in den Dimensionen der genannten empirischen Transzendentalien.

Ich möchte im folgenden für eine dritte Version plädieren und sie anhand der Rekonstruktionen der Kategorie des Unbewußten durch Adorno und Laplanche näher erläutern. Diese dritte Version besagt, knapp formuliert, daß das *Unbewußte gar keine Erfahrungstatsache* ist bzw., in der Lesart Laplanches, durch die subjektive Unmöglichkeit der Erfahrbarkeit gekennzeichnet ist. Laplanche hat hierfür den Begriff eines „sekundären An-sich" geprägt (1996, S. 70). Es ließe sich damit, gerade im Hinblick auf die genannten Autoren, die These aufstellen, daß das Unbewußte selbst den Status einer transzendentalen Kategorie besitzt.

Ich möchte mich zur Klärung dieser Fragestellung zunächst auf eine frühere Arbeit Adornos, „Der Begriff des Unbewußten in der transzendentalen Seelenlehre" (1927), beziehen. Ausgangspunkt der Überlegungen Adornos ist die Kritik an dem aus seiner Sicht widersprüchlichen Kantschen Begriff des „Ding an sich". Während die nachkantische Philosophie die Widersprüchlichkeit, ja Unhaltbarkeit dieses Begriffs gezeigt habe, habe sie sich nicht gleichermaßen kritisch gegenüber dem Begriff des „intelligiblen Charakters" gezeigt, der analog dem „Ding an sich" gebildet sei: „Allein während die nachkantische idealistische Philosophie, nach dem Vorgang seiner ersten Kritiker, Maimons vor allem, die Unzulässigkeit des Ansatzes eines transzendenten Dings an sich rasch erkannte und die dingliche Transzendenz zu eliminieren trachtete, vermochte sie dem Begriff des intelligiblen Charakters gegenüber, der doch allein aufgrund des transzendenten Ding an sich-Begriffs gebildet ist, die gleiche Konsequenz nicht zu ziehen. Es bedarf tiefer Einsicht in die geistesgeschichtliche Situation des nachkantischen Idealismus, die Notwendigkeit solcher Inkonsequenz zu verstehen. Gerade der Drang, mit dem transzendenten Ding an sich auch die 'sinnliche Mannigfaltigkeit', als welches es nach Kant 'das Gemüt affiziert', zu beseitigen, verführte den Idealismus zu der Annahme einer nun zwar nicht räumlichen, aber doch dem Ausweis durch unsere Erlebnisse entzogenen Transzendenz. Denn übrig war von der kantischen Ding an sich-Lehre die Auffassung von der 'trügerischen Sinnenwelt', von der Minderwertigkeit der Erfahrung; die Auffassung, die bei der Anerkennung des unmittelbar Gegebenen als eines letzten und unableitbaren Tatbestandes sich nicht zufrieden geben konnte. Diese Auffassung führt nun dazu ..., den vermeintlich minderwertigen sinnlichen Daten ein Reich des absoluten und erfahrungsunabhängigen Geistigen entgegenzusetzen, das die Phänomene nicht unter sich befaßt, sondern sie primär bedingt." Es lag nahe, dieses *„nirgendwo verifizierbare Geistige als Unbewußtes zu konstruieren"*, das „zugleich immanent und von den Erlebnissen unabhängig" sein sollte (a.a.O., S. 94f.; hvg. M.C.).

Adorno nennt Schelling, Schopenhauer, später auch Bergson als Exponenten dieser Tendenz. Adornos Verdikt dieser philosophischen Konstruktion ist eindeutig: es gehe hier um nicht mehr und nicht weniger als um die Rehabilitierung der alten, vorkantischen Metaphysik. Zur Beseitigung der Widersprüche im kantischen System, die durch den Begriff des Dings an sich entstanden, hätte es andere Möglichkeiten gegeben, ohne die Grundlagen des kantischen Systems anzutasten:

„Daß die Kritik zunächst nicht jene Wendung nahm, hat seine Ursache vielmehr in dem Willen, die alte von der Vernunftkritik getroffene Metaphysik zu retten ... Es ist der *ontologische* Wille zumal, der sich in der Behauptung der Minderwertigkeit der Erfahrung ... ausdrückt; objektiv gültige und erfahrungsunabhängige Wesenheiten werden gesucht" (a.a.O., S. 95). M.a.W.: Da die Annahme „an sich seiender Raumdinge" als Ursache der Phänomene notwendig in Widersprüche führte, verlegte man den „ontologischen Grund", den man nicht preisgeben wollte, kurzerhand als „unbewußten Grund" ins Bewußtsein selbst (a.a.O., S. 96).

M.E. liefert Adornos Argumentation uns eine wohlbegründete Hypothese philosophieimmanenter Beweggründe, die zur Konstruktion eines transzendenten Unbewußten führen. Unser Argument war dabei, daß zahlreiche Passagen bei Freud nahelegen, daß er eine derartige Konstruktion des Unbewußten im Auge hatte. Andererseits, so war unser Argument, lassen Freuds Texte auch eine transzendentale Interpretation des Unbewußten zu. Ich möchte nunmehr versuchen, aus Adornos Projekt einer „transzendentalen Psychologie" Anhaltspunkte für eine mögliche transzendentale Konstruktion des Unbewußten bei Freud zu finden. Wenn dies gelingt, so ist nicht nur die philosophisch fragwürdige Konstruktion eines transzendenten Unbewußten überflüssig, vielmehr ließe sich auch ein philosophisch besser begründeter Ansatz aus der Perspektive der Transzendentalphilosophie finden.

Adornos Projekt einer „transzendentalen Psychologie" hat ihr Zentrum in der Kategorie des „Seelendinges", das in Analogie zur Kantschen Kategorie des raum-zeitlichen Dinges gebildet wurde - eines „Seelendinges", das als solches unbewußt ist (a.a.O., S. 188). Im Gegensatz zu den „phänomenalen" Ereignissen des Psychischen (die nicht mehr weiter reduziblen Tatsachen des Wollens, des Erlebens, der Erinnerung etc.) ist das „Seelending" durch den „gesetzmäßigen" Zusammenhang der phänomenalen Ereignisse und damit des Bewußtseins charakterisiert (a.a.O., S. 176). Gesetzmäßiger Zusammenhang des Bewußtseins bedeutet zugleich: Einheit des Bewußtseins bzw. „einheitlicher Bewußtseinszusammenhang". Als Gesetzmäßigkeit ist das Seelending selbst nie Erlebnis gewesen - und deshalb dauernd unbewußt. „Dauernd unbewußt" heißt jedoch nicht, daß es im oben kritisierten Sinne von Transzendenz unbewußt, d.h. prinzipiell unerkennbar wäre. Es bedeutet vielmehr transzendentalphilosophisch, daß es so lange unbewußt ist, wie es nicht der Reflexion, speziell der psychoanalytischen Rekonstruktion zugänglich gemacht wird. Die zentrale erkenntniskritische Pointe der Adornoschen Argumentation ist somit, daß das Unbewußte kein geheimnisvoller Bereich „unterhalb" des Bewußtseins ist, sondern als determinierter oder „gesetzmäßiger" Zusammenhang Bewußtsein überhaupt erst konstituiert.

„Gesetzmäßiger Zusammenhang" bedeutet für Adorno nicht einfach Determinismus. Entscheidend ist vielmehr, daß alle unsere Erlebnisse ihren Sinn nur durch ihre Zugehörigkeit zu einem „einheitlichen Sinnzusammenhang“ (a.a.O., S. 229, 270f.) erhalten, daß kein Erlebnis ohne diesen Zusammenhang mehr mein Erlebnis wäre. Andererseits impliziert diese spezifische Form von „Determinismus“, wie Adorno mit einem Hinweis auf Cornelius zeigt, gleichzeitig die „transzendentale Notwendigkeit“ des „Neuen“. Jedes unmittelbar Gegebene sei als solches „unanalysierbar“, im Kontext des gegebenen Bewußtseinszusammenhangs ergebe die Analyse jedoch etwas Neues (a.a.O., S. 186). Die Überlegung ist für Adorno zugleich ein starkes Argument dafür, daß die Psychoanalyse nichts in einen Bewußtseinszusammenhang „hineininterpretiere“, sondern ihn vielmehr expliziere und analysiere. Gegen einen Determinismus im strikten Sinne führt Adorno weiterhin das Argument an, daß dieser auf die Voraussetzung einer vollständig gegebenen „Unendlichkeit“ zurückgreifen muß und schon von daher dem Kantschen Antinomie-Argument verfalle.

Auch wenn zu überprüfen wäre, ob zwangsläufig *jedes* Erlebnis dem Bewußtseinszusammenhang etwas Neues hinzufügt (diese Position vertritt z.B. Derrida in seiner Kritik an Searle), so bleibt an dieser Argumentation Adornos festzuhalten, daß er mit der Kategorie des einheitlichen und gesetzmäßigen Bewußtseinszusammenhangs sowohl dem Freudschen Determinismus gerecht wird als auch die bisher herausgearbeitete Doppelstruktur (oder „Dualität“) des Subjekts und der Gesellschaft (determiniert/indeterminiert) transzendentalphilosophisch untermauert.

Vor dem Hintergrund dieser transzendentalphilosophischen Überlegungen unterscheidet Adorno schließlich drei Begriffe, die für das Verständnis des Unbewußten zentral sind. (1) Das phänomenale Unbewußte - Adorno spricht auch von „realen unbewußten Gegenständen“ - besteht aus Erinnerungen, die uns derzeit nicht bewußt verfügbar sind. Unbewußt sind hier „weniger die Gegenstände als die Art ihrer aktuellen Gegebenheit“ (a.a.O., S. 221f.). (2) Die unbewußte Dinglichkeit ist zwar im Bereich des Phänomenalen fundiert, bezeichnet aber die Art und Weise des gesetzmäßigen Zusammenhangs des Phänomens. Da sich dieses Unbewußte nicht auf Erinnerungen bezieht, sondern auf die Art ihres Zusammenhangs, ist es dauernd unbewußt, kann aber durch die psychoanalytische Reflexion bewußt gemacht werden. (3) Der Begriff der psychischen Irrationalität schließlich bezeichnet den Sachverhalt, daß die Gesetzmäßigkeiten des Unbewußten (die „unbewußten Seelendinge“) in einem spezifischen Sinne „unerkennbar“ sind, in dem Sinne nämlich, daß ihre Erkenntnis „unabschließbar“ ist (a.a.O., S. 218). Unabschließbar ist sie aus dem einfachen Grund, daß uns die Unendlichkeit der bisherigen und zukünftigen Ereignisse nicht positiv gegeben ist. Psychische Irrationalität rechtfertigt allerdings nicht die Etablierung eines metaphysischen transzendenten Bereichs, sie markiert vielmehr die Grenze unserer Erkenntnis, sie ist ein „Grenzbegriff“.

Wenn wir Adornos Argumenten folgen, müssen wir somit das Unbewußte im Bereich des Empirischen verankern, d.h. es transzendental denken. Das Unbewußte transzendental denken heißt, es als gesetzmäßigen Zusammenhang der psychischen Phänomene zu denken. Wäre das Unbewußte transzendent, so könnten wir schlechterdings nichts darüber aussagen, also z.B. auch nicht von einer „unbewußten Erinnerung" sprechen.

Hier zeigt sich nun allerdings auch (und dies wäre kritisch gegen Adorno einzuwenden), daß das Unbewußte im psychoanalytischen Sinne ein präzise zu bestimmender Spezialfall eines allgemeinen Unbewußten ist. Als Spezialfall ist es insofern genauer zu bestimmen, als nur ganz spezifische Zusammenhänge des allgemeinen psychischen Unbewußten der Dynamik von Abwehr und Widerstand unterliegen - ein Phänomen, das die Erklärungskraft der Transzendentalphilosophie überschreitet. Für die Transzendentalphilosophie sind Erfahrungen (z.B. positive und aversive Erfahrungen des „Wollens") die nicht mehr hintergehbare Basis der philosophischen Reflexion; Phänomene wie Angst, Konflikt, Ambivalenz, Abwehr etc. hat sie, im Gegensatz zur Psychoanalyse, nicht speziell untersucht. Sie muß derartige Phänomene auch nicht gesondert untersuchen, da diese, wie alle anderen Erfahrungen, Bestandteile eines einheitlichen und gesetzmäßigen psychischen Zusammenhangs sind. Demgegenüber hat die Psychoanalyse ihr Augenmerk gerade auf diese Phänomene gerichtet, um auf diese Weise die Sinnstruktur abwehrbedingter Zusammenhänge herauszuarbeiten. Transzendentalphilosophisch gesehen müßte das „dingliche Unbewußte" somit unterschieden werden in *gesetzmäßige Zusammenhänge mit und ohne abwehrbedingte Faktoren*. Abwehr wäre somit eine spezifische Form gesetzmäßigen psychischen Zusammenhangs i.d.S., daß Abwehr nur im Kontext derartiger Zusammenhänge auftreten kann. Die Freudsche Unterscheidung zwischen „deskriptiv" und „dynamisch" unbewußt ließe sich somit zwanglos als Unterscheidung zwischen gesetzmäßigen psychischen Zusammenhängen ohne und solchen mit Abwehraspekten verstehen. Allerdings muß nunmehr die gängige Formel: die Abwehr bedingt das Unbewußte (oder zumindest einen Teil desselben) umgekehrt werden. Der Zusammenhang muß vielmehr lauten: das Unbewußte bedingt die Abwehr, weil das Psychische schlechthin durch das Unbewußte, d.h. durch gesetzmäßige Zusammenhänge bedingt ist.

Adorno unterstreicht, wie bereits erwähnt, den Doppelcharakter des Unbewußten als „allgemeiner und notwendiger Gesetzmäßigkeit" (a.a.O., S. 320). Es ist einerseits „dauernd unbewußt" und damit gesetzmäßig wirksam. Andererseits ist diese Gesetzmäßigkeit (mit oder ohne abwehrbedingte Faktoren) erkennbar und damit in ihrer gesetzmäßigen Wirksamkeit aufhebbar. Diese „Erkenntnis" (eine Erkenntnis, die gemäß der Psychoanalyse in erster Linie eine affektive ist) fügt dem bestehenden psychischen Zusammenhang etwas Neues hinzu und verändert somit die Struktur: „Psychische Gegenstände sind dauernd unbewußt als von meiner gegenwärtigen Wahrnehmung unabhängig in gesetzmäßiger Weise bestehende. Damit wird indessen keineswegs die Dauer schlechthin von unbewußten Tatbeständen behauptet. Die unbewußten Tatbestände können ‘bewußt’ werden, können mir in klarer und deutlicher Erinnerung ... gegeben sein ... wodurch freilich das unbewußte Sein der betreffenden Tatbestände in der *Vergangenheit* genauso wenig negiert wird, wie man etwa behaupten dürfte, daß ein Haus, das vor einem Jahr erbaut wurde und nun abbrannte, auch in der Zeit jenes Jahres nicht existiert habe“ (a.a.O., S. 286f.).

Der Adornosche Interpretationsversuch, auch wenn er viele Fragen nicht beantwortet, läßt dennoch das Problem des Unbewußten in einem neuen Licht erscheinen:

1. Freuds Postulat, daß das Psychische „an sich“ unbewußt sei, läßt sich nun so verstehen, daß der strukturell-gesetzmäßige Zusammenhang des Psychischen als solcher, in seiner Gesamtheit unbewußt ist. Diese transzendentale Lösung würde keinerlei Rekurs auf Transzendenz, auf ein „an sich“ im Kantschen Sinne mehr erfordern. Auch das Freudsche Postulat, daß jeder „psychische Akt“ als unbewußter beginnt, würde damit besser verständlich. Es wäre nicht nur in einem zeitlichen, sondern in erster Linie systematischen Sinne zu verstehen: Das Psychische würde überhaupt erst durch das Unbewußte als gesetzmäßig determinierter Zusammenhang konstituiert.

2. Das Unbewußte als strukturell-gesetzmäßiger Zusammenhang würde die auf den ersten Blick irritierende Aussage Freuds verständlich machen, daß das Phänomen des Unbewußtseins nicht an das Unbewußtsein bestimmter Erinnerungen, Motive, Wünsche bzw. bestimmter Erinnerungsspuren gebunden ist, sondern entscheidend ist, daß die jeweiligen Zusammenhänge, also z.B. zwischen einer Erinnerung und einem Symptom unbewußt sind. So schreibt Freud z.B. anläßlich der Diskussion zweier Beispiele von Zwangshandlungen: „Es ist also nicht so sehr wichtig, ob die Amnesie auch das Woher, die Erlebnisse, auf die sich das Symptom stützt, ergriffen hat, wie es bei der Hysterie der Fall ist; das Wohin, die Tendenz des Symptoms, die von Anfang an unbewußt gewesen sein kann, ist es, die die Abhängigkeit desselben vom Unbewußten begründet, und zwar bei der Zwangsneurose nicht weniger fest als bei der Hysterie“ (Freud 1917, S. 283).

Anders formuliert: der Mechanismus der Abwehr wäre somit derjenige Aspekt des Unbewußten, durch den wir deskriptiv und dynamisch Unbewußtes unterscheiden, die abgewehrte Erinnerung wäre lediglich eine Manifestation des Unbewußten. „Abwehr der Erinnerung“ ist jedoch, wie wir gezeigt haben, keine notwendige Voraussetzung für die Existenz unbewußter Zusammenhänge. Oder, um auf das bereits zitierte Beispiel der „Vorschwein“-Fehlleistung zurückzukommen: selbst wenn dem Sprecher unmittelbar nach der Fehlleistung beide Bestandteile des Fehlleistungs-Kompromisses bewußt geworden wären (nämlich „Vorschein" und „Schweinerei"), hätte es sich im Augenblick der Fehlleistung dennoch um ein Wirken, eine Manifestation des Unbewußten gehandelt. Der Mechanismus der Fehlleistung selbst war im Augenblick der Fehlleistung unbewußt (allerdings nicht „verdrängt- unbewußt").

3. Betrachtet man aus dieser Perspektive das Phänomen eines unbewußten Wunsches (z.B. als notwendige Bedingung der Traumbildung), so ließe er sich nicht substantialistisch als eine bestimmte „Wunsch-Erinnerung" verstehen, sondern als das komplizierte Ergebnis des strukturell-gesetzmäßigen Zusammenhangs des Unbewußten.

4. Die Aussage Freuds, daß wir in der Psychoanalyse, ähnlich wie in den Naturwissenschaften, „Zusammenhänge und Abhängigkeiten" untersuchen und erkennen und uns dabei ebenso wie dort bestimmter „technischer Mittel" bedienen, erhielte somit einen präzisen Sinn, ebenso der Begriff des „Experiments", den Freud in Analogie zur Naturwissenschaft verwendet (1938, S. 126f.). Die Psychoanalyse rekonstruiert jene strukturell-gesetzmäßigen Zusammenhänge, denen die empirischen Phänomene (z.B. bewußte und nicht-bewußte Erinnerungen) folgen. Damit wird auch deutlich, daß Begriffe wie „Gesetzmäßigkeiten", „technische Mittel", „Experiment", löst man sie aus ihrer reduktionistischen Verwendung im Bereich der Naturwissenschaften (und derjenigen „Wissenschaften vom Menschen", die sich methodologisch daran orientieren) heraus, zentralen Stellenwert für die Psychoanalyse besitzen.

Wir haben uns bisher nur mit dem Problem des transzendentalen Unbewußten (im Freudschen Sinne eines „deskriptiven" Unbewußten) beschäftigt und das Problem eines „dynamischen", d.h. verdrängt Unbewußten, also die Beschäftigung mit Abwehr und Verdrängung bewußt zurückgestellt. Wir hatten festgestellt, daß das Unbewußte in diesem deskriptiven Sinne auch die Abwehr konstituiert, was jedoch nicht heißt, daß dieses Unbewußte auch die Abwehr *bewirkt*. Kämen wir nur bis zu diesem Punkt, dann wären wir im Grunde auch nicht viel weiter als Lévi-Strauss mit seinem Postulat „unbewußter" Zusammenhänge, die von ihm als deskriptiv unbewußte oder latente Zusammenhänge verstanden werden (vgl. 3.6.2) Wir müssen also abschließend den spezifischeren Zusammenhang zwischen Verdrängung, Abwehr und Unbewußtem klären.

Laplanches Theorie der „Urverdrängung" in Verbindung mit seiner „allgemeinen Verführungstheorie" gibt uns Hinweise, in welcher Richtung wir suchen können, eine Suche, die uns, um dies hier vorwegzunehmen, zu einer Entsubstantialisierung auch des *dynamisch* Unbewußten führen wird, nicht zuletzt deshalb, weil es auch zu einem veränderten Verständnis des Begriffes „dynamisch" führen wird.

Zur Vermeidung von Mißverständnissen sei vorab noch darauf hingewiesen, daß Laplanche, da er sich nicht mit einer allgemeinen Theorie der Konstitution des Psychischen, d.h. nicht in diesem Sinne mit transzendentaler Logik beschäftigt und damit auch nicht mit dem hier entwickelten Begriff eines deskriptiv Unbewußten, aus seiner Sicht zwangsläufig den Begriff eines nicht verdrängten Unbewußten ablehnen muß. Der Begriff eines „nicht-verdrängten Es oder Unbewußten" würde nach Laplanche in den Biologismus führen und damit „zu allen Aporien des Versuchs, die menschliche Welt, ausgehend von einer in sich geschlossenen Monade, die, man weiß nicht wie, sich der Welt und dem In-der-Welt-Sein öffnen müßte. Es setzt die Möglichkeit psychischer, vererbter Spuren von archaischen Erfahrungen voraus" (1988, S. 185). Kritisiert wird von Laplanche hier also ein nicht-verdrängtes Unbewußtes oder Es im Sinne von *Inhalten* (und zwar genauer von arachaisch-phylogenetischen Ursachen), nicht ein deskriptiv Unbewußtes im Sinne einer transzendentalen Konstitution. Wir werden später zu zeigen versuchen, daß sich dieses nicht-verdrängte Unbewußte und Laplanches verdrängt Unbewußtes durchaus miteinander vereinbaren lassen.

Verdrängung als „Urverdrängung", die für Laplanche zwar nicht das Psychische schlechthin, wohl aber den Trieb konstituiert, ist für ihn die spezifische Urverdrängung der *Sexualität*, wobei wir im Sinne der Laplancheschen Fassung der Triebtheorie berücksichtigen müssen, daß er die Freudsche dualistische Triebtheorie nicht übernimmt und statt dessen von „sexuellen Lebenstrieben" und „sexuellen Todestrieben" spricht. „Die Bewegung, die den Sexualtrieb begründet, ist keine andere als jene, die den psychischen Apparat differenziert. Es ist die Urverdrängung. Der Ausgangspunkt der Bewegung ist die 'Urverführung', welche nicht aufgefaßt werden darf als besondere sexuelle Umtriebe von seiten der Erwachsenen, sondern als die Tatsache, daß das unreife Kind mit Botschaften, die mit Sinn und Begierde beladen sind, konfrontiert ist, deren Schlüssel es jedoch nicht besitzt (die 'rätselhaften Signifikanten'). Die Anstrengung, um das Trauma zu binden, das die Verführung begleitet, führt letztlich zur Verdrängung jener ersten Signifikanten und deren metonymischen Ableitungen. Diese unbewußten Objekte oder unbewußten Sach-Vorstellungen begründen die Quelle des Triebes (Quell-Objekte)" (a.a.O., S. 187).

Thematisiert wird von Laplanche hier also ein „Niveauunterschied zwischen der sexuellen Erwachsenenwelt, die ihre Botschaften dem Kind zukommen läßt, und den Bindungs- und Symbolisierungsfähigkeiten des kindlichen Ichs" (ebd.). Warum spricht Laplanche hier explizit von „sexuellen Botschaften", warum wirken nicht auch andere Niveauunterschiede traumatisch? Laplanches Konzeption des „sexuellen Todestriebs" gibt eine Antwort auf diese Frage. Alle Erfahrung des Kindes mit Erwachsenen, die die Reizverarbeitungfähigkeit des Kindes überfordern und insoweit traumatisch wirken, werden vom Kind als „Aggression" codiert bzw. als „innerer Angriff" verinnerlicht. Dieser Angriff hat für Laplanche stets auch eine „anregende", d.h. sexuelle Dimension. „Der Todestrieb kann nur der innere Angriff durch Objekte sein, die auf das Ich zugleich anregend und gefährlich wirken. Aber die Bildung dieser Quell-Objekte (innere Angreifer) ist selbst das Ergebnis eines introjektiven Primärprozesses, dessen Ursprung in dem liegt, was wir die Ursituation der Verführung nennen" (a.a.O., S. 194).

Es handelt sich bei der Urverführung somit um „Botschaften" eines spezifischen Anderen, die nicht nur durch den „Niveauunterschied", sondern auch dadurch, daß die Botschaften vom Unbewußten des Anderen ausgehen, für das Kind unentzifferbar sind. Diese Botschaften können verbale oder nonverbale Botschaften sein, bewegen sich damit auf der Ebene dessen, was Laplanche „semiologisch" nennt. „Die Welt ist durch (linguistische oder bloß semiologische, d.h. prä- oder paralinguistische) Botschaften gekennzeichnet, die das Kind in Anspruch nehmen, bevor es diese noch versteht und welchen es Sinn verleihen und auf welche es Antworten geben muß" (a.a.O., S. 222; vgl. zu dieser Problematik auch oben 3.7). An diesem Punkt wäre freilich auch auf ein Problem hinzuweisen, auf das Laplanche nicht näher eingeht. Wenn, wie er betont, *alle* Erfahrungen, die die Interpretationsfähigkeit des Kindes überschreiten, zur Bildung von „rätselhaften Signifikanten" beitragen, dann ließe sich prinzipiell gewissermaßen eine „Kette von Signifikanten" denken, die bis in die Anfänge der kindlichen Entwicklung zurückreichen.

Wir halten fest, daß der Kern des Unbewußten ein „rätselhafter Signifikant" ist (obwohl es einige Stellen gibt, an denen er mißverstanden werden könnte, Stellen, an denen er von „Nicht-Sinn", „Nicht-Symbolisiertem" spricht, z.B. a.a.O., S. 127, 145). Es handelt sich hier auch nicht, wie Laplanche an anderer Stelle (in Auseinandersetzung mit Lacan) betont, um das „Andere der ‘Sprache'", sondern um das individuelle Unbewußte eines individuellen Anderen. Hier wäre allerdings anzumerken: da es sich um „semiologische Botschaften" handelt, also um menschliche Zeichensysteme, können diese Botschaften auch nur im Rahmen einer „Sprache" im erweiterten Sinne vermittelt werden. Festzuhalten ist schließlich noch, daß Laplanche, in Anlehnung an Freuds Terminologie, die „rätselhaften Signifikanten" „Wahrnehmungszeichen" nennt, Zeichen einer Wahrnehmung, die nicht entziffert werden kann (1996, S. 27). Ich werde später noch auf diesen Punkt zurückkommen.

Eine weitere Variante, den Sachverhalt der Urverdrängung und des dadurch konstituierten Unbewußten theoretisch zu fassen, findet sich in Laplanches Differenzierung zwischen „Sachvorstellung" und „Sach-Vorstellung". Während erstere eine Sachvorstellung im Freudschen Sinne einer „Vorstellung der Sache" (representation de chose) ist, handelt es sich bei letzterer um eine „Sach-Vorstellung" (representation chose) als urverdrängtes Unbewußtes. Hierauf folgt wiederum eine m.E. mißverständliche Formulierung: „Diese Bewegung von der Vorstellung der Sache zur Sach-Vorstellung bedeutet genau diese Fixierung jenseits jeglichen Sinns, ja sogar jenseits jeglicher Referenz, wie die Linguisten sagen“ (1988, S. 127). Laplanches Theorie der „Botschaft“ bzw. des entsprechenden Signifikanten macht jedoch klar, daß es sich hier nur um eine Fixierung jenseits eines *subjektiven Sinns* handelt.

Daß wir an dieser Stelle auf eine Unschärfe in der Argumentation von Laplanche stoßen, ist m.E. kein Zufall, sondern verweist auf *eine* zentrale Unschärfe in der Begriffsbildung von Laplanche. Laplanche betont, wie wir oben zeigten, daß es durch das Phänomen des Niveauunterschieds zur (Ur-)Verdrängung des ersten *Signifikanten* komme, der damit zu einem „rätselhaften“ werde. Dieser Gedankengang erscheint nicht plausibel. Wäre der Signifikant in die Kette der bisherigen Signifikanten eingebunden, dann wäre er nicht rätselhaft, und wäre er nicht eingebunden, dann wäre er kein Signifikant. Der Sachverhalt ist m.E. vielmehr so, daß kein präsenter Signifikant „verdrängt“ wird, sondern daß erst durch ein Verhältnis, durch einen Zusammenhang, nämlich zwischen einer Wahrnehmung und ihrer Nichtinterpretierbarkeit ein Signifikant entsteht - und zwar ein „rätselhafter“! Urverdrängung und Genese eines rätselhaften Signifikanten wären somit gleichursprünglich. Das Rätselhafte, anders formuliert: die „Leere“ jenes ersten, das Unbewußte begründenden Signifikanten wäre somit nicht „ursprünglich“, sondern erst durch den Zusammenhang einer „sinn-losen“ Wahrnehmung und ihrer Nichtinterpretierbarkeit entstanden. Laplanches Schwanken zwischen einem „jenseits jeglichen Sinns“ einerseits und einem per definitionem sinnvollen Signifikanten wäre so verständlicher. Ähnliches gilt für die bereits erwähnten Punkte, daß Laplanche von einer *Sach*-Vorstellung statt von einer Sachvorstellung spricht, im Widerspruch dazu aber, im Hinblick auf Freuds Begriff des Wahrnehmungszeichen, das „Zeichenhafte“ des Wahrnehmungszeichens betont. Richtig ist m.E., daß es sich hier nur *objektiv* um eine Botschaft handelt, subjektiv um eine „Sache“, gewissermaßen ein „Ding“, das erst durch die Tatsache seiner Nichtinterpretierbarkeit den Status eines „rätselhaften“ Zeichens erhält. Wir stoßen hier also auf die befremdlich anmutende Vorstellung eines leeren Signifikanten, der zudem noch der Kern des Unbewußten sein soll.

Es sei an dieser Stelle noch darauf hingewiesen, daß für Laplanche das „Fehlen einer irgendwie gearteten Öffnung hin zum Begriff der Botschaft“ (1996, S. 27) in der Theorie Freuds für ihn das Indiz der „ptolemäischen Position“ Freuds ist, der er seine eigene kopernikanische Position der „Dezentrierung“ gegenüberstellt. Wir haben es bei der Theorie von Laplanche somit um eine Version der Theorie der „Ver-Änderung“ des Subjekts zu tun, eine Theorieentwicklung, zu deren einflußreichsten Varianten neben Lacan die Objektbeziehungstheorie und Lorenzers Theorie der Interaktionsformen (Lorenzer 1970, 1985[3]) gehören.

Nach dieser Darstellung der Urverdrängung muß abschließend noch auf das Konzept der sekundären Verdrängung bzw. der „pathologischen Abwehr“ eingegangen werden (Laplanche 1988, S. 207). Hier kommt nun der zeitliche Aspekt der Verführungstheorie, genauer die Theorie der Nachträglichkeit ins Spiel. Ich möchte Laplanches Überlegungen zu diesem Punkt in einem ausführlichen Zitat vorstellen. Nachträglichkeit „fordert, daß sich im menschlichen Unbewußten nur das einschreibt, was zwei zeitlich von einander entfernte Ereignisse in Beziehung bringt, und zwar getrennt durch ein Moment der Umwandlung, das dem Individuum erlaubt, auf die zweite anders als auf die erste Erfahrung zu reagieren. Die erste Zeit, jene des Entsetzens, setzt ein nicht vorbereitetes Individuum einer sexuell höchst bedeutsamen Handlung aus, deren Bedeutung jedoch nicht assimiliert werden kann. Die Erinnerung an sich - in Abwartestellung - ist weder pathogen noch traumatisch. Sie wird es nur durch ihre Wiederbelebung bei einer zweiten Szene, welche in assoziative Resonanz mit der ersten tritt. Aber aufgrund der neuen Reaktionsmöglichkeiten des Individuums ist es die Erinnerung selbst und nicht die neue Szene, welche als innere, ‘auto-(selbst)traumatische’ Libido Energiequelle wirkt“ (ebd.).

Diese Überlegungen sind für unsere Argumentation von zentraler Bedeutung. Zunächst einmal stellt Laplanche fest, daß das durch Urverdrängung konstituierte - und wie wir gesehen hatten, selbst auf einer Relation beruhende - Unbewußte als solches „weder pathogen noch traumatisch“ ist. Erst durch eine weitere doppelte Differenz, eine zeitliche und sinnhafte, durch spätere Szenen entsteht das Trauma, d.h. es entsteht durch „Theoretisierung“ oder Interpretation des rätselhaften, „leeren“ Signifikanten. Erst hier setzt die sekundäre Verdrängung bzw. die „pathologische Abwehr“ ein. Entsprechend der oben ausgeführten Dimension des deskriptiv Unbewußten als transzendentalem Zusammenhang des Psychischen, als „Seelending“, wie Adorno es bezeichnet, sind die neuen Reaktionsmöglichkeiten des Individuums nicht zufällig, kontingent, sondern folgen den Determinationslinien der jeweiligen Biographie. Ich möchte somit, *zusätzlich* zum Begriff des deskriptiv Unbewußten folgende *Definition des verdrängt (oder dynamisch) Unbewußten* vorschlagen: *der Kern des Unbewußten ist das urverdrängte Unbewußte im oben beschriebenen Sinne, auf dessen Basis ein verdrängt Unbewußtes als Konsequenz einer sekundären oder „pathologischen“ Verdrängung entsteht.* Der Kern des Unbewußten, das Urverdrängte bleibt „leer“. Der Begriff des „dynamisch“ Unbewußten bedarf somit einer Ergänzung: während das sekundär verdrängte Unbewußte bewußt werden kann (und insofern „dynamisch“ ist), bleibt das Urverdrängte notwendigerweise immer unbewußt. „Dynamisch“ ist es insofern, als es gewissermaßen das Agens, den „Motor“ für die Bildungen des sekundär Verdrängten darstellt. Am Beispiel der Laplancheschen Konzeption des Unbewußten wird somit der Zusammenhang von *deskriptiv Unbewußtem, dyna-*

misch Unbewußtem und sekundärer Verdrängung/Abwehr theoretisch deutlich und durchsichtig.

Die bisherigen Überlegungen verdeutlichen damit auch den unterschiedlichen Schwerpunkt und Gegenstandsbereich von Psychoanalyse und hermeneutischer Textwissenschaft. Die Psychoanalyse als praktisches Verfahren „produziert" mit Hilfe bestimmter „technischer Mittel", wie Freud es häufig nennt (d.h. mit Hilfe von Befragung, freier Assoziation, Deutung etc.) einen Text, der es erlaubt, systematisch den Zusammenhängen des Verdrängt-Unbewußten nachzugehen. Die „strukturale" oder „objektive" Hermeneutik Oevermanns z.B. (als Beispiel einer methodologisch und methodisch gut ausgearbeiteten Hermeneutik) rekonstruiert zunächst die objektive bzw. objektiv latente Sinnstruktur von Interviewprotokollen. Der „Nachvollzug des psychischen Prozesses ihrer Produktion" (Oevermann 1967, S. 390) ist nicht ihr Gegenstand, genauer noch: sie betrachtet derartige Protokolle „realiter" nicht als „Derivationen subjektiver Repräsentanzen" (a.a.O., S. 386).

Erst im zweiten Schritt, der Fallrekonstruktion oder „Diagnose des Einzelfalls" (a.a.O., S. 394) lassen sich Aufgaben und Gegenstand beider Verfahren genauer differenzieren. Während die strukturale Hermeneutik zweifellos unterscheiden kann zwischen „Lesarten" die als „materiale Implikate" sozialer und sprachlicher Regeln nicht realisiert werden und insofern latent sind und nicht realisierten Lesarten, die durch das deskriptiv Unbewußte im psychoanalytischen Sinne bedingt sind, kann sie mit ihren eigenen Mitteln innerhalb des deskriptiven Unbewußten nicht mehr zwischen „vorbewußt" und „unbewußt" (jeweils im traditionellen psychoanalytischen Sinne) unterscheiden. Dies wird hier nicht als Mangel, sondern lediglich als Markierung einer unterschiedlichen Aufgabenstellung festgehalten. Die Psychoanalyse hingegen „produziert" einen spezifischen Text und konstituiert damit spezifische Daten, anhand derer sie, ausgerüstet mit dem Kompaß des „Widerstandes", den Zusammenhängen des Unbewußten nachgeht und dabei zwischen verdrängtem und nicht verdrängtem Unbewußten differenzieren kann. Dieser Punkt erhellt die zentrale Bedeutung der spezifisch psychoanalytischen Methodik. Eine hermeneutische Textwissenschaft kann somit möglicherweise Abwehrstrukturen feststellen, sie verfügt aber nicht über die technischen Mittel, um das entsprechende Textmaterial selbst zu produzieren. Der wichtigste Unterschied besteht freilich darin, daß die Psychoanalyse nicht, wie eine hermeneutische Textwissenschaft, von der Vorstellung einer „Übersetzung", d.h. von der Rekonstruktion eines irgendwie präsenten Textes ausgeht.

Laplanche hat diesen Punkte aus seiner theoretischen Perspektive des „rätselhaften" oder „leeren" Signifikanten auf die Formel gebracht, daß die Psychoanalyse nicht der „Ordnung" einer „Hermeneutik" angehört, die es mit einer „direkten Übersetzung eines Diskurses in einen anderen Diskurs" zu tun hat (1996, S. 17).

Es handle sich im Falle der Psychoanalyse vielmehr um eine „Entübersetzung“, um die im praktischen Verfahren, in der Kur stattfindende Auflösung eines (scheinbar) rationalen Zusammenhangs. Es handle sich um die spezifische Methode der Psychoanalyse, die z.B. mit Hilfe der Deutung einen neuen Text produziert, der zum ursprünglichen Trauma bzw. zu den Phantasien und Theorien, die sich darum ranken, zurückführt. „Dem Deutungsverfahren ist es inhärent, ein Analyseverfahren zu sein: ein Zurückführen auf elementare Atome, von denen jedes einzelne auf die Spur eines oder mehrerer assoziativer Gedankengänge führt“ (a.a.O., S. 75). Die Psychoanalyse übersetzt somit nicht Sätze in andere Sätze, sondern sie folgt den Assoziationsspuren von Worten oder Vorstellungen, die zur Entübersetzung des Textes führen: „Die analytische Methode ... verfährt mittels individueller Verkettung, gleichsam Wort für Wort, von Vorstellung zu Vorstellung, niemals von Satz zu Satz“ (a.a.O., S. 78).

Ich möchte abschließend meine Überlegungen zur Metatheorie des Unbewußten noch einmal zusammenfassen. Es ist zweifellos zutreffend, daß zahlreiche Formulierungen Freuds eine substantialistische Fassung des Unbewußten nahelegen. Daneben gibt es jedoch eine Reihe von Hinweisen bei Freud, die in eine andere Richtung weisen. Am gewichtigsten dabei erscheint mir, daß Freud Zeit seines Lebens über eine transzendente (nicht „transzendentale“!) Fassung des Unbewußten spekulierte (das „Unbewußte“ ist „unerkennbar“, vergleichbar dem „Realen“ in der Naturwissenschaft). Von dieser Position aus erscheint es in hohem Maße unwahrscheinlich, daß Freud plötzlich das „Unbewußte“ auf den Rang simpler empirischer Tatbestände zurückstufte. Ich habe deshalb eine zweistufige transzendentale Fassung des Unbewußten vorgeschlagen und möchte unter dem Unbewußten *einerseits* die sinnhaften Determinationszusammenhänge der Affekte, der Sprache und der sozialen Regeln verstehen. Diese Zusammenhänge sind als *solche* keine Erfahrungstatsachen, es sind, wie Adorno es formuliert „Seelendinge“.

Diese Dimension des Unbewußten konstituiert selbst erst Urverdrängung und Verdrängung. Sie umfaßt die Determinationszusammenhänge der Sprache und sozialer Regeln, von Wahrnehmung, Kognition und Affektivität. Das Unbewußte in diesem Sinne ist auch nicht einfach „vorbewußt“, da es den transzendentalen (und damit nicht empirischen, d.h. als Erfahrungstatsache in Erscheinung tretenden) und in seiner Gesamtheit nicht rekonstruierbaren Konstitutionszusammenhang des Psychischen bezeichnet (jeder Versuch einer derartigen Rekonstruktion würde nur bewirken, daß sich der Konstitutionszusammenhang verändert, ein regressus ad infinitum). Da keiner der üblichen Termini sich für diese konstitutive Dimension des Unbewußten eignet, möchte ich den Terminus *konstitutive transzendentale Dimension des Unbewußten* vorschlagen.

Andererseits wird das Unbewußte im *dynamischen* Sinne durch die Prozesse der Urverdrängung und der darauf basierenden „pathologischen Verdrängung" konstituiert, wie wir anhand der Laplancheschen „allgemeinen Verführungstheorie" zu zeigen versuchten. Auch das dynamische Unbewußte besitzt transzendentale Bedeutung: es konstituiert die spezifisch menschliche Form der Zeitlichkeit als „Nachträglichkeit" und zugleich die unbewußte Phantasietätigkeit, die sich um einen „rätselhaften Signifikanten", d.h. um einen letztlich unentzifferbaren und in diesem Sinne „leeren" Mittelpunkt des Subjekts als urverdrängtem Kern des Unbewußten entwickelt. Agens dieses Prozesses ist die konstitutive Ungleichheit zwischen Erwachsenem und Kind und das auf diese Weise konstitutive Interpretationsdefizit des Kindes als ein „unbeweglicher Beweger" (Laplanche 1996, S. 84) der Ontogenese, als Konstituens der „Protoverzeitlichung" des Subjekts. Nicht eine im Prinzip empirisch bestimmbare Erfahrung bzw. Einschreibung ergibt somit den „rätselhaften Signifikanten", wie eine oberflächliche Lesart Laplanches nahelegen könnte, sondern erst der notwendige und damit „gesetzmäßige" Zusammenhang dieser Erfahrung mit der Tatsache seiner Uninterpretierbarkeit. Nicht der „rätselhafte Signifikant" wird „urverdrängt": vielmehr sind, wie ich zu zeigen versuchte, beide Phänomene gleichursprünglich. Erst dieser Zusammenhang schafft den beschriebenen „leeren" Mittelpunkt des Subjekts als bedeutungsvollen und zugleich leeren Kern des Unbewußten. Was heißt somit letztlich, das Unbewußte *transzendental* und damit *nicht substantialistisch* zu denken? Es bedeutet als erstes, den Konstitutionszusammenhang des Psychischen zu denken, und zweitens, darauf basierend, den Vorgang der Urverdrängung und Verdrängung als Konstituens und transzendentale Grundlage der Verzeitlichung und Phantasietätigkeit des Subjekts zu denken.

Ich möchte zum Schluß noch die bedenkenswerten Argumente Searles (1993) erwähnen, die auch er gegen eine naiv substantialistische Fassung des Unbewußten vorbringt. Er vergleicht diese Vorstellung des Unbewußten einerseits mit einer „Rumpelkammer", in die gelegentlich mit der Taschenlampe des Bewußtseins hineingeleuchtet wird bzw. mit der Vorstellung von Fischen im Meer, die untertauchen und wieder auftauchen - bei vollständiger Bewahrung ihrer Gestalt. Searles Argument ist, verkürzt formuliert, daß geistige Inhalte (er spricht von „Ausdrucksgestalten") eben nur im Bewußtsein geistige Inhalte sind. Fehlt das Bewußtsein, so bleibt einzig die neurophysiologische Fähigkeit, bestimmte Inhalte zu erzeugen, zurück. Ich möchte Searles abschließendes Statement hier zitieren: „Doch nun können wir sehen, daß diese Bilder (die Rumpelkammer des Geistes, die Fische im Meer; M.C.) prinzipiell unangemessen sind, denn sie beruhen auf der Idee einer konstanten geistigen Qualität, die mal erscheint und dann wieder verschwindet. Aber die ins Unbewußte hinabgetauchte Überzeugung kann - anders als der hinabgetauchte Fisch - im Unbewußten nicht die Gestalt bewahren, die er im Bewußtsein hatte; denn die einzig wirklich vorhandene Realität dieser Gestalt ist die Gestalt eines bewußten Gedankens. Das naive Bild unbewußter Zustände verwechselt das Kausalvermögen der Verursachung eines bewußten intentionalen Zustandes mit einem Bewußtseinszustand, d.h. es verwechselt die Latenz mit ihrer Manifestation ... Ich wiederhole: Die Ontologie des Unbewußten ist genau die Ontologie einer Neurophysiologie mit der Fähigkeit, das Unbewußte hervorzubringen“ (a.a.O., S. 193).

Ersetzt man die Formulierung „Neurophysiologie“ oder „neurophysiologische Fähigkeit“ durch die transzendentallogische Dimension oder Fähigkeit des Menschen, Zusammenhänge herzustellen, dann wäre die „Ontologie des Unbewußten“ genau auf dieser Ebene zu verorten, d.h. Searle würde in neurophysiologischer Terminologie ebenfalls die hier explizierte These eines nichtsubstantialistischen, weil transzendentalen Verständnisses des Unbewußten vertreten.

Darüber hinaus können wir jetzt noch einen Aspekt, den wir schon früher (4.1) behandelt hatten, nunmehr schärfer beleuchten. Wir hatten darauf hingewiesen, daß neue Paradigmen vorliegende „Informationen“ aufgreifen und sie in wissenschaftliche Daten transformieren. Dies läßt läßt sich etwa auch am Beispiel der Hypnose zeigen: das Unbewußte Freuds hat, wie sich zeigte, einen ganz anderen Charakter als das Unbewußte, das Freud in den Hypnoseexperimenten von Charcot und Bernheim vorfand. Was Freud bei seiner Paradigma-Entwicklung antrieb, war sicherlich mehr, als Lücken im vorherrschenden Paradigma der experimentellen Psychologie auszufüllen. Er dürfte vielmehr der Überzeugung gefolgt sein, an einer neuen epistemischen Sicht auf den Menschen mitzuwirken, ja diese Sicht im Bereich der Psychologie überhaupt erst zu begründen. Diese neue epistemische Sicht ist in ihrer letzten Konsequenz die radikale transzendentallogische Fundierung menschlicher Erkenntnis in Sinn und Zeitlichkeit des Menschen, in den Gesetzmäßigkeiten von Leib, Sprache und Sozialität, und zwar so, daß es im Inneren dieser Gesetzmäßigkeit einen unauflösbaren Kern gibt. Es bleibt ein „rätselhafter Signifikant“, dem die Gesetzmäßigkeiten der Verdrängung, von Verschiebung und Verdichtung, sowie die Gesetzmäßigkeiten einer rationalen Ordnung des Geistes gewissermaßen aufsitzen. Die Signatur der modernen Humanwissenschaften, die mit dieser „Episteme“ begründet sind, ist somit ständige Kritik an jeglichem vorfindbaren positiven Wissen. „Deshalb ist das Problem des Unbewußten .... nicht nur ein den Humanwissenschaften immanentes Problem, auf das sie zufällig bei ihrem Vorbeigehen träfen, sondern es ist ein Problem, das schließlich ihrer Existenz selbst koextensiv ist“ (Foucault 1971, S. 436).

6.2 Die Konstituierung des „Neuen"

Im Anschluß an diese transzendentallogischen Überlegungen zum Unbewußten läßt sich nun auch das Problem der Emergenz des Neuen weiter klären. Wir hatten bereits im Kontext der Diskussion von Mead, Luhmann und Derrida auf dieses Problem hingewiesen und uns bisher mit einem gewissen Formalismus in unserer Antwort begnügt: einerseits konnten wir feststellen, daß Neues praktisch überall entsteht, in einem Gespräch, einem Kunstwerk, einer Erfindung, ja - und hier besonders - sogar in einem psychopathologischen Symptom, andererseits hatte wir noch keine befriedigende systematische Erklärung für dieses Phänomen gefunden.

Unser an Adorno und Laplanche orientierter Versuch, das Unbewußte der Psychoanalyse transzendentallogisch, d.h. als strukturell-gesetzmäßigen Zusammenhang des Psychischen zu erklären, gibt uns den entscheidenden Hinweis für das Verständnis nicht nur der Determination, sondern zugleich der Entstehung des Neuen. Erinnern wir uns daran, daß Laplanches „rätselhafter Signifikant" als unentzifferbarer Kern des Unbewußten und als Ausgangspunkt der Phantasien des Subjekts eine transzendentallogische Kategorie darstellt, und erinnern wir uns weiter daran, daß Adorno explizit vom „Neuen" als einer transzendentalen „Notwendigkeit" gesprochen hat.

Vier Punkte sind m.E. für ein adäquates Verständnis der Dialektik von Determination und Indetermination und für die Emergenz des Neuen wesentlich:

1. Jedes scheinbar noch so beiläufige kontingente Faktum enthält den Keim des Neuen in sich, ist, wie peripher auch immer, ein Stück „Neues". Bezogen auf eine präexistente psychische Dinglichkeit, d.h. Gesetzmäßigkeit, stellt es diese Gesetzmäßigkeit entweder in Frage (bzw. bildet eine neue Gesetzmäßigkeit) oder es bestätigt diese Gesetzmäßigkeit. Auch diese Bestätigung oder „Verfestigung" einer Gesetzmäßigkeit ist, wie unscheinbar auch immer, eine Stück Neues. Die Phänomene der Gesetzmäßigkeit und des Neuen sind zwangsläufig aufeinander bezogen, anders formuliert: das Gesetzmäßige ist die transzendentale Voraussetzung des Neuen. Neues ist dabei jeweils ein objektives Phänomen, unabhängig vom Bewußtsein des Subjekts, es erschließt sich jeweils erst der nachträglichen Rekonstruktion.

2. Der Bezug auf vorgängige Gesetzmäßigkeiten zeigt weiter, daß das Neue nicht zufällig, gewissermaßen ins Blaue hinein entsteht. Ein „absolut Neues" wäre als solches nicht denkbar. Zwischen der vorgängigen Gesetzmäßigkeit und der zu bewältigenden Krisensituation gibt es - wiederum objektiv - eine Strukturbeziehung. In diesem Punkt stimme ich Oevermann zu, wenn er schreibt, daß es sich bei einer Krise „immer um eine Krise relativ zu einer konkreten, einzigartigen

Praxis handelt und daher mit Bezug auf deren Besonderheiten der Spielraum möglicher Lösungen objektiv vorgegeben ist" (1991, S. 321). Krisenlösungen sind mithin „keinesfalls ein zufälliges Herumprobieren" (a.a.O., S. 319). Das Problem besteht nun freilich darin, in welcher Weise das Individuum, das eine Krisensituation zu bewältigen hat, den „Spielraum" dieser strukturell vorgegebenen Problemsituation ausnützt bzw. welche konkreten Lösungen es „wählt". Dieses Problem läßt sich m.E. nur teilweise mit dem Verweis auf die „Positivität" der bedeutungsgenerierenden Regeln, die darüber befinden, welche „sinnvollen Anschlüsse formal möglich sind" (a.a.O., S. 321), lösen. Und zwar schlicht deshalb, weil ja gerade innerhalb des „Spielraums" der bedeutungsgenerierenden Regeln eine neue Variante und nicht die bereits bekannte und inzwischen als erfolglos erkannte Variante gefunden werden muß. Die „bedeutungsgenerierenden Regeln" stecken lediglich den Rahmen ab, innerhalb dessen eine Lösung gefunden werden muß.

Anhand von zwei Beispielen aus Freuds „Vorlesungen", der oben (4.1) bereits diskutierten Fehlleistung sowie daneben einer Zwangshandlung, läßt sich zeigen, in welcher Richtung eine Lösung zu suchen ist. M.E. gibt es - mindestens - zwei Lösungsvarianten. Die erste, im Falle der Fehlleistung, ist weitgehend dem Oevermannschen Lösungsvorschlag angenähert. Aus einer spezifischen lebenspraktischen Krisensituation (zwei sich widerstrebende Tendenzen, nämlich „Vorschein" bzw. „Schweinerei" zu sagen, verbunden mit einem innerpsychischen Widerstand gegen die zweite Tendenz) resultiert die kreative Neuschöpfung des „Vorschweins". Dieser Neuschöpfung sind durch die vom Sprecher internalisierten sprachlichen Regeln bzw. den Regeln sprachlicher Wohlgeformtheit enge Grenzen gesetzt: die Fehlleistung wird nicht in „Wortsalat" enden, in dem „irgendwie" die beiden Tendenzen wiederzufinden sind. Immerhin: es wären auch noch andere Varianten als die des „Vorschweins" denkbar.

Im Falle der Zwangshandlung liegt der Fall komplizierter. Es handelt sich um eine Zwangsvorstellung, mit der eine unbefriedigend verlaufene Hochzeitsnacht psychisch verarbeitet wurde; Freud diskutiert ausführlich die Verschiebung eines Tintenflecks auf dem Laken des ehelichen Betts zum Tintenfleck auf einem Tischtuch (1917, S. 262ff.). Zunächst einmal handelt es sich bereits bei der Aufrechterhaltung einer bestimmten Sinnstruktur (des Tintenflecks) nicht um eine „Regel", sondern um das Phänomen einer Bedeutungskonstanz unterhalb der Regelebene. Die eigentlich kreative Leistung besteht jedoch darin, daß der Fleck aus Gründen der Abwehr und der damit verbundenen Kompromißbildung eben auf die Tischdecke „verschoben" wird. Warum nicht auf das Kleid der Patientin, auf die Gardine o.ä.? Dieser Verschiebungsprozeß folgt ebenfalls keiner Regel, jedenfalls nicht in dem Sinne, in dem m.E. der Begriff der Regel anwendbar ist, nämlich einer überindividuell gültigen und codierten Struktur. Wohl aber weist der Verschiebungsprozeß wiederum Bedeutungskonstanz auf, diesmal aber in einem erweiterten Sinne. Der Fleck muß nämlich, jedenfalls unter den Bedingungen des vorliegenden Falles, einigermaßen gut sichtbar sein. Es handelt sich also nicht um eine Regel, sondern um ein Schema - wir können auch sagen: eine Struktur - der Verschiebung, die zumindest zwei Bedingungen erfüllen muß: Sichtbarkeit eines bestimmten Flecks. Zwei Erklärungsmöglichkeiten bieten sich für diesen Verschiebungsprozeß an: (1) Es handelt sich um einen „Zufall". Vor dem Hintergrund unserer transzendentallogischen Untersuchung muß diese Möglichkeit zurückgewiesen werden. (2) Es handelt sich um einen sinnhaft determinierten Zusammenhang, der sich bei einer ausführlichen Analyse des Fallbeispiels zumindest theoretisch aufklären läßt. Im Falle des eben geschilderten „Fleck-Beispiels" wird unter den verschiedenen kontingenten Möglichkeiten, den Fleck zu plazieren, eine Variante ausgesucht, bei der das Kriterium „Sichtbarkeit" erfüllt ist. Es handelt sich gewissermaßen um eine sinnhaft „wohlgeformte" Struktur. Es dürfte deutlich geworden sein, daß ich für diese zweite Möglichkeit votiere.

Bei einem so rekonstruierten Zusammenhang handelt es sich zwar um einen subjektiv sinnhaften, aber keinen regelhaften Zusammenhang. Regelwissen, kognitive Kompetenz u.a. sind hier lediglich als Hintergrund dieses Verschiebungsprozesses erforderlich. Es ist ein Zusammenhang, der für das Subjekt A, keineswegs aber für das Subjekt B sinnvoll (wohl aber nachvollziehbar bzw. rekonstruierbar) ist. Gerade die Psychoanalyse zeigt also deutlich, daß für die Konstitution sinnvoller Anschlußmöglichkeiten zwar Kompetenzen allgemeiner Art (z.B. Regelwissen) als Hintergrund erforderlich sind, der jeweils konkrete „Anschluß" jedoch einer individuellen Sinnstruktur „gesetzmäßig" und „selbstreferentiell" folgt, während das Regelwissen einen weitgefaßten Rahmen darstellt, eine notwendige, aber keinesfalls ausreichende Bedingung. Dies zeigt sich nicht zuletzt auch daran, daß man die meisten Regeln verletzen kann (als einzelne zumindest), sie gewissermaßen falsifizieren kann. Eine individuelle Sinnstruktur dagegen kann nicht verletzt, sondern nur beibehalten oder verändert werden.

Wir stoßen hier also (wie unter Punkt 1) auf das scheinbar paradoxe Phänomen, daß psychische Zusammenhänge determiniert sind und zugleich Neues erzeugen. Dieses Paradox erfährt eine vergleichsweise einfache Auflösung, wenn erkannt wird, daß dieses Neue (unter der Bedingung innerer und/oder äußerer Widerstände als auslösendem und zugleich strukturellem Moment) als Problemstruktur und damit der Spielraum von Lösungsmöglichkeiten objektiv vorgegeben bzw. determiniert ist. M.a.W.: Der traumatische Vorfall, der innere Widerstand der Patientin und der psychische Problemlösungsmodus einer Verschiebung (als Abwehr) sind vorgegeben. Insoweit ist das Neue zwangsläufig objektiv determiniert.[26]

Zu lösen bleibt also das scheinbar periphere Problem, daß der Fleck im Rahmen des Verschiebungsprozesses nunmehr woanders auftaucht. Dennoch beleuchtet gerade dieses scheinbar periphere Problem das Phänomen einer „kreativen", wie auch immer pathologischen Problemlösung sehr scharf (und schützt uns davor, die Dimension des eigentlich „Neuen" zu überschätzen). Wie bereits gesagt: im Kontext der von Freud explizierten Fallstruktur ist objektiv nicht exakt festgelegt, wo genau der Fleck erscheinen muß, sondern lediglich, daß dieser sichtbar sein muß (da die Patientin im Rahmen der Zwangshandlung immer wieder das Zimmermädchen ruft, damit dieses den Fleck sehen kann). Diese Situation entspricht dem Normalfall komplexer und bewußt intentional zu lösender Krisensituationen, daß nämlich in der Regel verschiedene Lösungsmöglichkeiten vorhanden sind. Diese Variationsmöglichkeiten hängen in erheblichem Umfang von kontingenten Umweltfaktoren ab. Kontingent ist u.U. (aber nicht notwendigerweise) die Tatsache, daß eine Tischdecke für das Anbringen des Tintenflecks vorhanden ist und nicht z.B. eine Gardine. Menschen verfügen, wie alle lernfähigen Lebewesen, über die Fähigkeit, bereits gegebene Fähigkeiten der Problemlösung auf neue Situationen zu übertragen und damit zu generalisieren bzw. gegebenenfalls nicht ohne weiteres lösbaren Problemen auszuweichen. Wir stoßen hier auf die nicht weiter reduzierbaren Fähigkeiten des Lernens und einer (objektiven, nicht mentalistisch zu interpretierenden) „intrinsischen Intentionalität" (Searle). Beide Fähigkeiten unterscheiden bereits einfachere Lebewesen z.B. von einem Computer. In unserem Beispiel: unter dem Druck ihres inneren Widerstandes „weicht" die Patientin dem Druck der traumatischen Erinnerung an den ursprünglichen Fleck aus, indem sie ihn auf die Tischdecke verschiebt. Das zugrundeliegende Schema ist so trivial oder kontingent wie das Schema, das es einem Kind ermöglicht, unterschiedliche runde Gegenstände als „Ball" zu klassifizieren. Transzendentallogisch ließe sich dies als konstitutives Nichtfestgelegtsein oder Offenheit des Menschen, als sinnhafte und zeitliche Ex-stase, bezeichnen, die man je nach Perspektive subjekttheoretisch als „I" (im Sinne eines notwendigen dynamischen Strukturmoments, gewissermaßen einer konstitutiven „Negativität" des Subjekts), anthropologisch als „Umweltoffenheit" oder konstitutionslogisch als „différance" bezeichnen kann. Wie das psychoanalytische Beispiel einer Verschiebung deutlich macht, wird damit zugleich ein Raum für Kontingenz eröffnet (der Fleck könnte z.B. auch auf dem Kleid der Patientin angebracht werden).

---

[26] Zur Vereinfachung und zugleich Verdeutlichung meiner Argumentation gehe ich von dem von Freud beschriebenen Abwehrmechanismus aus. Bei einer anderen Persönlichkeitsstruktur der Patientin wären natürlich auch andere Abwehrmechanismen möglich.

3. Wir können nunmehr erkennen, daß die Beispiele einer Fehlleistung bzw. einer Zwangshandlung Prototypen kreativer Problemlösungen sind. Prototypen insofern, als diese Problemlösungen auch ohne Rekurs auf Bewußtsein und bewußte Intentionalität erklärbar sind. Beide Lösungen „funktionieren" im strengen transzendallogischen Sinne unbewußt. Voraussetzung sind lediglich die basalen Kompetenzen der Lernfähigkeit und der „intrinsischen Intentionalität" (Searle), d.h. der Fähigkeit, uns auf innere oder äußere Sachverhalte hin zu orientieren. Eine weitere Veranschaulichung dieses Phänomens sind alltägliche Gesprächssituationen: im Falle eines Gesprächs werden ständig Informationen des Gesprächspartners kreativ verarbeitet, indem sie in das eigene Bedeutungssystem integriert werden.

Komplexe kreative Leistungen implizieren zusätzliche Bewußtseinsprozesse, ohne daß deshalb - wie insbes. die künstlerische, aber auch wissenschaftliche Arbeit zeigt - phänomenal und gesetzmäßig unbewußte Prozesse dabei ausgeschaltet wären (auf die Bedeutung des Traums für die Lösung derartiger Aufgaben wurde häufig hingewiesen). Hier wird über die Fähigkeit des Lernens und der Aufmerksamkeit die enorme Speicherkapazität des operativen und reproduktiven Gedächtnisses mobilisiert. Komplexere kreative Leistungen unterscheiden sich von einfacheren durch die Mobilisierung komplexerer, im Gedächtnis gespeicherter affektiver, kognitiver oder ästhetischer Strukturen, das logische Prinzip bleibt dasselbe. In diesem Sinne sind z.B. die frühen perspektivischen Konstruktionen eines Giotto oder Masaccio oder die Abstraktionen Picassos formale Lösungsversuche in Epochen einer ästhetischen Umbruchs- und Krisensituation.

4. Schließlich möchte ich darauf hinweisen, daß gegenüber diesem an der Psychoanalyse orientierten Entwurf einer Theorie des Neuen der Oevermannsche Vorschlag gewissermaßen zu hoch, zu kognitivistisch angesetzt ist. Den Prototyp des „Neuen" finden wir nicht „handlungslogisch in einer Entscheidung" oder in einem „spontane(n) Entwurf ins Offene" (1991, S. 323f.), *sondern paradigmatisch in unbewußten Prozessen.*

Statt, wie Oevermann, mit der Meadschen Konstruktion eines inneren „image" (in der dt. Übersetzung: „bildhafte Vorstellung") zu operieren, läßt sich der oben skizzierte Prozeß plausibler und theoretisch sparsamer mit den Piagetschen Begriffen der „Assimilation" und der „Akkomodation" erklären. Assimilation ist Piaget zufolge der Prozeß, mit der die Außenwelt in bereits vorhandene Strukturen des Subjekts integriert wird. Akkomodation ist der Prozeß, mit dem diese Strukturen auf neue Ereignisse, Veränderungen etc. neu eingestellt bzw. angepaßt werden. Beide Prozesse sind die Grundlage menschlicher Entwicklung und Intelligenz und bereits auf der Ebene der sensomotorischen Aktivität vorhanden. Entsprechend unseren Überlegungen zur Intentionalität spricht Piaget auch davon, daß diese Prozesse keiner „mechanischen Passivität" folgen, „sondern von Anfang an echte Aktivität zeigen" (1974, S. 158). Wichtig für unsere Überlegungen ist weiterhin, daß Piaget auf das Phänomen der „Verallgemeinerung" in diesem Prozeß hinweist, ja geradezu von „einer Art von sensomotorischem Begriff" spricht (a.a.O., S. 160). Die kognitiven Schemata, die wir auch unbewußt bzw. auf der Ebene „praktischer Intelligenz" (Piaget) zur Lösung von Problemen verwenden, besitzen somit eine Art intrinsischer Reflexivität.

Zwar hat Mead (1987) bei seiner Konstruktion der Entstehung des Neuen fast alle Bedingungen angegeben, die auch bei der hier vorgeschlagenen Interpretation herangezogen wurden: daß die Bedingungen des Problems als „Form" bereitstehen, der sich die zu gewinnende Hypothese anpassen muß (a.a.O., S. 144), daß verschiedene „Handlungsantriebe" miteinander im Konflikt liegen und die ursprünglichen Objekte dadurch desintegriert werden (ebd., vgl. auch a.a.O., S. 143), daß die klare Trennung von „Subjekt" und „Prädikat" zugunsten einer „bildhaften Vorstellung" aufgelöst wird (a.a.O., S. 146ff.), daß die spontane Aktivität eines „I" vorliegen muß. All dies sind Bedingungen, die auch für die Konstruktion einer unbewußten Konstitution des Neuen bedeutsam sind. Der entscheidende Punkt ist jedoch die logische Analyse jener „bildhaften Vorstellung". Für Mead kann sie nicht dem „Me" angehören, da dieses als „empirische Identität" gerade der Welt zugehörig sei, die es zu „dekonstruieren", d.h. zu verändern gelte (a.a.O., S. 141).

Dies ist m.E. jedoch der logische Trugschluß Meads. Die Elemente der Meadschen „bildhaften Vorstellung" können nämlich gerade nur aus der empirischen Welt stammen - woher sonst? Die logische Struktur der „bildhaften Vorstellung" ist bestimmt durch Elemente, die zwar ihre ursprüngliche Kohärenz verloren haben, aber als Elemente dennoch strukturell bestimmt sind: durch sprachliche und soziale Regeln, durch begriffliche und operative kognitive Schemata und deren intrinsische Reflexivität durch mehr oder weniger segmentierte Affektzusammenhänge. Derartige Bilder können den Bildern eines Traumes gleichen. Man gewinnt den Eindruck, daß Mead die Erscheinungsformen dieser „dekonstruierten" und möglicherweise bizarren „Vorstellungsbilder" und ihre strukturell-logische Form nicht scharf genug unterschieden hat. Zugleich kann man erkennen, wie er an der Schwelle des Vorbewußten stehenbleibt (d.h. im Rahmen einer Bewußtseinstheorie bleibt) und die Möglichkeit einer unbewußten Konstitution des Neuen nicht mehr denkt. Um andererseits zu erkennen, wie nahe Mead einer Theorie des Unbewußten war, muß man lediglich das Gedankenexperiment machen, Fehlleistungen und psychopathologische Symptome als „Bilder" zu verstehen (beim Traum liegt dies ohnehin nahe), die durch die Zugzwänge des Unbewußten unter dem Druck einer Krisensituation entstehen.

Um aber noch einmal auf den entscheidenden Punkt hinzuweisen: wir operieren einerseits im Rahmen bzw. im Medium gattungsspezifischer Bedeutungsstrukturen, d.h. mit sprachlichen und sozialen Regeln, andererseits mit kognitiven und affektiven Strukturen oder Schemata unterhalb der Regelebene. Wir bedienen uns der immanenten Reflexivität dieser Strukturen. „Reflexivität der Struktur" bedeutet dabei, daß Strukturen, weil sie Sinngebilde sind, erweiterbar, modifizierbar und generalisierbar sind. Auf dieser Strukturreflexivität beruhen bereits einfachste Phänomene des Lernens. Andererseits folgen jedoch die subjektiven Gesetzmäßigkeiten, die zusammen mit den jeweiligen kontingenten Handlungsproblemen die objektiven Problemstrukturen des Handelns festlegen, nicht einfach nur objektiven und überindividuellen Regeln, sondern eben den Gesetzmäßigkeiten des Subjekts. Das Problem der „sinnvollen" Anschließbarkeit des Handelns als Parameter des Handelns (und der Rekonstruktion) ist somit doppelt determiniert. Wir können, um die Oevermannsche Unterscheidung aufzunehmen, allenfalls analytisch zwischen den Handlungsparametern objektiver Regeln und subjektiver Optionen (bzw. „Entscheidungen") differenzieren. Handlungslogisch und -praktisch ergibt sich die Sinnhaftigkeit der jeweiligen Handlungsanschlüsse jeweils aus beiden Parametern.

Fazit dieser Überlegungen ist, daß das Neue kein Sonderfall, sondern der Normalfall ist. Die logische Analyse des Neuen zeigt, daß es zu seiner Erklärung keiner gesonderten Spontaneität oder Kreativität bedarf, es vielmehr auf die immanente Reflexivität der Sprache, der sozialen Regeln und der kognitiven und affektiven Strukturen („Schemata") verweist. Auf diese Bedeutung der Sprache als Rahmen für die Entstehung des Neuen und die Entdeckung des Unbekannten (prinzipielle Unabschließbarkeit der Sprache, Verallgemeinerungspotential der Begriffe im Gegensatz zu einem starren Zeichensystem) hatten wir bereits bei unseren früheren Überlegungen zum „Neuen" hingewiesen. Neben dieser immanenten Reflexivität ist zur Erklärung des Neuen keine mentalistisch aufgeladene Kategorie der Kreativität erforderlich. Es genügt die sparsamere Annahme eines „I" als Strukturmoment von Subjektivität, als Fähigkeit, sich der Fixierung an das empirisch Vorgegebene zu entziehen, gewissermaßen als „Negativität".

6.3 Psychoanalyse als praktisches Verfahren; Bezug zur klinisch-psychoanalytischen Sozialpsychologie; der psychoanalytische „Anwendungsdiskurs"

Unsere Schlußfolgerung aus den bisherigen methodologischen Überlegungen im Hinblick auf die Psychoanalyse als einem praktischen Verfahren zeigt, welche enorme Bedeutung der *psychoanalytischen Methode* zukommt. Vor dem Hintergrund der psychoanalytischen Theorie des Unbewußten konnte die psychoanalytische Methoden nur so und nicht anders sein. Wir haben bereits die prototypischen Bestandteile dieser Methode genannt: Befragung und freie Assoziation.

Hinzu kommt die Besonderheit des psychoanalytischen Setting (z.B. Asymmetrie, Abstinenz, Arbeitsbündnis) und die in diesem Setting ermöglichten bzw. stimulierten Prozesse der Übertragung und Gegenübertragung. Aufgabe des Setting ist, die Prozesse der freien Assoziation sowie die Neuauflage der Neurose in der Beziehung zum Analytiker (Übertragungsneurose) optimal zu fördern. An dieser Stelle wird auch deutlich, daß eine gegenüber der Freudschen Theorie modifizierte Theorie (z.B. Theorie der „frühen Strukturdefizite" nach Winnicott) neue methodische Elemente und methodische Akzentverlagerungen erfordert.

Der Einsatz dieser „technischen Mittel", der, wie Freud betont, in Analogie zum „Experiment" des Naturwissenschaftlers steht, bedeutet, daß der Psychoanalytiker, indem er der Assoziationskette des Patienten in gleichschwebender Aufmerksamkeit folgt (an die Stelle der Assoziation im engeren Sinne tritt in der Therapie der möglichst unzensierte Bericht des Patienten) und an bestimmten Stellen Interpretationen unbewußter Wünsche und Motive des Patienten einsetzt, d.h. Hypothesen bildet und so auf direkte und indirekte Weise „deutet". Sein theoretisches Wissen über Verschiebung und Verdichtung, Abwehrmechanismen etc. benutzt er als theoretisches Hilfsmittel, nicht subsumtionslogisch.

Wesentlich ist dabei, daß die Deutung nicht daraufhin bewertet wird, ob der Patient zustimmt (oder auch nicht). Dies würde eine substanzlogische Sistierung der Therapie, ein konkretistisches Mißverständnis des Unbewußten bedeuten. Keinesfalls kann in der Deutung eine „Abbildtreue" (Lorenzer) gegenüber einem präsenten Text des Unbewußten erzielt oder auch nur angestrebt werden. Entscheidend ist vielmehr, welchen weiteren Verlauf die Therapie nimmt: ob weiteres Material die Deutung bestätigt (und nicht „verifiziert"), neue Bereiche erschlossen werden, die Assoziationsfähigkeit des Patienten zunimmt - langfristig natürlich auch, ob die neurotische Symptomatik sich zurückbildet. Das „Experimentelle" besteht darin, daß der Psychoanalytiker überprüfen kann, was seine Deutung bewirkt, ohne freilich mehr als eine sehr allgemeine Prognose stellen zu können. Er erhält auch in diesem Sinne keinen Beweis, sondern bestenfalls eine Bestätigung für seine Hypothese.

Zur Konstitutionslogik der therapeutischen Deutung bzw. der therapeutischen Interpretation gehört somit, daß es keinen Fixpunkt, keine präsente Konstellation des Unbewußten gibt, von dem aus wir deuten können. Wir lassen uns vielmehr auf einen im Prinzip unabschließbaren Prozeß der Deutung ein, der lediglich pragmatisch an einem bestimmten Punkt beendet wird. Diesen im Prinzip unabschließbaren Prozeß der Deutung demonstriert Freud im 16. Kapitel der „Vorlesungen" sehr eindrucksvoll an einem Beispiel von „Eifersuchtswahn".

Freud kann mit Recht darauf hinweisen, daß er Zusammenhänge entdeckt hat, „welche heute der Wissenschaft noch völlig unbekannt sind, weil sie sich nur unter Anwendung eines bestimmten Verfahrens entdecken lassen“ (Freud 1905, S. 277). In jedem anderen Textmaterial, z.B. in einem Interaktionsprotokoll außerhalb des psychoanalytischen Settings, stoßen wir, wenn wir es aus der Perspektive des Unbewußten untersuchen, sehr schnell auf Grenzen, weil wir nur hypothetisch, mehr oder weniger „plausibel“, unbewußte Zusammenhänge einsetzen können, ohne deren Logik weiter folgen zu können. Das Dilemma der sog. psychoanalytischen Literaturinterpretation ist hier begründet. So mutet es befremdlich an, wenn z.B. Eisler (1983) im Rahmen seiner voluminösen Goethe-Studie umstandslos Motive, die er dem bewußten Handeln Fausts entnimmt (z.B. Gift für Gretchens Mutter), der unbewußten Einstellung Goethes gegenüber seiner eigenen Mutter unterschiebt.

Nur im Rahmen eines klinischen Forschungsinterviews, bei dem der Interviewer bestimmte Elemente des psychoanalytischen Settings realisiert (Abstinenz, gleichschwebende Aufmerksamkeit, Berücksichtigung und zugleich Respektierung des Widerstands des Probanden, Reflexion von Übertragung und Gegenübertragung), lassen sich zumindest ansatzweise ähnliche Verhältnisse herstellen wie im psychoanalytischen Verfahren im strengen Sinne. Allerdings kann das klinische Forschungsinterview, will es sich nicht einer Grenzüberschreitung schuldig machen, nur die *Grenze* zwischen Bewußt/Vorbewußt und Unbewußtem erreichen. Die Ent-Übersetzung des Unbewußten (Laplanche) bleibt der psychoanalytischen Kur vorbehalten. Zwangsläufig setzt dies auch eine entsprechende Schulung des Interviewers voraus. Das klinische Einzel-Forschungsinterview und das vergleichbare psychoanalytisch orientierte Gruppengespräch (einschließlich der darauf aufgebauten Rekonstruktionen von Handlungsfeldern) sind die zentralen methodischen Verfahren einer klinisch-analytischen Sozialpsychologie. Darüber hinaus gehören auch Rekonstruktionen von Handlungsfeldern, die auf den Ergebnissen klinisch-psychoanalytischer Praxis (zu der auch Familien- und Gruppentherapie zählen) aufbauen, in den Bereich einer derartigen Sozialpsychologie.

Ich hoffe, daß ich mit meinen bisherigen Überlegungen deutlich machen konnte, wie ich mir den vielgeschmähten „Anwendungsdiskurs“ der Psychoanalyse in groben Zügen vorstelle. Zu einer „Funktionalisierung“ der Psychoanalyse, die die „Essentials und die Methode“ der Psychoanalyse zersetze (Reiche 1995, S. 232), kann es nur dann kommen, wenn ökonomische, politische oder soziale Sachverhalte umstandslos „psychoanalysiert“ und damit subsumptionslogisch verkürzt oder verfälscht werden, d.h. wenn nicht im Sinne einer „grounded theory“ vom empirischen Material ausgegangen wird.

Dem „Primat“ des Gesellschaftlichen (Adorno) wird dann Rechnung getragen, wenn die Psychoanalyse versucht, das zu erklären, was durch die Strukturen der Ökonomie und Politik allein nicht zu erklären ist und was wiederum Adorno, trotz aller Skepsis gegenüber der Kategorie des Individuums, als den subjektiven

„Kitt“ der gesellschaftlichen Prozesse bezeichnet: die bewußten und unbewußten Strukturen der Individuen einschließlich ihrer emergenten Qualitäten. An diesem für die Sozialpsychologie konstitutiven Paradigma ändert sich auch dann prinzipiell nichts, wenn man, wie etwa Luhmann, subjektkritisch nicht mehr von Individuen oder Subjekten, sondern nur noch von „psychischen Systemen“ spricht. Auch die „autopoietische“ Konstituierung eines „psychischen Systems“ ist - unter anderem - ein sozialpsychologisches Phänomen.

Aus diesem Grund wurde in der vorliegenden Arbeit besonderer Wert auf eine *soziologische* Reflexion und Fundierung der sozialpsychologischen Begriffe gelegt. Reiches Diktum, die psychoanalytische Theorie könne das „Außen“ nicht erreichen (a.a.O., S. 227), gilt nur dann, wenn dieses Außen nichts anderes ist als eine Projektion psychoanalytischer Kategorien und Befunde auf eine äußere Realität, bei der nicht nur die Psychoanalyse, sondern gerade auch das Außen „zerbricht“. In diesem Punkte stimme ich Reiche zu: man gelangt nicht auf demselben Wege wieder zur äußeren Realität, auf dem man von dieser zur inneren Realität gelangt ist. Gleichwohl übersieht Reiche im Eifer der Polemik, daß er gegen Windmühlen kämpft, daß er gewissermaßen als ein Ritter von der traurigen Gestalt gegen ein Mißverständnis ins Feld zieht, über das Fromm bereits in den 20er Jahren schrieb: „Die Anwendung der Psychoanalyse auf die Soziologie muß sich gewiß vor dem Fehler hüten, da psychoanalytische Antworten geben zu wollen, wo ökonomische, technische, politische Tatsachen die wirkliche und ausreichende Erklärung soziologischer Fragen geben“ (Fromm 1980, S. 3).

6.4 „Verwaltete Biographien“: Ein Fallbeispiel klinisch-sozialpsychologischer Arbeit

Im folgenden möchte ich nunmehr an einem eigenen Fallbeispiel den konstitutiven Zusammenhang von Theorie, Methode und Gegenstand klinisch-psychoanalytischer Sozialpsychologie weiter explizieren. Gegenstand der Untersuchung war die sozialpsychologische Rekonstruktion eines spezifischen Handlungsfelds: die Interaktion zwischen Experten und Klienten im Bereich von Randgruppenarbeit, genauer: die Interaktion zwischen Sozialarbeitern und Verwaltungspersonal einerseits, sog. „Multiproblem-Familien“ andererseits. Eingebettet in diesen Forschungszusammenhang wurden in erster Linie drei Verfahren verwendet: (1) psychoanalytische Familientherapie, (2) klinisches Forschungsinterview (mit Einzelpersonen, Paaren und Familien) und (3) Aktenanalyse.

Das im folgenden dargestellte Fallbeispiel vermittelt uns einen kleinen Ausschnitt aus der von uns durchgeführten wissenschaftlichen und therapeutischen Arbeit. Zugleich beleuchtet das Beispiel einige wichtige Aspekte klinisch-sozialpsychologischer Arbeit. *Erstens* verzichtet klinisch-sozialpsychologische Arbeit, obwohl sie klienten- und interventionsorientiert ist, nicht darauf, die Entwicklung der sozialpsychologischen Theorie voranzutreiben. *Zweitens* heißt Klienten- und Interventionsorientierung nicht, daß diese Orientierungen konfliktfrei realisierbar sind. Unser Fallbeispiel zeigt, daß es bei Klienten und Forschern zu unterschiedlichen Einschätzungen der Forschungsergebnisse kommen kann. M.E. ist es in diesem Fall unangemessen, den Klienten gewissermaßen „nach dem Mund" zu reden. Der klinische Sozialpsychologe ist ein „professional", was es erforderlich macht, daß er der immanenten Logik seiner Profession und seinen wissenschaftlichen Kriterien folgt (was nicht ausschließt, daß er auch „Vermittlungsarbeit" leisten muß). *Drittens* zeigt unser Beispiel noch einmal die hier immer wieder betonte „Kon-Textualität" der Forschung und der entsprechenden Ergebnisse. Psychoanalytische Familientherapie, klinische Forschungsinterviews und Aktenanalyse konstituieren ganz bestimmte Daten und Ergebnisse, andere z.B. als eine Erhebung mit Hilfe standardisierter Befragung. Deshalb ist vorab die Frage zu klären, welche Erhebungsmethoden bzw. welche Kombination von Erhebungsmethoden dem Gegenstand am adäquatesten sind.

Die folgenden Daten und Überlegungen stammen aus einem Forschungsprojekt, mit dem zunächst die Sozialverwaltung einer hessischen Großstadt neue Handlungsperspektiven in einem besonders schwierigen Feld sozialer Arbeit zu entwickeln versuchte (Clemenz u.a. 1990). Im Verlauf des Projektes zeigte sich dann, daß die von uns entwickelte Theorie, die ich hier abgekürzt als die Theorie der „Monetarisierung psychosozialer Konflikte" bezeichnen möchte, die bisherige Praxis radikal in Frage stellte und damit die Problemverarbeitungskapazität der Kommune überforderte.

Konkret ging es in diesem Projekt darum, eine Gruppe von Familien der Unterschicht, die wir in Anlehnung an die angelsächsische Terminologie „Multiproblem-Familien" nennen, aus sozialwissenschaftlicher und aus therapeutischer Sicht zu untersuchen und Vorschläge für angemessene Formen der Hilfeleistung zu entwickeln. Aus der Sicht des Projektträgers als auch der Kommune, in der wir diese Untersuchung durchführten, hatte sich insbesondere dieser Familientyp - nicht zuletzt auch durch sich verändernde sozialstrukturelle Bedingungen, z.B. zunehmende Arbeitslosigkeit - zu einer Problemgruppe entwickelt, die mit den herkömmlichen Methoden der Sozialarbeit und Familienberatung nicht mehr befriedigend „bearbeitet" werden konnte. Inoffiziell wurden für diese Familien Bezeichnungen wie „Faß ohne Boden", „hoffnungslose Fälle", „Bodensatz" u.a. verwendet. Zuweisungskriterium für die Betreuung durch die Familientherapeuten unseres Projekts war, daß die bisherigen Versuche der pädagogisch-sozialarbeiterischen Einflußnahme auf diese Familien als gescheitert angesehen wurden, so daß wir mit großer Wahrscheinlichkeit damit rechnen konnten, quasi die „hard-core"-Fälle zu bekommen.

Zu den wissenschaftlichen Ansprüchen unseres Projekts gehörte u.a., durch die Vermittlung von sozialwissenschaftlicher Forschung und therapeutischer Forschung/Praxis, konkret durch die Zusammenarbeit von Soziologen, Psychologen und Therapeuten, eine Kombination von grundlagen- und anwendungsorientierter Forschung zu verwirklichen. Daß dies häufig zu einer Gratwanderung wurde, war, neben dem institutionellen Erfolgsdruck, unter dem das Projekt von Anfang an stand, sowie dem Mißtrauen der Sozialbürokratie gegenüber innovativen Ansätzen, nicht zuletzt auf die von uns unterschätzten Schwierigkeiten der Kooperation zwischen Soziologen und Therapeuten zurückzuführen. Hinzu kam, daß die Problematik der Klientel sich häufig in Kontroversen und Polarisierung innerhalb des Teams widerspiegelte.

Ich möchte im folgenden zunächst auf den Begriff „Multiproblem-Familien" und seine sozialwissenschaftliche und therapeutische Relevanz eingehen. Wissenschaftlich und sozialpolitisch aktuell wurde dieser Begriff insbesondere durch die US-amerikanischen Programme zur Bekämpfung der Armut in den 60er und 70er Jahren. Zahlreiche der noch heute richtungsweisenden Forschungsansätze und Interventionsstrategien stammen aus dieser Zeit - ich möchte hier nur stellvertretend auf die Arbeiten von Minuchin (1967) hinweisen. Derartige Ansätze wurden in den 70er Jahren auch in der BRD aufgegriffen und z.T. weiterentwickelt (aus therapeutischer Perspektive u.a. von Richter und Friedrich, aus eher pädagogischer Perspektive etwa von Iben), fristeten in der Folgezeit jedoch eher eine marginale Existenz. Trotz einiger Versuche, an diese Konzepte wieder anzuknüpfen (etwa von Spangenberg oder Goldbrunner), muß konstatiert werden, daß in der BRD keine systematische Forschungsarbeit zu Multiproblem-Familien entstand.

Es geht hier freilich um mehr als um das rituelle Markieren sog. „Forschungslücken". Vielmehr verdichten sich in Multiproblem-Familien die Problemlagen und krisenhaften Entwicklungen der Gesellschaft, so daß die Strukturen beschädigter Subjektivität hier exemplarisch aufgezeigt werden können. Insbesondere läßt sich bei ihnen, die häufig über Generationen kontinuierlich institutionellen Konflikten und Eingriffen ausgesetzt sind, das Phänomen institutioneller Bearbeitung von Identität mit großer Genauigkeit analysieren (was nicht zuletzt der peniblen aktenförmigen Protokollierung der institutionellen Intervention zu verdanken ist). Ich werde auf diesen Punkt im Rahmen des Fallbeispieles noch einmal zurückkommen.

Ohne auf die Details der langen und kontroversen Diskussion über den Begriff „Multiproblem-Familie" hier näher einzugehen, sei darauf hingewiesen, daß dieser Begriff in der angelsächsischen Literatur in der Regel als Konglomerat heterogener Momente, d.h. in klinischer und soziologischer Hinsicht unsystematisch und allenfalls deskriptiv verwendet wurde. Enzer/Stackhouse (1968) betonen deshalb zurecht, daß es sich hier um ein „label“, nicht um eine „Diagnose“ handle.

Es war deshalb erforderlich, den Begriff „Multiproblem-Familie“ so weit zu präzisieren und zu systematisieren, daß er eine einigermaßen trennscharfe Unterscheidung von anderen schwierigen Familienstrukturen erlaubt, d.h. ihn als soziologische und klinische Kategorie zu rekonstruieren. Ich möchte vier Dimensionen einer derartigen begrifflichen Bestimmung kurz skizzieren:

1. Schichtspezifische Merkmale: Niedriges Einkommen, niedriges Qualifikationsniveau, relativ hohe Kinderzahl, schlechte Wohnverhältnisse etc. Eine Besonderheit der von uns untersuchten Gruppe von Multiproblem-Familien bestand darin, daß sie noch nicht ghettoartig ausgegrenzt waren. Dadurch ergab sich für die meisten von uns untersuchten Familien das zusätzliche Problem, in einer vergleichsweise unauffälligen Wohnumwelt zumindest eine „Fassadennormalität“ zu erreichen bzw. aufrecht zu erhalten.

2. Institutionsspezifische Merkmale: Multiproblem-Familien weisen in der Regel eine lange Geschichte institutioneller Interventionen auf, die die Familienkonstellation entscheidend prägen. Wir sprechen deshalb auch von „verwalteten Biographien“. Dabei entstehen häufig kollusive Interaktionszirkel zwischen Familie und Sozialadministration (fallweise treten die Polizei, die Gerichte, Jugendheime etc. hinzu), die kaum mehr korrigierbar sind und dazu führen, daß die Familien mit Etiketten wie „pädagogisch nicht mehr ansprechbar“ oder „nicht therapiefähig“ ausgegrenzt werden.

3. Psychosoziale Merkmale: In der Regel akkumulieren sich in Multiproblem-Familien individuelle psychische Probleme (sehr häufig: Suchtverhalten und psychosomatische Erkrankungen), Partnerkonflikte, Erziehungsprobleme u.a.m. Bei den Partnerkonflikten fanden wir ebenfalls sehr häufig große Ansprüche gegenüber dem Partner bei gleichzeitiger Abwehr gegen deren Erfüllung. Die Bindung an die jeweilige Herkunftsfamilie war außerordentlich intensiv, ähnlich fanden wir eine weitgehende Beschränkung der sozialen Kontakte auf das Verwandtschaftssystem. Als besonders bedeutsam erwies sich die z.T. extrem hohe Verschuldung der Familien. Wir haben in diesem Zusammenhang weiter die These aufgestellt, daß Konsum und Verschuldung häufig einen Versuch darstellen, individuelle und familiale Probleme zu „lösen“. Wir sprachen deshalb von der *Monetarisierung* dieser Konflikte, wobei Verschuldung sowohl die Qualität eines *kommunikativen Codes* als auch eines *psychosozialen Symptoms* besitzt.

Da die kommunikative und symptomatische Bedeutung der Monetarisierung bisher wenig untersucht wurde, möchte ich einige zusätzliche Erläuterungen hinzufügen:

- Durch Monetarisierung wird „weiche“ Bezugsrealität in die „harte“ Realität von Geld bzw. Verschuldung transformiert. Durch diese - in der Regel unbewußt stattfindende - Bedeutungsverschiebung läßt sich das Ausmaß an Zuwendung bzw. Vernachlässigung „berechnen“ und entlastet zumindest vordergründig das Beziehungssystem.

- Monetarisierung erlaubt ein theoretisch unbegrenztes Operieren mit „Minus-Ressourcen“, d.h. mit Verschuldung. Das Konzept familialer Schuldkonten (wie es von Boszormenyi-Nagy, 1981, entwickelt wurde) erhält damit eine zusätzliche Bedeutungsdimension. Der Ausgleich emotionaler Schuldkonten führt zu finanzieller Verschuldung, was wiederum die emotionalen Konflikte vorantreibt - eine destruktive Spirale, die schnell einen „point of no return“ erreichen kann.

- Monetarisierung transponiert private in öffentliche Konflikte, d.h. durch Konsumschulden, Mietschulden, die Weigerung, Strafen oder Gerichtskosten zu zahlen etc. werden die Familien auffällig. Diese öffentliche Konfliktinszenierung ist sozialpsychologisch außerordentlich komplex geschichtet. Neben einfachen Trotz- und Verleugnungstendenzen, Aspekten einer sozialen „Rebellion“ etc., handelt es sich darüber hinaus um ein öffentliches Hilfeersuchen der Familien, d.h. um einen Appell an die „Wohltätigkeitsnorm“ der Gesellschaft (Gouldner). Weiterhin dokumentieren die Familien soziale Anpassung in einer Gesellschaft, in der Geld und Konsum mit positiven symbolischen Valenzen aufgeladen sind. Multiproblem-Familien geraten deshalb in geradezu exemplarischer Weise zwischen die Mühlsteine einer Gesellschaft, die diesen Familien einerseits einen Großteil sozialer Chancen vorenthält, in der andererseits Geld und Konsum ein wesentlicher Maßstab in der Bewertung des Individuums sind.

4. Einstellung gegenüber Angeboten professioneller Hilfe: Hier ist charakteristisch - und in der Literatur besteht darüber im wesentlichen Übereinstimmung -, daß Multiproblem-Familien nicht von sich aus pädagogische und therapeutische Hilfe aufsuchen. Sie tendieren gemäß der beschriebenen Monetarisierungstendenz entweder dazu, ihre Probleme als finanzielle oder aber als somatische, organmedizinisch zu behandelnde Probleme zu interpretieren.

Ich möchte speziell diesen Aspekt noch etwas vertiefen, weil hier ein wichtiger Zusammenhang zu dem Problem der Ausgrenzung von Klientengruppen mittels des Etiketts „Therapieunfähigkeit“ besteht. In der Literatur wird noch immer die Möglichkeit bestritten, Multiproblem-Familien mit pädagogischen oder therapeutischen Interventionen zu erreichen. Insbesondere wird darauf verwiesen, daß es in der Regel nicht gelingt, einen kontinuierlichen Beratungs- oder Therapieprozeß aufrechtzuerhalten, allgemeiner: überhaupt ein „Arbeitsbündnis" herzustellen. Allerdings mehren sich auch die Stimmen, die dieses „Nicht-Behandelbarkeits-Theorem" in den Bereich des Mythos verweisen. Aufgrund der Erfahrungen in unserem Projekt, in dem wir konkurrierend zu kurzfristigen Beratungsansätzen ein Modell langfristiger konfliktorientierter Familienberatung von Multiproblem-Familien (mit spezifischen Beratungszielen) entwickelt haben, sind wir zu dem Ergebnis gelangt, daß bei Beachtung der spezifischen Lebensbedingungen dieser Familien eine etwa zwei- bis dreijährige, niederfrequente Beratung erfolgversprechend ist. Neben Besonderheiten des Settings (auf die ich hier nicht näher eingehen will), sind im Kontext dieser spezifischen Lebensbedingungen mindestens drei Problemebenen von Bedeutung. deren Nichtbeachtung nahezu zwangsläufig zum Scheitern der Beratung führt:

Es scheint zunächst Konsens darüber zu bestehen, daß spezifische Orientierungsmuster der Unterschicht (z.B. organmedizinische Orientierung, die Vorstellung, bei therapeutischer Behandlung als „verrückt" zu gelten etc.) Beratung bzw. Therapie erschweren. Hierzu ist anzumerken, daß derartige Orientierungen natürlich auch bei „therapiefähigen" Mittelschichtpatienten, insbesondere aber bei psychosomatischen Patienten vorhanden sind. Weiterhin haben wir die Erfahrung gemacht, daß weniger der manifeste Behandlungswunsch als vielmehr der Leidensdruck entscheidend ist. Dieser Leidensdruck war in der Tat bei fast allen Familien vorhanden und erstreckte sich auch auf den psychischen Bereich. Entscheidend war für uns deshalb, von einem latenten Behandlungswunsch auszugehen (der von den monetären und somatischen Interpretationsmustern gleichsam nicht voll aufgesogen wurde) und diesen in den teilweise sehr langwierigen Gesprächen, in denen ein Arbeitsbündnis hergestellt wurde, zu aktualisieren. Allerdings mußten wir in manchen Fällen auch respektieren, daß ein derartiger Behandlungswunsch nicht aktualisiert werden konnte bzw. nicht vorhanden war. Schließlich ist zu beachten, daß derartige schichtspezifische Muster nicht als individuelle Widerstandsphänomene verstanden werden dürfen.

Darüber hinaus haben amerikanische Untersuchungen (Baum u.a. 1966, Peck 1967) gezeigt, daß spezifische Therapeutenvariablen einer erfolgreichen Behandlung von Multiproblem-Familien entgegenstehen. Insbesondere werden Unerfahrenheit, rigide Handhabung der therapeutischen Technik und Gegenübertragungsphänomene genannt. Analog dazu konnten wir auch in unserem Projekt feststellen, daß Erfolgsdruck, aber auch Überwältigung durch das Ausmaß des Elends der Familien, bis hin zu Empörung und Ekel, leicht zu einem Rückzug von diesen Familien, zu „Empathielücken" und zu einem Sich-Klammern an bestimmte Therapietechniken führte. Supervision durch Therapeuten, die über ausreichende Erfahrung mit diesen Familien verfügen, ist hier unerläßlich.

Wesentlicher noch erscheint uns, daß es sich bei Multiproblem-Familien um „ver waltete Biographien“ handelt. Daraus resultieren vielschichtige institutionelle Konkurrenzprobleme sowie kollusive Interaktionszirkel, die die therapeutische Intervention erschweren bzw. zu therapeutischen „Pattsituationen“ führen können. Therapeuten werden zunächst einmal als „Amtsperson“ erlebt und die Erfahrungen mit diesen auf die Therapeuten übertragen. Die hier stattfindenden Übertragungs- und Widerstandsphänomene sind freilich ganz anderer Natur als wir sie aus der psychotherapeutischen Theorie und Praxis kennen, d.h. es handelt sich weder um infantile noch um unbewußte Phänomene. Wichtig ist deshalb, daß in geduldiger Kleinarbeit ein Arbeitsbündnis hergestellt wird, bei dem die Therapeuten deutlich machen, wer sie sind bzw. was sie leisten können und was nicht. Weitere Probleme in diesem Zusammenhang waren:

- Konkurrierende Zuständigkeiten führen dazu, daß die Beziehung Familie-Institution zu einem weiten Agierfeld für beide Seiten wird. Familien entwikkeln in dieser Situation häufig strategische Fähigkeiten, Institutionen gegeneinander auszuspielen bzw. sich dem Angebot zuzuwenden, das die Abwehr und Deutungsmuster der Familie am wenigsten in Frage stellt.

- Die strukturellen Besonderheiten sozialer Hilfe („subjektiver“ Anspruch, amtliche Bedarfsfeststellung etc.) führen dazu, daß Sachbearbeiter und Sozialarbeiter einen großen Ermessensspielraum haben und Klienten häufig nicht über ihre Ansprüche informiert werden. Verbunden mit hoher Fallzahl, knappen personellen Ressourcen und spezifischen Selektionsmustern, die zur Begrenzung der zu bewältigenden Fallarbeiten dienen (für welche Familie lohnt sich z.B. ein weitergehendes Engagement?) führt dies gewissermaßen zu einer Emotionalisierung (insbes. zu einer Infantilisierung bzw. Parentifizierung) der Klienten-Experten-Beziehung, ohne daß diese in der Regel darauf abgestellt ist, die hier anfallenden Übertragungs-/Gegenübertragungsphänomene zu bearbeiten.

- Umgekehrt wirken diese strukturellen Faktoren häufig auch so, daß es - analog zur innerfamilialen Monetarisierung - zu einer Monetarisierung der Problemlagen der Klienten durch Experten kommt. Experten nehmen dann die Position ein, sei es aus einer objektivistischen Haltung heraus oder aus Gründen der Vereinfachung der Fallarbeit, daß es der Familie eigentlich nur am Geld fehle. Damit können entsprechende Abwehrstrukturen der Familie stabilisiert und dauerhafte kollusive Interaktionsspiralen in Gang gesetzt werden.

Pointiert bedeuten diese Überlegungen, daß das Etikett „Nicht-Therapierbarkeit" bezogen auf Multiproblem-Familien weitgehend ein Artefakt ist, das dadurch zustandekommt, daß die Familien aus ihren spezifischen Problemlagen und institutionellen Verwicklungen herausgelöst und soziologisch und klinisch gleichsam als „tabula rasa" betrachtet werden.

Ich möchte nunmehr anhand eines Fallbeispiels, das selbst nur einen kleinen Ausschnitt aus einer komplexeren Geschichte darstellt, einige der vorgetragenen Thesen erläutern (wobei ich mich auf die Problematik der institutionellen Interaktion beschränke).

Familie A. hat über Jahre immer wieder die Hilfe des Sozialamts in Anspruch genommen und gerät jetzt in Mietrückstand. Einschließlich der Gerichtskosten ist die Schuld auf DM 5000,- gestiegen. Hinzu kommen noch andere Schulden (u.a. aus der Anschaffung eines vergleichsweise teuren PKW). Die Familie wird nach einem Hausbesuch durch eine Sozialarbeiterin der Familienfürsorge relativ kritisch beurteilt. Für die Verschuldung wird ein aufwendiger Lebensstil und mangelnde Bereitschaft, sich mit der eigenen finanziellen Situation auseinanderzusetzen, verantwortlich gemacht. Auffällig bei diesem Bericht bzw. bei der Einschätzung der Familie ist, daß es sich nicht nur um eine sehr pauschale Beurteilung der Familie handelt, sondern daß auch eine genauere Analyse der finanziellen Situation der Familie fehlt. Der fünfköpfigen Familie steht, unter Berücksichtigung des Wohn- und Kindergeldes und nach Abzug der Miete nur wenig mehr als DM 1000,- als Lebensunterhalt zur Verfügung. Mitverantwortlich für die Verschuldung ist auch die mehrfache Arbeitslosigkeit des Mannes (er ist jetzt bei einer Wach- und Schließgesellschaft angestellt). In mindestens einem Fall ist die Arbeitslosigkeit nicht selbst verschuldet.

Eine neugegründete Abteilung des Sozialamtes, die sog. „Soziale Wohnraumhilfe" (SWH) nimmt sich jetzt des Falles an. Ihre Aufgabe ist, durch Übernahme von Mietschulden, Gewährung von Darlehen, Vermittlung preiswerter Wohnungen etc. Obdachlosigkeit zu verhindern. Die SWH ist bereit, der Familie A. zu helfen, wenn diese innerhalb von zwei (!) Arbeitstagen folgende Auflagen erfüllt:

- Vorlage der Lohnsteuerkarte (Herr A. hatte bisher noch keine Lohnsteuerkarte vorgelegt und wird deshalb nach dem höchsten Einkommenssteuersatz besteuert);
- Dauerauftrag für die Abbuchung der zukünftigen Miete;
- Bescheinigung über die Stillegung des PKW;
- alle Unterlagen über die Zahlungsverpflichtungen der Familie;
- Einzahlungsbelege für die Stadtwerke.

Die Familie gerät damit in eine verwirrende, um nicht zu sagen paradoxe Situation: Um Hilfe zu erhalten, soll sie massive Auflagen, die einer Erziehungsmaßnahme gleichkommen, erfüllen, die in einer Form gestellt werden, die sich selbst ad absurdum führt. Erwartungsgemäß verweigert die Familie diese Auflagen. *Dennoch erhält die Familie das Darlehen.*

Die SWH reagiert nun mit der Androhung von Sanktionen auf die Weigerung, die Unterlagen vorzulegen. Dies zieht sich über mehrere Monate hin, weil die Familie nicht darauf reagiert. Schließlich fordert die SWH *unter Androhung von Zwangsvollstreckung kurzfristige Rückzahlung des gesamten Darlehens*. Dies würde den finanziellen Ruin der Familie bedeuten und die Prozedur an den Ausgangspunkt zurückführen: Unfähigkeit der Familie, die Miete zu bezahlen, und damit drohende Obdachlosigkeit. „Konsequent" schaltet sich jetzt die Amtsleitung ein. In einer Aktennotiz heißt es: „Durch Vollstreckungsmaßnahmen werden die Schwierigkeiten zunehmen und am Ende werden wir uns erneut mit dem Problem zu befassen haben."

Die Amtsleitung schlägt einen erneuten Hausbesuch vor, die Zwangsvollstreckung wird ausgesetzt. Die SWH schickt zwei Mitarbeiter zu einem Hausbesuch zur Familie A., da diese jedoch nicht anwesend ist, müssen die Mitarbeiter, wie die SWH säuerlich notiert, „also unverrichteter Dinge den Schauplatz verlassen". Die SWH macht jetzt der Familie „ein letztes Angebot", nämlich im Amt zu erscheinen, fügt aber zugleich hinzu, daß sie, wenn der Familie der Termin nicht „passen" sollte, auch zu einer „anderen Absprache" bereit sei.

Erstmals reagiert nun die Familie, in einer Form, die an Ambivalenz dem Amt nicht nachsteht: Sie teilt der SWH ihre Kontonummer mit „zwecks Abbuchung von DM 250,- monatlich" und über läßt es der SWH, sich darauf einen Reim zu machen. Die Darlehensschuld bleibt weiterhin offen.

Ich möchte den weiteren Verlauf nur noch kurz andeuten. Es kommt kurze Zeit später zu erneuten Mietschulden der Familie A. Das Amt, diesmal die Familienfürsorge, bemüht sich mehrfach um einen erneuten Hausbesuch, der schließlich zustandekommt und zur Anfertigung einer weiteren, diesmal sehr abwertenden Familienanalyse führt. Positiv wird lediglich hervorgehoben, daß die Familie gut für ihre Kinder sorge. Erneut werden die Mietschulden vom Amt übernommen.

Man ist versucht, dieses Spiel von Eskalation und Deeskalation von Seiten des Amtes und die mehr oder weniger geschickten Verweigerungsmanöver der Familie (während gleichzeitig die Verschuldung zunimmt) unter der Rubrik „Ohnmacht der Starken und die Macht der Schwachen" abzuhaken. Ich halte eine derartige Interpretation für oberflächlich und möchte versuchen, die Interaktionsregeln dieses Spiels auf der manifesten und latenten Ebene zu skizzieren.

Die Interaktion zeigt zum einen die strukturellen Widersprüche, in die die SWH nahezu zwangsläufig gerät. Offizieller Auftrag der SWH ist die Verhinderung von Obdachlosigkeit. Dies kann jedoch nicht vorbehaltlos geschehen, schon aus dem einfachen Grund nicht, weil die finanziellen Ressourcen des Amtes begrenzt sind. Das Amt muß Auflagen machen und soll, wo immer möglich, pädagogisch-beratend tätig werden. Wenn nun aber, wie im Beispiel von Familie A., das Amt am passiven Widerstand der Familie scheitert, handelt das Amt durchaus korrekt, wenn es, im Sinne des übergeordneten offiziellen Auftrags auf die sofortige und zwangsweise Rückzahlung des Darlehens verzichtet. Darüber hinaus ist die SWH von ihrer personellen Ausstattung und von der Qualifikation ihrer Mitglieder her gar nicht in der Lage, wirklich Beratung anzubieten. Schließlich mußten wir auch feststellen, daß es kein Konzept für die Verbindung von materieller und pädagogischer Hilfe (etwa in Zusammenarbeit mit der Familienfürsorge) gibt.

Auch im Hinblick auf die Familie wäre es oberflächlich, von einem rein strategischen Verhalten zu sprechen, mit dem das Amt um seine Ansprüche geprellt werden soll. Einerseits ist die Familie durch die stets kurzfristig abverlangten Auflagen überfordert, andererseits deuten ausgeprägte Schuld- und Schamgefühle der Familie eher auf ein Verleugnen der prekären Situation hin. Die Äußerungen der Familie zeigen weiterhin, daß sie sich vom Amt benachteiligt und schikaniert fühlt (und zugleich vorhandene Schuld- und Schamgefühle abgewehrt werden): „Andere bekommen alles bezahlt, und wir müssen bitten und betteln ... Die anderen kriegen Zucker in den Arsch geblasen, und wir, die es nötig hätten, müssen Kopfstände machen, um ein paar Pfennige zu erhalten."

Neben intensiven Neidgefühlen gegenüber anderen, ähnlich benachteiligten Familien läßt sich hier auch eine zumindest latente Versorgungshaltung gegenüber dem Amt konstatieren (beides haben wir bei den von uns untersuchten Familien in der Regel feststellen können). Die Familie gerät auf diese Weise in eine immer tiefere Abhängigkeit von der Institution, was wiederum die Schuld- und Schamgefühle verstärkt.

Während wir also auf der manifesten Ebene einen Machtkampf zwischen Familie und Amt beobachten können, der zwischen Eskalation und Deeskalation oszilliert, finden wir auf der latenten Ebene zwei Dimensionen eines kollusiven Zusammenspiels zwischen beiden Seiten:

1. Passive Versorgungswünsche sowie Neid-, Schuld- und Schamgefühle der Familie und eine aktive, allerdings implizite Versorgungshaltung des Amtes verbunden mit Versuchen der Disziplinierung der Familien führen zu einer Infantilisierung bzw. Parentifizierung der Klient-Experten-Beziehung.

2. Bedingt durch die strukturellen Zwänge des institutionellen Handelns bringt das Amt der Familie gegenüber zum Ausdruck, daß es dieser nur am Geld fehlt. D.h. eine eingehendere Analyse der Familienproblematik und gegebenenfalls Beratung wird von Anfang an gar nicht angestrebt. Damit kommt das Amt der Abwehrstruktur, nicht zuletzt den Schuld- und Schamgefühlen der Familie entgegen. Es kommt zu einer Monetarisierung der Familienproblematik. Das ursprüngliche Problem der Familie ist nunmehr im Kontext einer infantilisierenden Klient-Experten-Beziehung gleichsam eingefroren, d.h. *chronifiziert*.

Ich möchte abschließend noch kurz auf einige biographietheoretische Annahmen unserer Untersuchung eingehen. Vorausschicken möchte ich dabei, daß wir bei unseren biographischen Rekonstruktionen stets das Wechselverhältnis von Familie und Einzelbiographie im Auge hatten. Das heißt, wir haben über die Rekonstruktion von Einzelbiographien Familienstrukturen herausgearbeitet und wiederum deren Einfluß auf die Einzelbiographie in Rechenschaft gestellt.

Im Anschluß an eine bestimmte psychoanalytische Theorietradition, etwa an Bernfelds Versuch der Integration des „sozialen Ortes" in die psychoanalytische Theorie, Loewalds Theorie der „Zeitlichkeit" des psychischen Apparats, Eriksons Konzept der Bedeutung „sozialer Prämien" für die Entwicklung der Persönlichkeit oder Kohuts Theorie der Entwicklung der narzißtischen Selbstobjekte, haben wir versucht, psychische Traumatisierung bzw. psychische Fixierung auf die Zeitdimension der Gesamtbiographie und weniger an den frühen Phasen der Entwicklung orientiert zu reflektieren. Der „Determinismus der Kindheit", wie ihn Erdheim kritisch im Hinblick auf die traditionelle psychoanalytische Theorie registriert, erwies sich für das Verständnis von Lebensschicksalen, wie wir sie bei Multiproblem-Familien fanden, als außerordentlich unbefriedigend.

Geht man z.B. von Kohuts Selbstpsychologie aus, so kann man feststellen, daß die Veränderung der narzißtischen Selbstobjekte im Sinne zunehmender Realitätsgerechtigkeit (Kohut spricht hier von „umwandelnder Verinnerlichung") ein lebenslanger Prozeß ist. Diese umwandelnde Verinnerlichung kann durch übermäßige und frühzeitige Traumatisierung gestört werden, z.B. durch die traumatische Konfrontation mit der realen Ohnmacht des Vaters. Auch der anhaltende Entzug sozialer Chancen aufgrund des spezifischen sozialen Ortes kann zu einer traumatischen Konfrontation werden, in diesem Falle vorwiegend zwischen dem narzißtischen Größen-Selbst (bzw. dem Ich-Ideal) und der Realität. In beiden Fällen wird die psychische Entwicklung gehemmt, gegebenenfalls findet eine Regression auf archaischere Stufen der Entwicklung statt. Das Festhalten an (unbewußten) archaischen bzw. an archaischen versorgenden und zugleich sadistisch geizigen Elternbildern (die z.B. auf gesellschaftliche Institutionen projiziert werden können) fanden wir in vielen unserer Familien. Dies ist sicher noch keine ausreichende Erklärung, aber ein Fingerzeig für die eigenartige Spaltung, die wir bei Multiproblem-Familien fanden: einerseits ein Verlust an positiver Zeitperspektive, eine Art Einfrieren der Zeitrelation, andererseits illusorische, aber außerordentlich konkrete und lebendige Vorstellungen vom großen Lottogewinn, dem bald zu erreichenden Eigenheim oder dem lukrativen Job in fernen Ländern.

Wir sind deshalb der Ansicht, daß die Begriffe der Entwicklungshemmung (insbesondere auf der narzißtischen Ebene), der Regression und insbesondere der Nachträglichkeit angemessener die unbewußte psychische Situation von Multiproblem-Familien beschreiben als der ausschließliche Rekurs auf frühkindliche Traumatisierung bzw. Fixierung. Der hier verwendete Begriff der Regression (er wird ähnlich in der Traumaforschung verwendet, z.B. bei der Verarbeitung von Katastrophen, KZ-Erfahrungen u.ä.) unterstellt nicht von vornherein massive neurotisch-infantile Fixierungen, er geht vielmehr davon aus, daß die Belastungen durch den sozialen Ort via Nachträglichkeit zu einer Traumatisierung akkumulieren mit dem Ergebnis einer Regression auf allen Ebenen des psychischen Apparats.

Das Material, auf das sich die vorliegende Rekonstruktion stützte, sind Protokolle von psychoanalytischen Familientherapien, psychoanalytisch orientierten Forschungsinterviews und Akten. Anhand dieses Materials läßt sich die spezifische methodische Vorgehensweise klinischer Sozialpsychologie verdeutlichen. Ich habe bereits darauf hingewiesen, daß das klinische Einzel-Forschungsinterview und das Gruppengespräch, soweit sie sich an Elementen des psychoanalytischen Settings orientieren (Abstinenz, gleichschwebende Aufmerksamkeit, Berücksichtigung des Widerstandes der Probanden, Analyse von Übertragung/Gegenübertragung) das Kernstück der Methode der klinischen Sozialpsychologie sind. Aufgrund der spezifischen Bedingungen dieses Settings erreicht die klinische Sozialpsychologie die Grenzlinie zwischen Bewußt-Vorbewußtem und des Verdrängt-Unbewußten. „Klinisches Interview" bedeutet dabei nicht Ausrichtung an Pathologie, sondern Ausrichtung an einer Forschungsmethode.

Selbstverständlich muß das „klinische Forschungsinterview" sich strikt vor einer Grenzüberschreitung in Richtung Therapie hüten - es wäre sonst wilde Therapie. Es erfordert insbesondere die strikte Respektierung des *Widerstandes* der Probanden bzw. den Verzicht auf jegliche Intervention in dieser Richtung. Entlastet von der Aufgabe der psychoanalytischen Therapie kann die klinische Sozialpsychologie ihre spezifische Aufgabe erfüllen:

1. Die Rekonstruktion von Biographien und damit zugleich die Rekonstruktion des Niederschlags von Handlungsfeldern in der Biographie unter Berücksichtigung der Dimension des Verdrängt-Unbewußten.

2. Die Rekonstruktion von Handlungsfeldern aus psychoanalytisch-sozialpsychologischer Perspektive. Im Gegensatz zur klassischen therapeutischen Psychoanalyse kann die klinische Sozialpsychologie damit auch Konstellationen herausarbeiten, bei denen der Begriff des Symptoms nicht mehr auf die Bedingungen des Individuums bzw. der Familie beschränkt ist. *Das hier vorgestellte Konzept der Monetarisierung psychosozialer Konflikte ist somit ein genuin psychoanalytisch-sozialpsychologischer Begriff.* Er kann adäquat nur unter Berücksichtigung individueller, familialer, institutioneller und gesellschaftlicher Strukturen expliziert werden.

Literatur

Adorno, Th. W.: Zum Verhältnis von Soziologie und Psychologie (1955). In: Gesammelte Schriften. Bd. 8. Frankfurt a.M. 1972

– Der Begriff des Unbewußten in der transzendentalen Seelenlehre (1927). In: Gesammelte Schriften. Bd. 1. Frankfurt a.M. 1973

– u.a.: Der Positivismusstreit in der deutschen Soziologie. Neuwied/Berlin 1969

Apel, K. O. (Hg.): Sprachpragmatik und Philosophie. Frankfurt a.M. 1976

Arbeitsgruppe Bielefelder Soziologen (Hg.): Alltagswissen, Interaktion und gesellschaftliche Wirklichkeit. 2 Bde. Reinbek 1973

Baum, E. O. u.a.: Psychotherapy, Dropouts and Lower Socioeconomic Patients. In: American Journal of Orthopsychiatry 1966

Blumer, H.: Der methodische Standort des symbolischen Interaktionismus. In: Arbeitsgruppe Bielefelder Soziologen (Hg.): Alltagswissen, Interaktion und gesellschaftliche Wirklichkeit. Bd. 1. Reinbek 1973

Boszormenyi-Nagy, I./Spark, G. M.: Unsichtbare Bindungen. Die Dynamik familiärer Systeme. Stuttgart 1981

Bungard, W.: Experimentelle Forschung in der Sozialpsychologie. In: Heigl-Evers, A. (Hg.): Sozialpsychologie. Bd 1. Weinheim 1984

Cicourel, A. V.: Methode und Messung in der Soziologie. Frankfurt a.M. 1974

Clemenz, M.: Soziologische Reflexion und sozialwissenschaftliche Methode. Zur Konstruktion und Begründung sozialwissenschaftlicher Theorien. Frankfurt a.M. 1970

– Soziale Codierung des Körpers. Zum Verhältnis von Psychoanalyse und Systemtheorie. Opladen 1986

– u.a.: Soziale Krise, Institutionen und Familiendynamik. Konfliktstrukturen und Chancen therapeutischer Arbeit bei Multiproblem-Familien. Opladen 1990

Cook, Th. D./Campbell, D. T.: Quasi-Experimentation. Design & Analysis Issues For Field Settings. Chicago 1979

Cremerius, J.: Gibt es zwei psychoanalytische Techniken. In: Psyche 7/1979

Derrida, J.: Die Schrift und die Differenz. Frankfurt a.M. 1976

Dornes, M.: Der kompetente Säugling. Die präverbale Entwicklung des Menschen. Frankfurt a.M. 1993

Dreitzel, H. P.: Rollentheorie. In: Heigl-Evers, A. (Hg.): Sozialpsychologie. Bd. 1. Weinheim 1984

Eissler, K. R.: Goethe. Eine psychoanalytische Studie. 2 Bde. Frankfurt a.M. 1983

Elrod, N./Heinz, R./Dahmer, H.: Der Wolf im Schafspelz. Frankfurt a.M. 1978

Enzer, N. B./Stackhouse, J. A.: Child Guidance Approach To the Multiproblem Family. In: American Journal of Orthopsychiatry 1968

Erikson, E. H.: Kindheit und Gesellschaft. Stuttgart 1971[4]
- Identität und Lebenszyklus. Frankfurt a.M. 1974[2]

Fages, J. P.: Einführung in das strukturale Denken. Gießen 1968

Falk, G.: Über die Theorie der symbolischen Interaktion. In: Heigl-Evers, A. (Hg.): Sozialpsychologie. Bd 1. Weinheim 1984

Foucault, M.: Die Ordnung der Dinge. Eine Archäologie der Humanwissenschaften. Frankfurt a.M. 1971

Frank, M.: Was ist Neostrukturalismus. Frankfurt a.M. 1983

Freud, S.: Entwurf einer Psychologie (1895). In: Aus den Anfängen der Psychoanalyse. Frankfurt a.M. 1962
- Die Traumdeutung (1900). Gesammelte Werke. Bd. II/III
- Drei Abhandlungen zur Sexualtheorie (1905). Gesammelte Werke. Bd. V
- Das Unbewußte (1913). Gesammelte Werke. Bd. X
- Vorlesungen zur Einführung in die Psychoanalyse (1917). Studienausgabe. Bd. 1. Frankfurt a.M.1969
- Abriß der Psychoanalyse (1938). Gesammelte Werke. Bd. XVII

Fromm, E.: Sozialpsychologischer Teil. In: Horkheimer, M. (Hg.): Studien über Autorität und Familie. Paris 1936
- Analytische Sozialpsychologie und Gesellschaftstheorie (1932). Frankfurt a.M. 1971
- Psychoanalyse und Soziologie (1929). In: Gesamtausgabe. Bd. 1. Stuttgart 1980

Giddens, A.: Die Konstitution der Gesellschaft. Frankfurt a.M./New York 1992

Geertz, Cl.: Die künstlichen Wilden. Der Anthropologe als Schriftsteller. München/Wien 1990

Goffman, E.: Asyle. Über die soziale Situation psychiatrischer Patienten und anderer Insassen. Frankfurt a.M. 1973

Graumann, C. F.: Sozialpsychologie. Bd. 1. Göttingen/Toronto 1969

Grawe, K. u.a.: Psychotherapie im Wandel. Göttingen 1994

Grünbaum, A.: Die Grundlagen der Psychoanalyse. Eine philosophische Kritik. Stuttgart 1988
- Eine zusammenfassende Darstellung von Die Grundlagen der Psychoanalyse: Eine philosophische Kritik. In: Grünbaum, A. (Hg.): Kritische Betrachtungen zur Psychoanalyse. Berlin u.a. 1991

Habermas, J.: Erkenntnis und Interesse. Frankfurt a.M. 1968a
- Thesen zur Theorie der Sozialisation. Frankfurt a.M. 1968b
- Der Universalitätsanspruch der Hermeneutik. In: Apel, K. O. u.a.: Hermeneutik und Ideologiekritik. Frankfurt a.M. 1971
- Was heißt Universalpragmatik. In: Apel, K. O. (Hg.): Sprachpragmatik und Philosophie. Frankfurt a.M. 1976
- Theorie des kommunikativen Handelns. 2 Bdc. Frankfurt a.M. 1981

Heidegger, M.: Die onto-theologische Verfassung der Metaphysik. In: Identität und Differenz. Pfullingen 1957[9]
– Sein und Zeit (1926). Tübingen 1993[17]
Heigl-Evers, A. (Hg.): Sozialpsychologie. 2 Bde. Weinheim 1984
– */Streek, U.*: Einleitung. In: Heigl-Evers, A. (Hg.): Sozialpsychologie. Bd 1. Weinheim 1984
Heinz, R./Dahmer, H.: Psychoanalyse und Kantianismus. In: Elrod, N./Heinz, R./Dahmer, H.: Der Wolf im Schafspelz. Frankfurt a.M. 1978
Hofstädter, P. R.: Sozialpsychologie. Berlin/New York 1973[5]
Horkheimer, M./Adorno, Th. W.: Dialektik der Aufklärung. Amsterdam 1955
Irle, M.: Lehrbuch der Sozialpsychologie. Göttingen 1975
Köchele, H.: Psychoanalytische Therapieforschung. In: Psyche 3/1992
Krech, D./Crutchfield, R. S./Ballachey, E. L.: Individual In Society. A Textbook Of Social Psychology. New York u.a. 1962
Kuhn, Th. S.: Die Struktur wissenschaftlicher Revolutionen. Frankfurt a.M. 1976
Langer, S.: Philosophie auf neuem Wege. Das Symbol im Denken, im Ritus und in der Kunst. Mittenwald 1979
Laplanche, J.: Die allgemeine Verführungstheorie. Und andere Aufsätze. Tübingen 1988
– Die unvollendete kopernikanische Revolution in der Psychoanalyse. Frankfurt a.M. 1996
Lévi-Strauss, Cl.: Strukturale Anthropologie. Bd. 1. Frankfurt a.M. 1967
– Das wilde Denken. Frankfurt a.M. 1968
– Mythologica IV: Der nackte Mensch. Frankfurt a.M. 1976
– Einleitung. In: Mauss, M.: Soziologie und Anthropologie. Frankfurt a.M. 1989
Loch, W.: Berührungspunkte zwischen Psychoanalyse und Philosophie. In: Nagl, L./Vetter, H./Leupold-Löwenthal, H. (Hg.): Philosophie und Psychoanalyse. Frankfurt a.M. 1990
Lorenzer, A.: Zur Kritik des psychoanalytischen Symbolbegriffs. Frankfurt a.M. 1970
– Zur Begründung einer materialistischen Sozialisationstheorie. Frankfurt a.M. 1972
– Sprachzerstörung und Rekonstruktion. Frankfurt a.M. 1985[3]
Luhmann, N.: Soziale Systeme. Frankfurt a.M. 1987
Lyotard, J.-F.: Das postmoderne Wissen. Wien 1994
Mead, G. H.: Die Definition des Psychischen. In: Gesammelte Aufsätze. Frankfurt a.M. 1987
– Geist, Identität und Gesellschaft - aus der Sicht des Sozialbehaviorismus. Frankfurt a.M. 1973
Minuchin, S. u.a.: Families Of the Slums. New York/London 1967

Nagl, L./Vetter, H./Leupold-Löwenthal, H. (Hg.): Philosophie und Psychoanalyse. Frankfurt a.M. 1990

Neisser, U.: Kognition und Wirklichkeit. Stuttgart 1979

Oevermann, U.: Genetischer Strukturalismus und das sozialwissenschaftliche Problem der Erklärung des Neuen. In: Müller-Doohm, S. (Hg.): Jenseits der Utopie. Theoriekritik der Gegenwart. Frankfurt a.M. 1991

– Die objektive Hermeneutik als unverzichtbare methodologische Grundlage für die Analyse von Subjektivität. In: Jung, Th./Müller-Doohm, S. (Hg.): "Wirklichkeit" im Deutungsprozeß. Verstehen und Methode in den Kultur- und Sozialwissenschaften. Frankfurt a.M. 1993

– u.a.: Beobachtungen zur Struktur sozialisatorischer Interaktionen. In: Auwärter, M. u.a.: Seminar: Kommunikation, Interaktion, Identität. Frankfurt a.M. 1967

Parsons, T.: The Structure Of Social Action (1937). Glencoe 1949[2]

– The Social System. Glencoe 1951

– Sozialstruktur und Persönlichkeit. Frankfurt a.M. 1968

– Theorie des kommunikativen Handelns. 2 Bde. Frankfurt a.M. 1981

Peck, H. B.: Psychiatric Approaches To the Impoverished and Underprivileged. In: Arieti, S. (Hg.): American Handbook Of Psychiatry. Bd. II. New York 1967

Piaget, J.: Theorie und Methode der modernen Erziehung. Frankfurt a.M. 1974

– Einführung in die genetische Erkenntnistheorie. Frankfurt a.M. 1973

Popper, K. R.: The Poverty of Historicism. London 1966[2]

Die Logik der Sozialwissenschaften. In: Adorno, Th. u.a.: Der Positivismusstreit in der deutschen Soziologie. Neuwied/Berlin 1969

– Logik der Forschung (1934). Tübingen 1982[7]

Reiche, R.: Sackgassen im Diskurs über Psychoanalyse und Gesellschaft. In: Psyche 3/1995

Revers, W.-J.: Die historische Relativität wissenschaftlicher Methoden - eine wissenschaftshistorische Kritik. In: Roth, E. (Hg.): Sozialwissenschaftliche Methoden. München/Wien 1993[3]

Ritsert, J.: Der Positivismusstreit in der deutschen Soziologie. Studientexte zur Sozialwissenschaft. Bd. 9/II. Frankfurt a.M. 1994

Ricoeur, P.: Die Interpretation. Ein Versuch über Freud. Frankfurt a.M. 1969

Roth, E. (Hg.): Sozialwissenschaftliche Methoden. München/Wien 1993[3]

Roudinesco, E.: Jacques Lacan. Frankfurt a.M. 1996

de Ruiter, A.: Claude Lévi-Strauss. Frankfurt a.M./New York 1991

Sartre, J. P.: Drei Essays. Zürich 1960

Schmidtchen, G.: Das Interview in der Sozialpsychologie. In: Heigl-Evers, A. (Hg.): Sozialpsychologie. Bd 1. Weinheim 1984

Searle, J. H.: Sprechakte. Ein sprachphilosophischer Essay. Frankfurt a.M. 1986[2]
Geist, Hirn und Wissenschaft. Frankfurt a.M. 1986
– Intentionalität. Eine Abhandlung zur Philosophie des Geistes. Frankfurt a.M. 1987
– Die Wiederentdeckung des Geistes. München 1993
Secord, P. F./Backmann, C. W.: Social Psychology. Tokyo 1974
Spitz, R.: Die Entstehung der ersten Objektbeziehungen. Stuttgart 1973[3]
Steinert, H.: Das Interview als soziale Interaktion. In: Meulemann, H./Reuband, K.-H. (Hg.): Soziale Realität im Interview. Frankfurt a.M./New York 1984
Wahl, F.: Die Philosophie diesseits und jenseits des Strukturalismus. In: Wahl, F. (Hg.): Einführung in den Strukturalismus. Frankfurt a.M. 1981
Weber, M.: Gesammelte Aufsätze zur Wissenschaftslehre. Tübingen (1922) 1988[7]
Wilson, Th. P.: Theorien der Interaktion und Modelle soziologischer Erklärung. In: Arbeitsgruppe Bielefelder Soziologen (Hg.): Alltagswissen, Interaktion und gesellschaftliche Wirklichkeit. Bd. 1. Reinbek 1973
Winziger, B.: Die Ordnung der Bilder bei Leonardo da Vinci. Dipl.-Arbeit. Frankfurt a.M. 1994
Witte, E. H.: Lehrbuch Sozialpsychologie. Weinheim 1994[2]
v. Wright, G. H.: Erklären und Verstehen. Frankfurt a.M. 1974
Zizek, S.: Der Todestrieb in philosophischer Sicht. In: Nagl, L./Vetter, H./Leupold-Löwenthal, H. (Hg.): Philosophie und Psychoanalyse. Frankfurt a.M. 1990

Biographische Notiz

Manfred Clemenz, Dr. phil., Professor für Soziologie und Sozialpsychologie am Fachbereich Gesellschaftswissenschaften, J.W. Goethe-Universität, Frankfurt a.M.; Psychotherapeut in eigener Praxis seit 1984 (psychoanalytische Einzel-, Familien- und Gruppentherapie, Gruppenanalytiker/DAGG).

Sozialpsychologische und psychoanalytische Buchveröffentlichungen: „Soziale Codierung des Körpers. Zum Verhältnis von Psychoanalyse und Systemtheorie", Opladen 1985; zus. mit Beier, Ch. u.a.: „Soziale Krise, Institutionen und Familiendynamik. Konfliktstrukturen und Chancen therapeutischer Arbeit bei Multiproblem-Familien", Opladen 1990; zus. mit Beier, Ch. u.a.: „Psychoanalyse in der Weiterbildung. Zur Professionalisierung sozialer Arbeit", Opladen 1992.

Derzeitige Arbeitsschwerpunkte: Biographieforschung, Theorie und Methodologie der Psychoanalyse, Klinische Sozialpsychologie, Soziologie und Sozialpsychologie von Transformationsgesellschaften.